ヒトラーはアメリカに亡命していた!!

↑ヒトラーは敗戦前、ドイツを脱出し、アメリカに渡っていた。渡米後、トルーマン大統領と会話を交わすヒトラー。

[illegible]送迎にはアメリカの軍艦が使われた。艦上でアメリカ兵と話をするヒトラー。

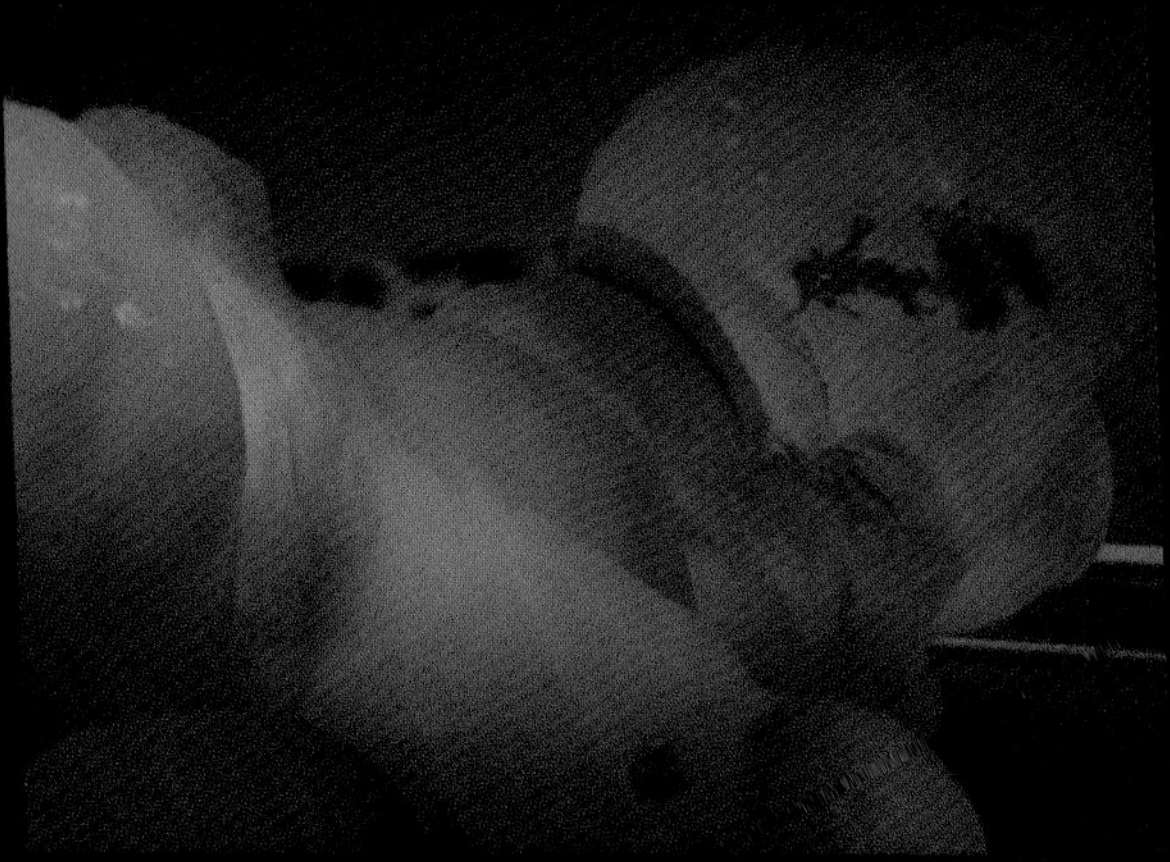

⬆長寿遺伝子をもつ地底人の遺伝子を導入されたヒトラーだが、細胞が癌化し、腫瘍の塊となってしまった……。

⬆医療室のヒトラー。もはや意識はないという。

失われた悪魔の闇預言者
「ヒトラー」の謎

飛鳥昭雄・三神たける 著

ペンタゴン魔法陣に潜む闇の女霊媒師が
地獄の堕天使ルシファーを召喚している!!

まえがき

歴史的に反キリストと呼ばれた男のひとりに、ナチス・ドイツの総統アドルフ・ヒトラーがいる。ファシズムの独裁者として、彼はアーリア人至上主義を掲げ、ユダヤ人を迫害し、大量に虐殺した。およそ人類史上最悪である第２次世界大戦を引き起こしたヒトラーこそ、反キリストと呼ばれるにふさわしい。かの大預言者ミッシェル・ノストラダムスもまた、その存在が世に現れることを約４００年前に見抜いていた。預言詩には、こうある。

「その日はヴィーナスの淵にやがてやってくる
アジアとアフリカを巻き込む最大のもの
それらはラインとヒスターより来たと呼ばれるだろう
叫びと涙はマルタを覆いリキュストの海辺を包む」（『諸世紀』第4巻68番）

多くの研究家がヒトラーのことを予言していると指摘する有名な詩である。一読して、大規模な戦争を描写していることがわかる。愛と平和の女神ヴィーナスを惑わせ、アジアとアフリカを巻き込み、地中海のマルタ島やイタリアのリキュスト、すなわちリグーリアにまで侵攻する軍隊が現れる。軍隊はラインとヒスターから来る。ラインとはライン川であり、ヒスターはドナウ川のこと。つまりはナチス・ドイツ軍だ。

しかも、注目は「ヒスター」である。音読して、どこか「ヒトラー」の響きにも似ている。アルファベットの綴り替え、世にいうアナグラムの手法を使って、ヒスター＝「Hyster」を「Hytser」とし、音韻上可換な「y」を「i」に置き換える。さらに当時、フランスの活字は「s」が積分記号「∫」のように縦に伸びており、これを「l」に見立てて置き換える。かくして「Hitler」＝ヒトラーの名前が浮かびあがる。ヒスターには二重の意味が込められていたというわけだ。

ノストラダムスの著書『諸世紀』には「ヒスター」という言葉が3回出てくる。いずれもヒトラーのことを予言しているという説がある。ナチス・ドイツが台頭し、ヒトラーが総統となったとき、これに気づいたのがヨーゼフ・ゲッペルスの妻だった。彼女から予言のことを聞かされたゲッペルスは、これをプロパガンダに利用しようと考えた。ナチス・ドイツの勝利はノストラダムスによって予言されていたと宣伝することで、国民の支持を得ようとしたのである。

だが、そうはいうものの、都合のいい予言ばかりではない。曖昧な表現を強引に拡大解釈することによってナチス・ドイツの戦略に一致させようにも、なかなか、うまくいかない。そこで、ゲッペルスは奇抜なアイディアを思いつく。捏造だ。ありもしない予言を作りだし、あたかも本物であるかのように喧伝したのだ。いかにも手段を選ばないゲッペルスらしい手法だが、これがまた大いに受けた。もっとも、最後は本物のノストラダムスの予言通り、ナチス・ドイツは滅ぶことにはなるのだが。

予言は使い方ひとつで、結果が恐ろしいことになる。特に絶対神の言葉である預言ともなれば、扱いは慎重を要する。ノストラダムスは予言者であると同時に預言者でもある。『聖書』に登場する多くの預言者たちと同様、ユダヤ人であり、もっといえばイッサカル族のイスラエル人であった。したがって、彼の予言は預言なのである。

預言の多くは未来を示している。正しく道を歩めば祝福が約束され、道を踏み外せば呪いが待っている。世の終わりには最終戦争が起こり、すべての人間は裁かれる。ならば、だ。ここで恐ろしい発想がある。どうせ戦争になるのならば、起こせばいい。メシアは一度死ぬと預言されているならば、殺すことができる。預言通りの未来を作りあげれば、必ず成功する。これを逆説的預言解釈という。まさに悪魔のような思想によって預言を利用し、世界を裏で動かしてきた連中が存在する。彼らはナチス・ドイツを生みだし、ヒトラーを反キリストとして仕立てあげた。恐るべき闇の歴史について、本書は語っていく。

謎学研究家　三神たける

もくじ

第1章

ナチス・ドイツの総統
ヒトラー自殺の疑惑と南米逃亡説

●――14 ヒトラーの頭蓋骨

死者は語る。亡くなった故人の遺骨が真実を告げる。ひとつの頭蓋骨が歴史の封印を解き、恐るべき存在を世に知らしめようとしている。

２００９年９月29日、アメリカのコネチカット大学が歴史的に有名な人物の頭蓋骨に関する遺伝子分析の結果を発表した。手元にある資料によれば、亡くなったのは当時から数えて少なくとも64年前。死亡したときの年齢は20～40歳で、性別は女性だという。

激震が走ったとは、このことだ。この事実は通信社を通して全世界に伝えられ、人々に衝撃を与えた。なぜなら、頭蓋骨の主がほかでもない、かの、アドルフ・ヒトラーだったからだ!!

ヒトラーといえば、第２次世界大戦において、ナチス・ドイツの総統であり、悪名高きファシズムの独裁者である。１９４５年４月30日、ベルリンにあった総統地下壕において、妻であるエヴァ・ブラウンと服毒した後、拳銃で自殺したとされる。遺体にはガソリンがまかれ、骨になるまで焼かれた。

当時、侵攻してきた連合軍は現場で遺体を発見。ソ連の兵士たちが回収し、専門医による検視を行った。下顎の歯を照合した結果、ヒトラーのカルテと一致したため、本人が死亡したと結論づけ、残る骨を秘密裏に埋葬。１９７０年になって、改めて遺骨は掘り起こされて完全焼

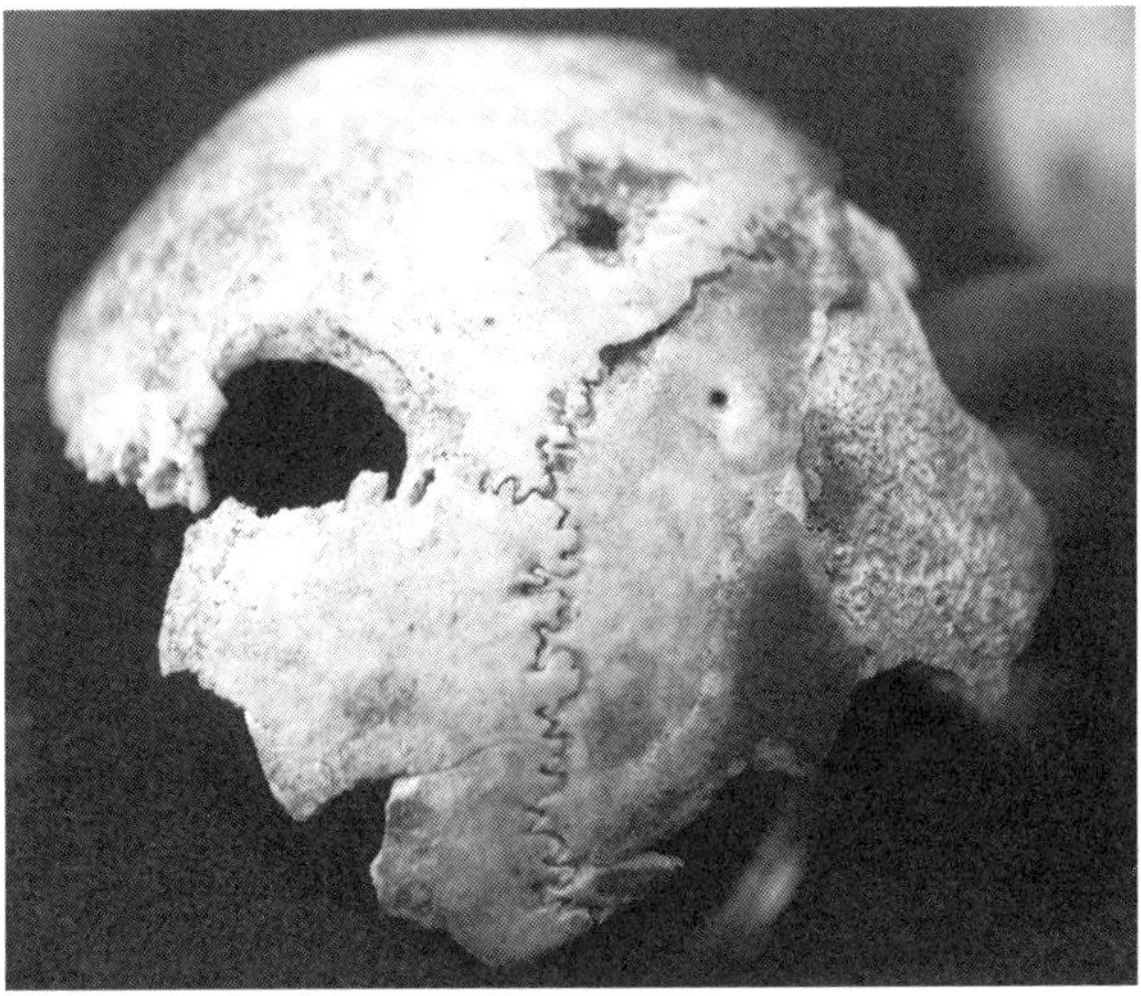

⬆アドルフ・ヒトラーのものとされてきた頭蓋骨。アメリカのコネチカット大学の遺伝子分析によって女性のものであることが判明した（写真＝ロイター／共同）。
⬅第２次世界大戦時のナチス・ドイツの総統で、独裁政治を行ったアドルフ・ヒトラー。

却し、近くのエルベ川に散骨されたことが「ソ連国家保安委員会：ＫＧＢ」の資料によって明らかになっている。

ただし、遺骨の頭蓋骨と下顎骨については、歴史的資料としてＫＧＢを継承した「ロシア連邦保安庁：ＦＳＢ」の公文書館が現在も保管している。今回、分析を行ったのは、この頭蓋骨だった。頭蓋骨には不自然な穴が開いており、これが拳銃自殺の際にできた銃弾の痕だと推測されてきた。ゆえに当局はもちろん、歴史家の多くは、ヒトラーの頭蓋骨に違いないと信じてきた。

ところが、だ。不可解な点がひとつあった。頭蓋骨の形状である。どう見ても、男性のものに見えないのだ。ヒトの頭蓋骨は男女で違いがある。成人の場合、額の部分が丸みを帯びているかどうかなどで判断する。

考古学者のニック・ベラトーニも、疑問を抱いたひとり。彼は応用遺伝子学センターの教授リンダ・ストラスボーに共同研究をもちかけ、ロシア政府に頭蓋骨の遺伝子サンプルの提供を申請したところ、許可が下りた。送られてきた試料をもとに、研究班はふたりの法医学者を交えて慎重にＤＮＡ鑑定を行った。

その結果、驚くべきことに頭蓋骨の主は、やはり女性であることが判明した。死亡時の年齢は20～40歳と幅はあるものの、男性でないことは確かだった。いうまでもないが、ヒトラーは生物学的に男性である。骨相学的に見ても、ヒトラーが男性の骨格を有していることは間違いない。つまり、ロシアに保管されている頭蓋骨はヒトラーのものではなかったのだ。

発表を受けて、FSBは声明を発表した。公文書保管部門の責任者ヴァシリ・フリストフォルは、鑑定をしたのは頭蓋骨だけで、下顎骨は調査していないとし、ヒトラー本人のものであるかどうかについては比較する試料がないため、確かなことはいえないはずだと反論している。

戦時中のこともあり、遺骨の扱いはかなり雑である。埋葬や再焼却し、ほかの遺骨は川に遺棄までしている。科学的かつ医学的な扱いとはほど遠い状況で、残された頭蓋骨と下顎骨が厳密にヒトラー本人のものであるという確証が得られないのが正直なところ。唯一、本人のものと鑑定された下顎骨についてはDNA分析をしていないため、まだヒトラーの骨である可能性は残っているというわけだ。

しかし、だ。これによって、疑惑は再燃する。はたして、あの日、あの場所で、アドルフ・ヒトラーは死んだのか。本当に自殺して、その遺体は焼かれたのか。遺骨の一部が本人のものではないという結果が出た以上、定説が根底から覆る可能性はゼロではない。

そう、ヒトラーは生きていた。自殺などせず、生きたまま逃亡した。ベルリンの地下壕から抜け出し、どこかへ行方をくらました。想像力をたくましくすれば、ドイツを脱出し、最新鋭の潜水艦Uボートに乗って大西洋を渡り、ナチス・ドイツの拠点があった南米、さらには南極の秘密基地へと逃げ延びたか……。

ヒトラーの自殺

ドイツにとってソ連は鬼門だった。いや、西ヨーロッパにおいて、ソ連は戦ってはならない相手だった。戦力的な問題のみならず、地政学的に凶方位であった。特に極寒の冬将軍の前に、みな敗れ去る。神聖ローマ帝国を滅ぼし、ヨーロッパ全土の覇権を握ったナポレオンでさえ勝てなかった。フランス皇帝の戦略と戦術を知りつくしていたはずのヒトラーもまた、氷の死神の前に苦戦を強いられ、やがて敗戦の道をたどっていく。

熾烈を極めた独ソ戦が、すでに終盤を迎えていた1945年3月。ドイツの敗戦は濃厚となっていた。アメリカ軍とイギリス軍もライン川を越えて侵攻し、徐々に包囲網は狭まりつつあるなか、ヒトラーは自身の体力の衰えもあってか、ベルリンの総統官邸にある地下壕に身を潜め、そこから戦争の指揮を執るようになる。

しかし、朝令暮改ともいえるヒトラーの命令に現場は混乱をきたした。自国内の軍事施設はもちろん、多くの工場や施設を破壊するように命じる。侵攻してきた敵に使われることを防ぐためだと語るも、部下たちは命令に従うことはなかった。

ヒトラー56歳の誕生日を4日後に控えた4月16日、ついにソ連軍はベルリンへと侵攻を開始する。これを受けて、政府機関や軍幹部らはベルリンから退去し、信頼していた「ナチス親衛隊：SS」もまた、ヒトラーと距離を置くようになる。

こうした状況にもかかわらず、強気の姿勢を崩さなかったヒトラーであったが、連合軍の足音が聞こえてきた4月22日、ついに敗戦を覚悟する。ドイツは戦争に負けた。かくなるうえは、いさぎよく自決する、と宣言した。

一時、再び強気に出るものの、4月29日、同盟国であるイタリア社会共和国が戦争に敗れたことを知り、覚悟を決めた。統領ベニート・ムッソリーニはパルチザンによって処刑された後、見せしめと生存説を払拭する意味も兼ねて、死体がミラノ市内で逆さ吊りにされた。同じ身にはなりたくない。死して辱めを受けるくらいなら、自ら死を選ぶ。死体も跡形もなく処分するよう命じた。

用意されたのは毒薬だった。シアン化合物、すなわち青酸カリのカプセルである。ヒトラーは愛犬ブロンディに飲ませ、本物であるかを確認。ソ連軍が地下壕の数百メートルにまで近づくなか、最後の儀式に臨んだ。青いシルクドレスを着たエヴァ・ブラウンと簡素な結婚式を行い、ふたりは結婚証明書にサインをした。

翌日、菜食主義者に料理がふるまわれ、食事を終えたヒトラーとエヴァは側近であったマルティン・ボルマンやヨーゼフ・ゲッペルスらナチス幹部、それに秘書や地下壕にいた関係者に

⬆自殺当日、最後の食事をとるヒトラーとエヴァ・ブラウン。

別れを告げると、執務室の奥にある部屋へと入ったまま二度と出てくることはなかった。

15時30分を過ぎたころ、中から銃声が聞こえた。静寂が続く。すべてが終わった。状況を悟ったSS中佐ハインツ・リンゲがボルマンとともに、部屋の扉を開けた。と、あたりにアーモンドが焦げたような臭いが立ち込めた。青酸カリの臭気であることは、すぐにわかった。

部屋にあったソファーに、ヒトラーとエヴァの死体があった。ヒトラーのこめかみからは血がしたたり落ちていた。拳銃で撃ち抜いた銃弾の痕もあった。おそらく青酸カリを飲んだ直後、頭を撃ったのだろう。足元には自殺に使ったピストルが落ちていた。エヴァには目立った外傷はなく、服毒自殺をしたと思われた。遺体を確認したSS少佐オットー・ギュンシェは部屋を出ると、ヒトラ

⬅ヒトラーとエヴァ・ブラウンの死体があったソファー。

⬇ヒトラーとエヴァ・ブラウンの死体が焼却された現場。

ーが死んだことを人々に告げた。

ふたりの遺体は地下壕の外へと運ばれ、中庭にできた砲弾のクレーターに置かれた。上から大量のガソリンが注がれると、火がつけられた。途中、火力が弱まったので、ボルマンは地下壕にあった紙を集めて燃やした。さらにリンゲらが血のついた居間の絨毯をもって火にくべ、追加のガソリンが注がれた。約2時間半ほどにわたって荼毘に付された遺体は敵に見つからないよう、慎重に埋葬された。

本人特定の遺体照合

ヒトラーと妻エヴァの遺体は隠された。遺言通り、辱めを受けないためだ。が、その場しのぎの隠匿は、さしたる効果もなかった。主を失った首都ベルリンにソ連軍はなだれ込み、5月2日早朝、総統官邸はもちろん、地下壕を制圧する。

前日の時点で、ヒトラーの自殺を知ったヨシフ・スターリンは、とにもかくにも本人の遺体を捜すように厳命していたこともあり、埋葬地の特定にはさして時間はかからなかった。5月4日、中庭の砲弾跡地から焼けただれた骨が見つかった。愛犬の骨といっしょに出土した遺骨はふたり分。状況からヒトラーとエヴァのものだと思われた。

だが正直、確証はない。戦時下にあって、科学的な分析をする余裕もない。状況証拠をもっ

EXTRA THE STARS AND STRIPES EXTRA

HITLER DEAD

Fuehrer Fell at CP, German Radio Says; Doenitz at Helm, Vows War Will Continue

Churchill Hints Peace Is at Hand

⬅ヒトラーの死を伝えるアメリカの新聞。
⬇ヒトラーの死体。この写真はソ連から流出したもので、本人ではないとされる。

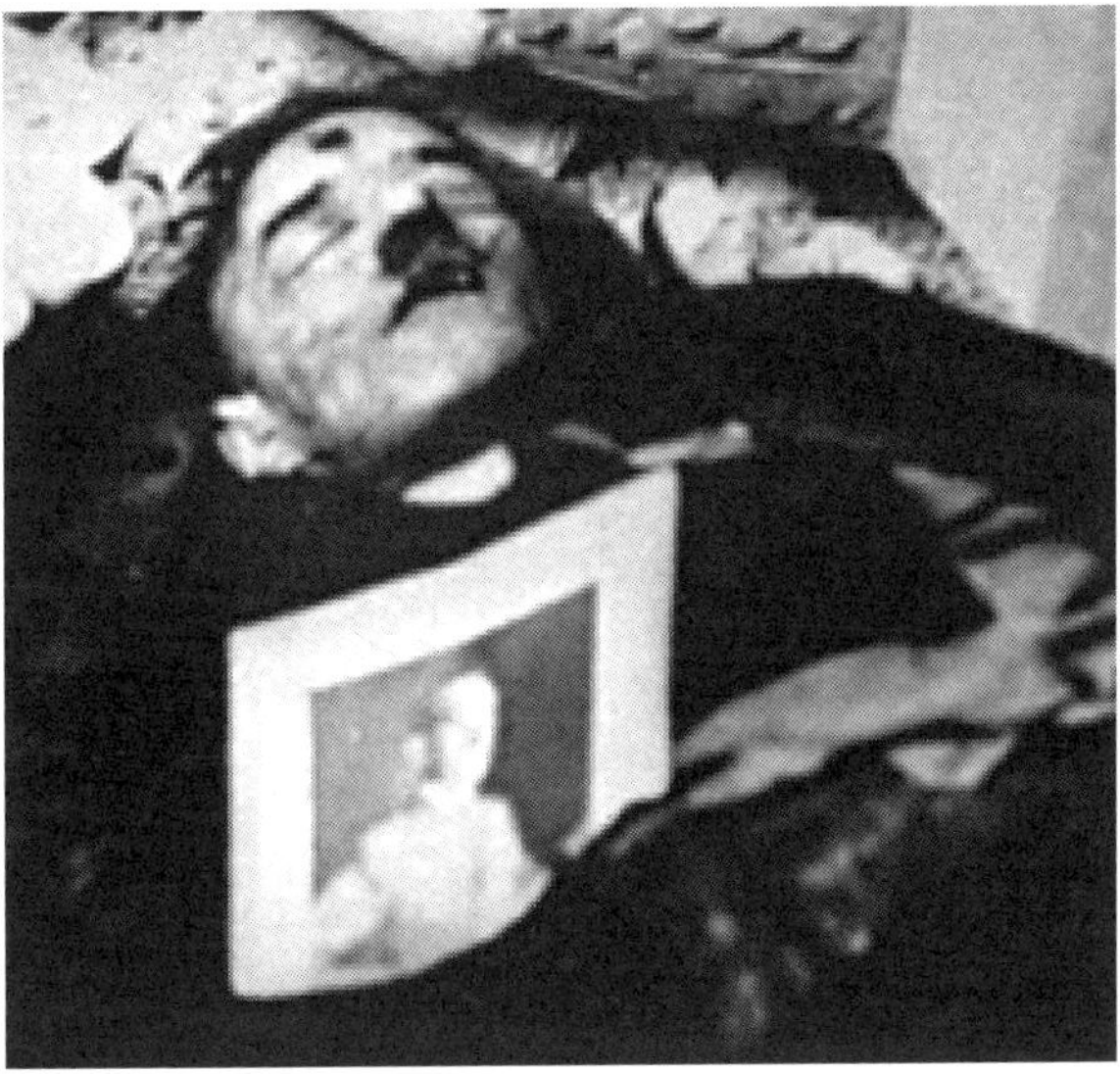

て、ヒトラーは死んだと推測されるが、はたして事実か。宿敵の死について、最も神経質になっていたのは、独ソ戦の敵方大将スターリンだ。彼は遺体発見の一報に対しても、慎重な姿勢を崩さず、その事実も公表することを禁じた。

一方で、発見された遺体が本人のものであるかを特定するために、すぐさま検視が行われた。注目されたのは歯であった。ヒトラーには虫歯や歯槽膿漏《しそうのうろう》があり、生前、治療を行っていたことがわかっている。お抱えの担当歯科医だったフーゴ・ブラシュケと助手のケーテ・ホイザーマン、さらに技師のフリッツ・エヒトマンらが呼ばれ、掘り起こされた下顎とカルテの照合が行われた。遺体発見から1週間で、結果は出た。義歯の形状からヒトラーのものであることが判明した。同様に、もう一体の骨もエヴァ本人であることが確認された。

歯型については、つい最近も検証が行われている。２０１８年、フランス人の法医学者フィリップ・シャルリエがFSBと公文書館の協力のもと、下顎にあった義歯の一部を詳細に分析。カルテはもちろんのこと、生前のレントゲン写真を照合した結果、形状が完全に一致した。義歯には歯石があり、偽造とは考えにくい。加えて、野菜の繊維も見つかり、ヒトラーが菜食主義者であったことを考慮して、義歯は本人のものであると断定した。シャルリエ医師によれば、歯についた青色の成分は自殺の際に使用された青酸カリではないかという。

いずれも結論は、遺骨はヒトラー本人であるとされた。１９４５年4月30日、ベルリンの地

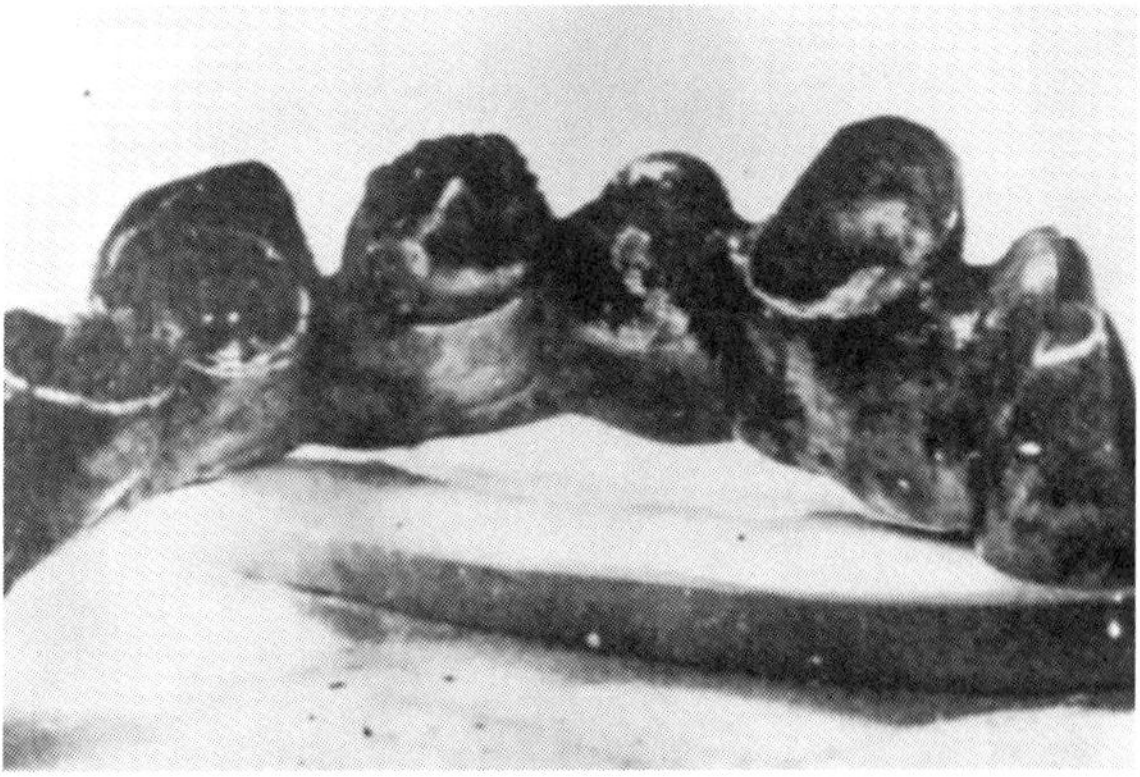

⬆ヒトラー本人のものとされた義歯。

下壕でアドルフ・ヒトラーは青酸カリを服毒した後、ピストル自殺した。ソ連の公式検視報告書およびシャルリエ医師の義歯分析報告をもって、ヒトラーの死は現代史の定説となっている。

しかし、はたして、それは史実だろうか。検視を命令したスターリン本人は検視報告書を完全に信用していたわけではなかった。ヒトラーは生きたまま逃亡し、西側諸国によって密かに保護されているのではないか。第2次世界大戦終結のポツダム宣言の席上においても、アメリカのハリー・トルーマンからヒトラーの死について聞かれた際、「NO」と即答している。

考えてみれば、本人特定の証拠は歯型だけである。銃弾の穴が開いた頭蓋骨は女性のものであり、ヒトラー本人の遺骨ではないことが判明した以上、疑念はつきまとう。歯科技士であれば、義歯を偽造することは可能であり、歯型があれば、複数作ることもできる。

⬆ポツダム会談に臨んだ3首脳。左からイギリスのチャーチル、アメリカのトルーマン、ソ連のスターリン。

それを本人以外の人間に使用させることもできるだろう。

影武者である。カルテやレントゲンはヒトラー本人ではなく、影武者のものだった可能性はないだろうか。近年でいえば、イランの精神的指導者ルーホッラー・ホメイニーやリビアのムアマル・カダフィ大佐、朝鮮民主主義人民共和国の金正日《キムジョンイル》、さらにロシアのウラジーミル・プーチン大統領らには、常々、影武者が存在すると噂されてきた。一国の指導者が本人そっくりの影武者を用意することは、戦略上、当然の話である。第2次世界大戦中のナチス・ドイツともなれば、ヒトラーに影武者がいたとしても不思議ではない。

事実、戦時中に撮影されたヒトラー本人の写真を分析すると、明らかに別人がいる。似てはいるものの、骨相や背格好、さらには耳の形状が異なっているのだ。もし仮に、地下壕で自殺した男がヒトラーの影武者であり、かつ歯のカルテやレントゲンもまた、その影武者のものだとしたら、すべてが覆される。

ヒトラーの影武者

ヒトラーは享年56歳だった。人生100年時代の現代にあっては若いほうだ。日本でいえば、定年前の働き盛りといったところか。人一倍、健康に気づかい、タバコや酒をいっさいやらず、かつ食事は常に野菜中心のベジタリアンだった。

が、その割に病気がちだった。戦争が激しくなってからは足元もふらつくようになり、震えが止まらなかった。当時の様子から、ヒトラーはパーキンソン病や冠動脈疾患、さらには梅毒にかかっていたのではないかという専門家の指摘もある。実際に会った人の印象として、老人のようだったという証言も少なくない。何か違うのだ。ナチス・ドイツを率いた総統としてのヒトラーのイメージとは、あまりにもかけ離れている。

この問題について医学的な見地から独自の仮説を提示した日本人がいる。精神科医の川尻徹氏である。川尻氏は生前のヒトラーの写真を病理学的に分析。少なくとも、アドルフ・ヒトラーは3人いる、言葉を換えれば、影武者がふたりいた可能性があると指摘した。

ひとりは太った体形で、目に外斜視が認められる。頭部右傾斜があり、被った帽子がいつの間にかずれて斜めになってしまう。一見して風貌は老人のようであり、総統としての威厳が感じられない。

もうひとりは長身で、体形は細い。顔は長頭型にして、表情が弱い。精神的に抑うつ傾向があると思われる。最初の影武者が病気で役目を果たすことができなくなったために、代わりに抜擢されたらしい。

これらふたりの影武者に比べて、本物のヒトラーの顔は眼光鋭く、表情には常に威厳がある。ミュンヘン一揆で右肩を負傷したため、腕を高く上げることができない。尺骨神経障害のためか、力を入れると薬指と小指の間が離れ、ときに親指が内側に曲がってしまう。

また、遺伝的に禿頭《とくとう》の家系であり、かつらを使用していると見られる。右頬には生まれもった母斑《ぼはん》が認められる。母斑は後年、目立ってきており、これが本物と影武者を見分ける重要なポイントになるという。

川尻氏は著書『滅亡のシナリオ』（祥伝社）のなかで、ふたりの影武者の正体についても、大胆に推理している。それによると、最初の影武者はアドルフ・ヒトラーの異母兄アロイス・ヒトラー2世で、彼を引き継いだ影武者は、名前や素性も不詳の息子ではないかという。同じ血を分けた兄弟と甥ならば、まさに影武者にうってつけだ。

←ヒトラーの影武者第1号。帽子が右に傾いている。

←長身のヒトラーの影武者第2号。

⬆本物のヒトラー。上げた右腕が中途半端な高さで、薬指と小指の間が離れている。

歯がぼろぼろで義歯をつけていたのはアロイス・ヒトラー2世であり、彼は総統地下壕で自殺した。ソ連軍によって発掘された骨がカルテやレントゲンと一致して当然である。息子の影武者もまた、父と同じく死亡した後、遺体は焼かれた。一説に、砲弾のクレーターに埋葬されていた男はふたりいたともいい、彼らは役目を終えた影武者にほかならない。

では、本物のヒトラーはどこに行ったのか。ここでも川尻氏は驚くべき仮説を提示する。なんと、そのままベルリンにとどまり、異母兄アロイス・ヒトラー2世になりすました。影武者の影武者として、喫茶店の店主という新たな人生をスタートさせ、極秘のミッションを遂行。1948年にはスペインからアメリカに渡ったのち、1952年7月に癌によって死亡したというのだ。

⬆異母兄のアロイス・ヒトラー2世。

にわかには信じられない話だが、証拠として川尻氏は戦後に撮影されたアロイス・ヒトラー2世の写真を提示する。鋭いまなざしの男の頬には、はっきりと母斑がある。鼻や唇、耳の形まで一致している。撮影されたのは1950年ごろというから、すでにアメリカに渡っていたときのものになる。

著書を読んでいただくとおわかりかと思うが、川尻氏の仮説のベースにはノストラダムスの大予言がある。『諸世紀』に記された予言詩には「ヒスター」、もしくは「イスター」なる名前が登場する。ともにドナウ川の古名であるが、ゲルマンなど前後の言葉からヒトラーを指していると考える研究家は多い。歴史的資料がない部分を補うにあたって、これらの予言解釈を多用しているため、もちろんアカデミズムからは無視されているが、ヒトラーの影武者を病理学的な見地から割り出した結論は傾聴に値するといっていいだろう。

ヒトラー逃亡説

ヒトラー本人のものだとされた頭蓋骨が女性のもので、唯一の証拠ともいえる下顎骨と義歯のカルテとレントゲンもまた影武者のものだとすれば、当然ながらヒトラーは生きたまま逃亡した可能性が出てくる。

実際、ナチス・ドイツの幹部の中には、戦時中のどさくさに紛れて、ドイツを密かに出国した人間がいる。戦時中、同盟国であったイタリアはもちろん、友好関係を結んでいたヴァチカン、さらにはスペイン、北欧などを経由した後、最終的に中南米へと渡った。飛行機はもちろんだが、潜水艦Uボートを使って大西洋を横断した。

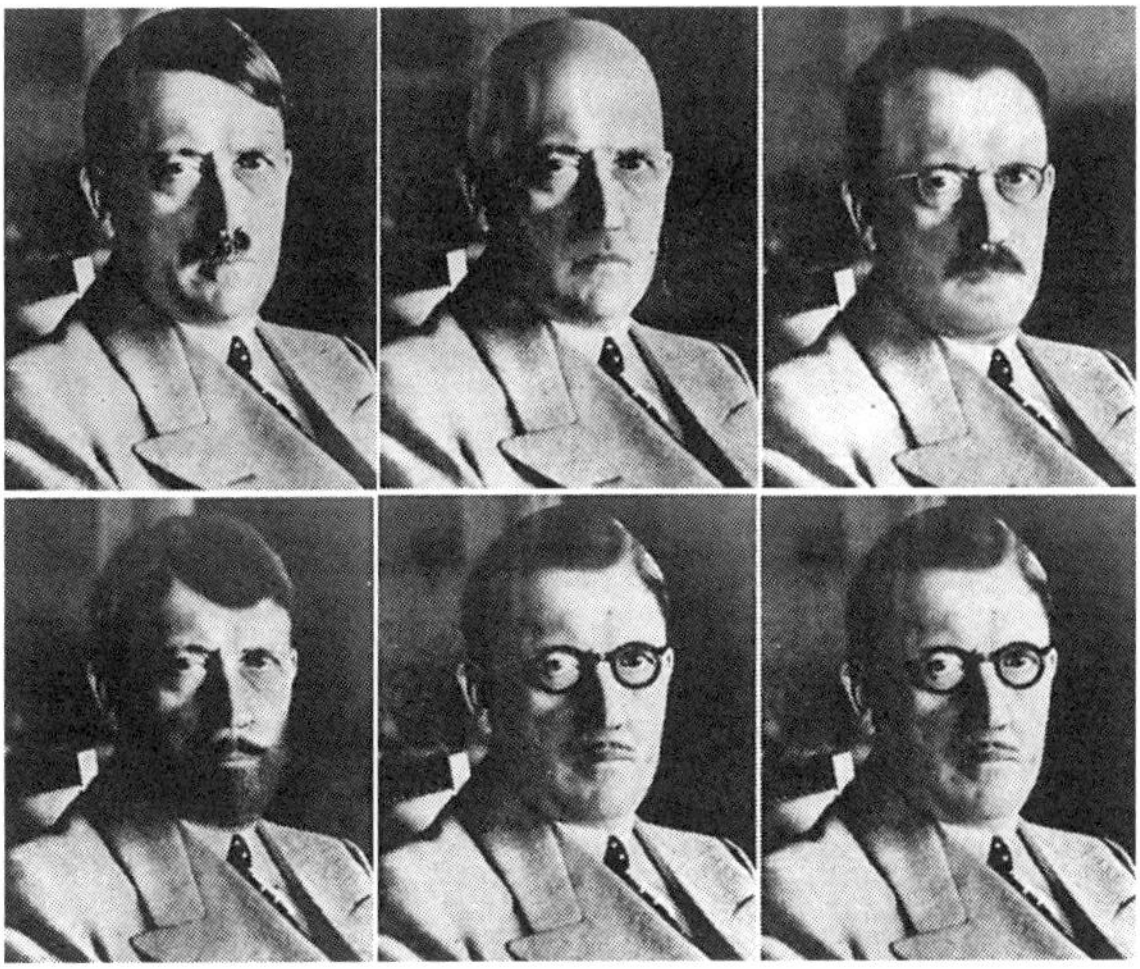

⬆アメリカの諜報機関が作成したヒトラーの変装写真。ヒトラーはこのように変装して逃亡したのか？

戦後、ナチ・ハンターらによって戦犯として逃亡先を突き止められた人物には、SSの中佐アドルフ・アイヒマンのほか、将校ヨーゼフ・メンゲレ、大尉クラウス・バルビー、同じく大尉エドワルド・ロシュマンなどがいる。いずれもアルゼンチンを経由して、ブラジルやボリビア、パラグアイなどに逃亡していた。

ナチス・ドイツの総統であるアドルフ・ヒトラーもまた、こうした裏ルートを使って南米に逃げたという噂は後を絶たない。とりわけ疑り深いスターリンはヒトラーが本当に死んだのかという問いに対して、スペインかアルゼンチンに逃げたと答えている。

最近では2015年、CIAの極秘文書

⬆アルゼンチンに逃亡したアドルフ・アイヒマン。1960年に逮捕され、裁判により処刑された。

に、逃亡したヒトラーがコロンビアに元ナチス・ドイツの人間から成る共同体を作っていたという情報があることがイギリスの新聞に掲載された。元ナチス・ドイツの共同体、もしくはコミュニティについては、国際ジャーナリストの落合信彦氏が著書『20世紀最後の真実』でレポートし、１９８０年代、かなり話題となったことがある。

著者である落合氏は独自のルートで入手した情報から、南米チリの首都サンディエゴ郊外にあるパレルという町に閉鎖的な秘密の集落があることを知る。地元では「エスタンジア」と密かに呼ばれており、そこにドイツ人が共同体を作っている。彼らは元ナチス・ドイツの幹部たちで、本国から逃亡してきた。逃亡には国際的に張り巡らされたＳＳの情報機関「オデッサ」が深く関わっている。

⬆チリのパレルにあるビジャ・バビエラ。

驚くことに、エスタンジアでは空飛ぶ円盤、すなわちＵＦＯが作られている。ナチスＵＦＯは戦時中から開発されており、元ＳＳの幹部たちは最終兵器と位置づけていた。ナチスＵＦＯが完成すれば、第三帝国の復興も夢ではない。

ただし、本当の秘密基地は南米ではない。南極大陸にある。ナチス・ドイツは戦時中、南極大陸に探検隊を送り込み、国旗を立てている。すでに現地調査はすんでおり、秘密裏に大規模な軍事基地を建設し、そこでナチスＵＦＯを開発している。確証はないものの、ヒトラーが南米に逃亡し、エスタンジアのようなコミュニティにかくまわれた後、最終的に南極大陸に渡ったのではないかというのだ。

実に壮大な話である。ＵＦＯが登場するあたり、眉唾ものだと考える人もいる。実際、エスタンジアは「ビジャ・バビエラ」という実在する集落で、だれでも訪ねていけるドイツ人コミュニティだという指摘もある。ドキュメントタッチに描かれてはいるが、脚色されたフィクションではないかともいう。

ご指摘は至極ごもっともだが、笑えない情報が含まれていることも事実。後の章で述べるが、ナチスUFOと南極は別の意味で深く結びついている。

ベラスコの証言

ヒトラーの最後を知るうえで、避けて通れない人物がいる。アンヘル・アルカッサール・デ・ベラスコである。第2次世界大戦において、ヴァチカンやスペイン、イタリア、ドイツ、イギリス、そして日本を渡り歩いたスパイの大物である。世に二重スパイという言葉があるが、彼の場合、少なくとも三重スパイだった。

ドイツにおけるベラスコのコードネームはドクター・ゴメス。スペイン医師ホワン・ゴメスという人格と名が付与された。所属はSS情報部海外局で、いわば世界中のスパイから送られてくる情報をチェックし、精査する立場にあった。

1945年3月、ベラスコは直属の上司であるジミー・オベルベイル司令官から極秘ミッションを与えられた。ベルリンの総統地下壕に赴き、アドルフ・ヒトラーを監視せよというのだ。

オベルベイル司令官とともに訪れた総統地下壕は重苦しい空気に包まれ、そこで極秘資料の焼却などの任務にあたっていた。

運命の日は突然、やってきた。4月21日、SS大将にして官房長であったマルティン・ボルマンが突如、泥まみれのまま、すさまじい形相で総統地下壕にやってきて、ヒトラーがいる執務室へと入っていった。時を同じくして、ベラスコには本日をもって総統地下壕から退去するようにとの命令が下った。緊張が走る。

⬆ドクター・ゴメスのコードネームをもつ大物スパイのアンヘル・アルカッサール・デ・ベラスコ。

しばらくして手前の小部屋の扉が開き、中からエヴァ・ブラウンが出てきた。彼女は憔悴しきっていた。おつきの女性とSS将校、3人に付き添われ、足早に総統地下壕を後にした。

あたりが静寂に包まれるなか、突如、会議室の扉が開いた。総統ヒトラーが現れた。続いて、元帥ヴィルヘルム・カイテルと大将アルフレート・ヨードル、提督カール・デーニッツが出てきた。ヒトラーは通路に整列した士官たちはもちろん、その場にいたベラスコにも握手をし、言葉をかけた。弱々しいヒトラーの手を握りしめた瞬間、電気ショックを受けたような強烈な力を体中に感じたとベラスコは語っている。

かくして、ヒトラーは総統地下壕を後にした。代わりに階段を下りてきたのは、ひとりの男だった。SS士官に連行されてきた男の風貌は、まさに総統アドルフ・ヒトラーとそっくりだった。ベラスコには見覚えがあった。影武者である。ヒトラーの生き写しとしてよく知られた人物だった。数日後、つまりは4月30日、影武者は毒薬を飲まされ、銃で射殺されたという。

一連の工作を行ったのはボルマンだった。彼は脱出を渋るヒトラーに薬を飲ませ、なかば無理やり、総統地下壕から連れ出した。代わりに、かねてから影武者として使っていた男を呼び寄せ、最終的に始末した。

つまりは、アドルフ・ヒトラーと妻エヴァ・ブラウンは自殺などしていなかった。ソ連軍が押し寄せる9日も前に、ふたりは幹部に連れられて総統地下壕を抜け出し、ベルリンを脱出していたのだ。ささやかな結婚式を挙げた後に心中したという話は、すべてボルマンの作り話だった。

ボルマンによれば、ヒトラーの身柄はいったんババリア山脈の麓にある天然の要塞ロタック・アム・エルヘンに移された。このとき、それまで精神安定のために飲みつづけていた薬の

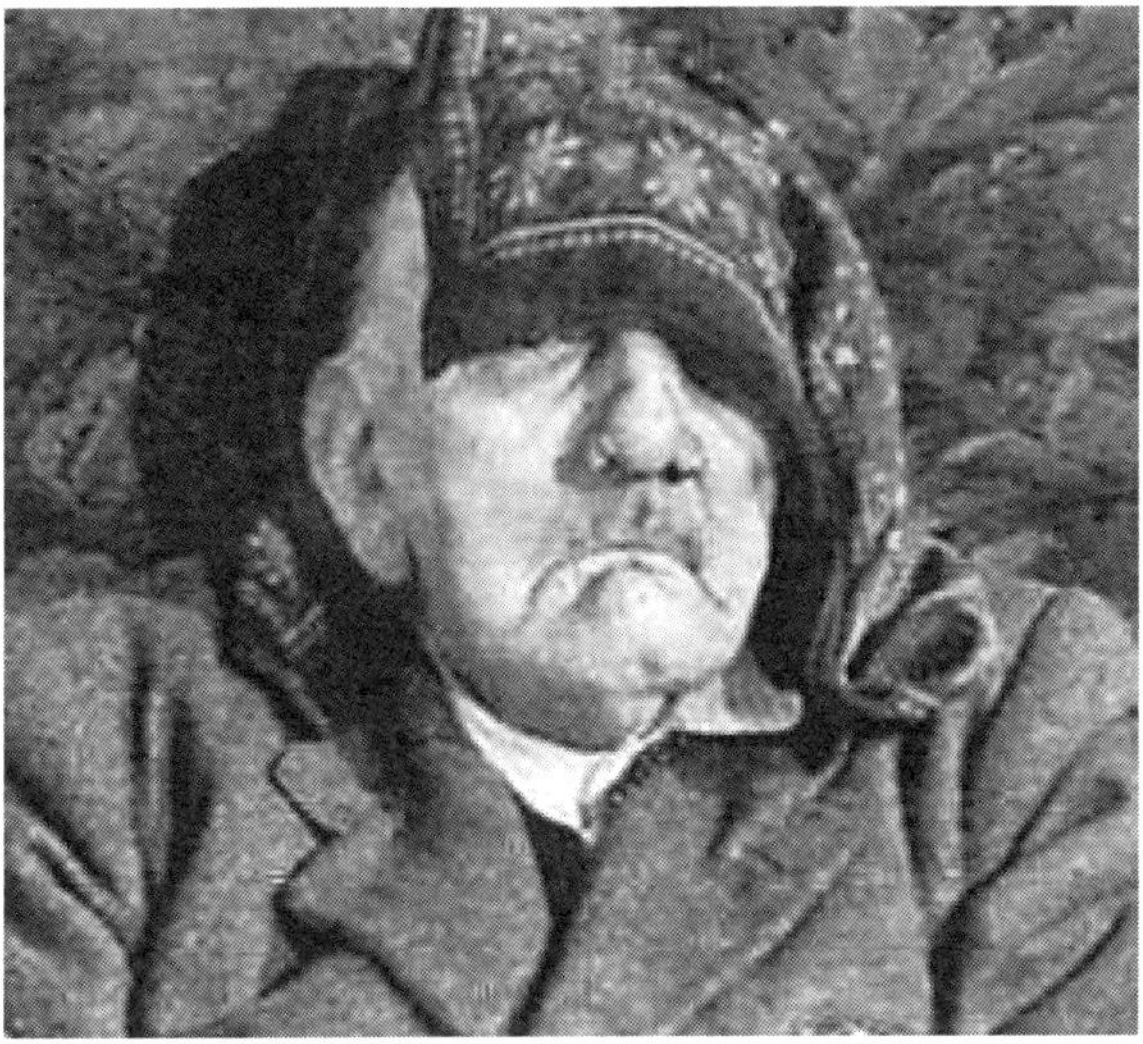

⬆南米に逃亡し天寿を全うしたといわれるヒトラーの晩年の写真。⬅自称128歳のヒトラー。いずれも確たる裏づけはない。

ため、エヴァ・ブラウンは死んだが、ヒトラーは北欧ノルウェーへと向かった。そこから先のことについて、ボルマンは頑なにベラスコに語らなかったらしいが、どうやら南米に向かったことは間違いないようだった。後の会話のなかで、ヒトラーは南米大陸の山間で元ナチスの高官たちに囲まれて天寿を全うしたことが読み取れたという。

以上は、生前、ベラスコ本人と個人的に交流のあった作家の高橋五郎氏が一連の著書の中で明らかにしたものだ。長らく行方がわからなかったボルマンは近年、総統地下壕から脱出する際に服毒自殺したことが証明されたといわれるが、高橋氏にいわせれば、まったくの虚構にすぎないということらしい。

大物スパイの証言だけに、実に生々しい。現場にいなければ語ることのできない情報は真実に肉迫しているといっていいだろう。が、ひとつ忘れてはならないことがある。ベラスコは多重スパイだったという事実だ。語っていることが、すべて事実かどうかはわからない。むしろ、最も重要な点がぼかされている。本当にアドルフ・ヒトラーは南米に逃亡し、そこで死んだのか。

核心に迫る前に、ひとつ視点を変えてみたい。ユダヤ人である。ヒトラーはユダヤ人を迫害した。ヒトラーを監視していたベラスコもまた、ユダヤ系スペイン人だった。これはいったい何を意味するのか。

反ユダヤ主義とイスラエル系ユダヤ人

悪名高い優生学はナチス・ドイツの基本テーゼであった。金髪碧眼の白人であるゲルマン人、すなわちアーリア人こそ、最も優秀な民族である。アーリア人以外の人種、特にユダヤ人は劣等民族であるとナチスの指導者は主張した。総統アドルフ・ヒトラーは著書『わが闘争』のなかで、繰り返し反ユダヤ主義を表明している。

第1次世界大戦で敗れ、経済的に恐慌にまで陥ったドイツにおいて、ユダヤ人はスケープゴートにされた。悪いのはユダヤ人である、と。裕福なユダヤ人に嫉妬の目が向けられ、ありもしない噂を立てられた。その究極が陰謀論だ。

ユダヤ人は世界支配を目論んでいるに違いないとされ、根拠として挙げられたのが歴史的偽書『シオン賢者の議定書』だった。そこには世界の裏で圧倒的な資金と権力を握ったユダヤ人の長老たちがいかにして世界支配を実行するのか、その方針と具体的な計画が示されていた。

今日において『シオン賢者の議定書』はモーリス・ジョリーが書いた『マキャベリとモンテスキューの地獄での対話』を元本とし、ナポレオン3世を揶揄したマキャベリストをユダヤ人に置き換えて書かれたものであることがわかっている。序文はロシアの神秘思想家セルゲイ・ニルスが書いており、本文の筆者については諸説あるものの、おそらくロシア人の反ユダヤ主

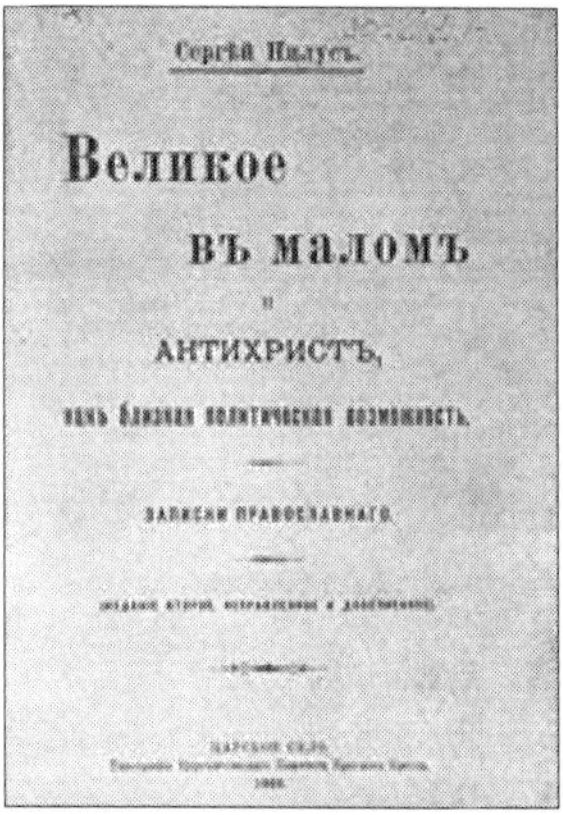
Сергѣй Нилусъ.

Великое

въ маломъ

и

АНТИХРИСТЪ,

ЗАПИСКИ ПРАВОСЛАВНАГО.

⬆ユダヤ人が世界支配を目論んでいる根拠とされた『シオン賢者の議定書』。

義者であることは間違いないとされる。

ナチス・ドイツは偽書であることを知りながら、『シオン賢者の議定書』を最大限に利用した。ヒトラーはもちろんのこと、内務大臣にもなったSSの幹部ハインリッヒ・ヒムラーは公然と反ユダヤ主義を掲げ、宣伝大臣であるヨーゼフ・ゲッペルスがプロパガンダによって全国に広めた。結果、ユダヤ人はドイツ国籍を有してはいるが、帝国市民ではないとされた。ユダヤ人は迫害され、店や住居は襲撃。ついにはユダヤ人というだけで逮捕され、収容所に送られた。なかでもポーランドのアウシュビッツの強制収容所では毒ガスによってユダヤ人たちが多数殺された。こうしたユダヤ人虐殺はホロコーストと呼ばれ、最終的に犠牲者は600万人にものぼったとされる。

今日、ユダヤ人とはユダヤ教徒であるという定義が一般的だ。もしくは母親がユダヤ人であれば、子供は自動的にユダヤ人である。父親がユダヤ人である場合には、子供は改めてユダヤ教に改宗して、初めてユダヤ人として認められる。つまり、ユダヤ人とは人種ではないというわけだ。

これに対して、ナチス・ドイツでは、ユダヤ人は人種であると位置づける。ヒトラー自身も、ユダヤ人は人種であり、宗教団体ではないと認識していた。確かにユダヤ教の聖典である『旧約聖書』には、絶対神ヤハウェと契約した民族としてのユダヤ人という概念がある。アブラハム、イサク、ヤコブの子孫としてのイスラエル系ユダヤ人である。

ユダヤ人ユダヤ教徒ではなく、イスラエル系ユダヤ人という意味であれば、皮肉なことに反ユダヤ主義を掲げた政治的指導者の中にもいる。共産主義の父カール・マルクスやロシア革命のレフ・トロツキー、ボルシェビキのウラジーミル・レーニン、ソ連のヨシフ・スターリンなど、無神論を是とする社会主義者には少なくない。

ひるがえって、徹底した反ユダヤ主義を掲げたナチス・ドイツはどうだったか。ドイツ国内には数多くのユダヤ人がいた。当然ながら、表向きゲルマン人を称していても、実際はユダヤ人の血を引く者もいた。ナチス・ドイツの幹部も、しかり。先のハインリッヒ・ヒムラーやマルティン・ボルマン、アルフレート・ローゼンベルク、ラインハルト・ハイドリッヒなども系図を遡れば、だれかしら祖先にイスラエル系ユダヤ人がいたのだ。

ヒトラーとユダヤ人

まさに歴史の皮肉としか表現できないが、反ユダヤ主義を掲げるナチス・ドイツの幹部の多

⬆ヒトラーがユダヤ人であるという説を前提とした手塚治の『アドルフに告ぐ』。

くは人種としてのユダヤ人の血を引いていた。しかも驚くべきことに、総統アドルフ・ヒトラー自身、イスラエル系ユダヤ人だった可能性があるのだ。

手塚治虫氏の漫画に『アドルフに告ぐ』がある。主人公はアドルフという名の3人の男で、いうまでもなく、ひとりは総統アドルフ・ヒトラー、その人。残るふたりのアドルフが第2次世界大戦のドイツと日本で活躍するという物語だ。注目はストーリーの重要な鍵となる機密文書で、そこにはヒトラーがユダヤ人の血を引いていると記されている。

漫画はもちろんフィクションなのだが、ヒトラーがユダヤ人であるという噂はかねてからあった。ヒトラー自身、そのことを気にしていた。反ユダヤ主義を声高に叫んでいる張本人がユダヤ人ともなれば、ヒトラー自身にとっては一大事である。彼は法律局長のハンス・フランクに自分の血筋を極秘に調査するように命じている。

⬆ヒトラーの父アロイス・ヒトラーと母クララ。

問題はヒトラーの父アロイス・ヒトラーだった。彼は非摘出子なのだ。母はマリア・アンナ・シックルグルーバーであることがわかっているのだが、父親が不明なのだ。調べてみると、マリアが若いころ、ユダヤ人の富豪のもとで家政婦として働いていたことがわかった。どうも、主の息子レオポルド・フランケンベルガーと肉体関係をもったらしく、妊娠して生まれたのがアロイスだった。当時、レオポルドが19歳と若かったこともあり、当主は結婚させない代わりに、アロイスが14歳になるまで養育費を払っていたと、フランクは著書『死に直面して』の中で述べている。

はたして、これは事実なのか。当然ながら検証が行われた。住んでいるとされたオーストリアのグラーツには当時、レオポルド・フランケ

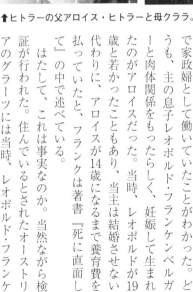

ンベルガーなる人物の名が見当たらず、そこにユダヤ人は住んでいなかったことが判明し、結果、信憑性は低いと考えられるようになった。

しかし、だとしても、アロイス・ヒトラーが非摘出子であることには変わりはない。父親がだれだったにせよ、ユダヤ人の血を引いている可能性は残る。かくして、この問題に決着をつけるべく、20世紀に入って本格的なDNA調査が行われた。ヒトラー本人の遺伝子は残っていないが、親族はいる。協力を得られた39人のDNAをジャーナリストのジーン・ポール・マルダーズと歴史学者のマルク・フェルメレンらが専門家に分析を依頼したところ、そこに興味深い遺伝子が発見された。

男性の性染色体、いわゆるY染色体がハプログループE、もっと正確にいえば「E1b1」系統であることがわかったのだ。いうまでもなく、Y染色体は父系遺伝である。このことから、アドルフ・ヒトラーもまた、Y染色体がハプログループEであることが確実となった。

ハプログループEは世界中のユダヤ人のコミュニティに必ず見つかる遺伝子として知られている。かの有名なアルベルト・アインシュタインもハプログループEである。もちろん、ユダヤ人だからといって、必ずしもハプログループEというわけではないが、少なくともゲルマン人にはほとんど見つかることはない。

つまり、噂通り、ヒトラーは人種的にユダヤ系だった。ユダヤ人ユダヤ教徒ではないが、イスラエル系ユダヤ人である可能性が非常に高いことがわかったのである。ある意味、これは実に恐ろしい事実である。

これもまた興味深い事実なのだが、ナチス・ドイツと同盟国であったイタリアの首相ベニート・ムッソリーニもまた、ハプログループEだった。当時、三国同盟を結んでいたふたつの国の元首がともにユダヤ人であった可能性があるとすると、残る大日本帝国の首相、東条英機は、どうなのか。もっといえば、日本人にもハプログループEの遺伝子をもった人間はいるのだろうか。

大日本帝国のユダヤ人

ヒトラーがイスラエル系ユダヤ人だとしたら、改めて気になるのがベラスコである。超大物スパイであったアンヘル・アルカッサール・デ・ベラスコはユダヤ人だった。ユダヤ人スパイとして、ユダヤ人であるヒトラーを監視する任務に当たっていた。彼はスペインはもちろん、ナチス・ドイツやヴァチカン、それに日本のスパイでもあった。

日本では外務省の中に極秘の「TO機関」を設置して世界各国から情報を集めていた。機密情報の中にはアメリカの原爆投下計画に関するものもあり、TO機関の人間は1945年8月、広島に原爆が投下されることを知っていた。にもかかわらず、情報は無視され、人類史上最悪の悲劇を生むことになる。

ナチス・ドイツのスパイであったベラスコは、なぜ日本のスパイにもなったのだろうか。ヒトラーがユダヤ人であり、ベラスコもユダヤ人だったことと関係があるのだろうか。真相は当の本人にしかわからないが、もし仮に大日本帝国もまた、ユダヤ人と深い関わりがあったとしたら、どうだろう。

かねてから日本人とユダヤ人は民族的に兄弟であるという、いわゆる「日ユ同祖論」は江戸時代から噂されてきた。しかも、日本人ではなく、外国人の目から見て、ルーツはユダヤ人ではないかと思われてきた。それだけ日本文化の中にはユダヤ文化と共通する点が数多くあるという。

もちろん、似ているというだけでは、あくまでも主観である。歴史的検証をしたところで、仮説の域を出ない。ならばということで、注目されたのが遺伝子である。昨今、日本人の遺伝子に関する研究が進み、ひとつ重要なことがわかってきた。先にも紹介したY染色体に関して、日本人特有ともいえる遺伝子が見つかった。これがハプログループDである。Y染色体ハプログループDは近隣の朝鮮半島や中国ではほとんど見つからないのに対して、日本人男性からは40パーセントの割合で発見されるのだ。

ハプログループDには、もうひとつ遺伝子の一部に著しい特徴があり、これを「YAP」と呼ぶ。実は、ハプログループDのほかに、もうひとつYAPの遺伝子をもつものがある。それがハプログループEなのだ。両者は、ともに時代を遡ればハプログループDEを形成していたと見られ、突然変異でYAPをもったひとりの男性の子孫であることがわかっているのである。

したがって、極端な話、日ユ同祖論は遺伝子によって裏づけられたといっても過言ではない。日本人とユダヤ人は兄弟であり、ナチス・ドイツを率いた総統アドルフ・ヒトラーもまた、同じイスラエル系ユダヤ人であった。

実は、これを見抜いた男たちがいた。彼らは自らの民族がイスラエル人であることを知っており、そのうえで日本を裏で動かしてきた。いや、日本だけではない。世界をも動かしている。ヒトラーが総統になったのも、しかり。ナチス・ドイツを生み出したのも、密かに連中が仕組んだことなのである。

第1部
ペンタゴンの最深部で悪魔を召喚する地底人
アドルフ・ヒトラーは生きていた!!

パラダイム!!
時は止まることなく
流れ
歴史も停止する
ことはない!

人類は
発展という階段を
上昇しながら
多くのターニング・
ポイントを経て
新たな発見を
戸惑いと畏敬の目で
受け入れていく!

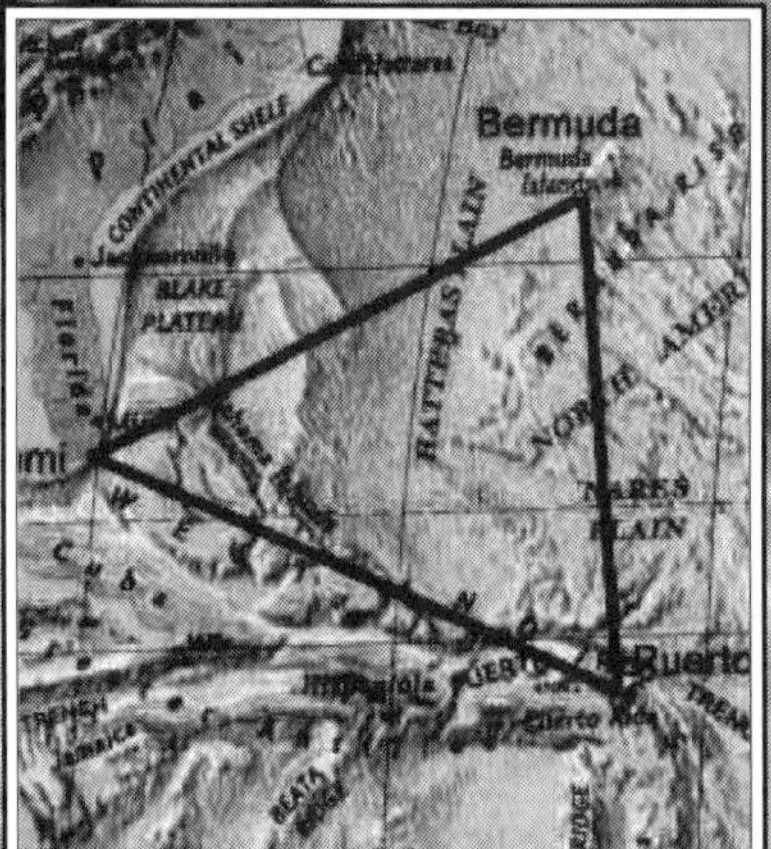

私の名は
あすかあきお
漫画家です！
私は
サイエンス・
エンターテイナー
として
アカデミズムが
黙殺する
最先端情報を
暴露し
公開することを
使命としています！

その過程で
多くの
有名人や
著名人との
出会いが
あります！
超能力者・秋山眞人氏と

これからも
最先端情報を
取りこみながら
超常世界を
探索する
つもりです！

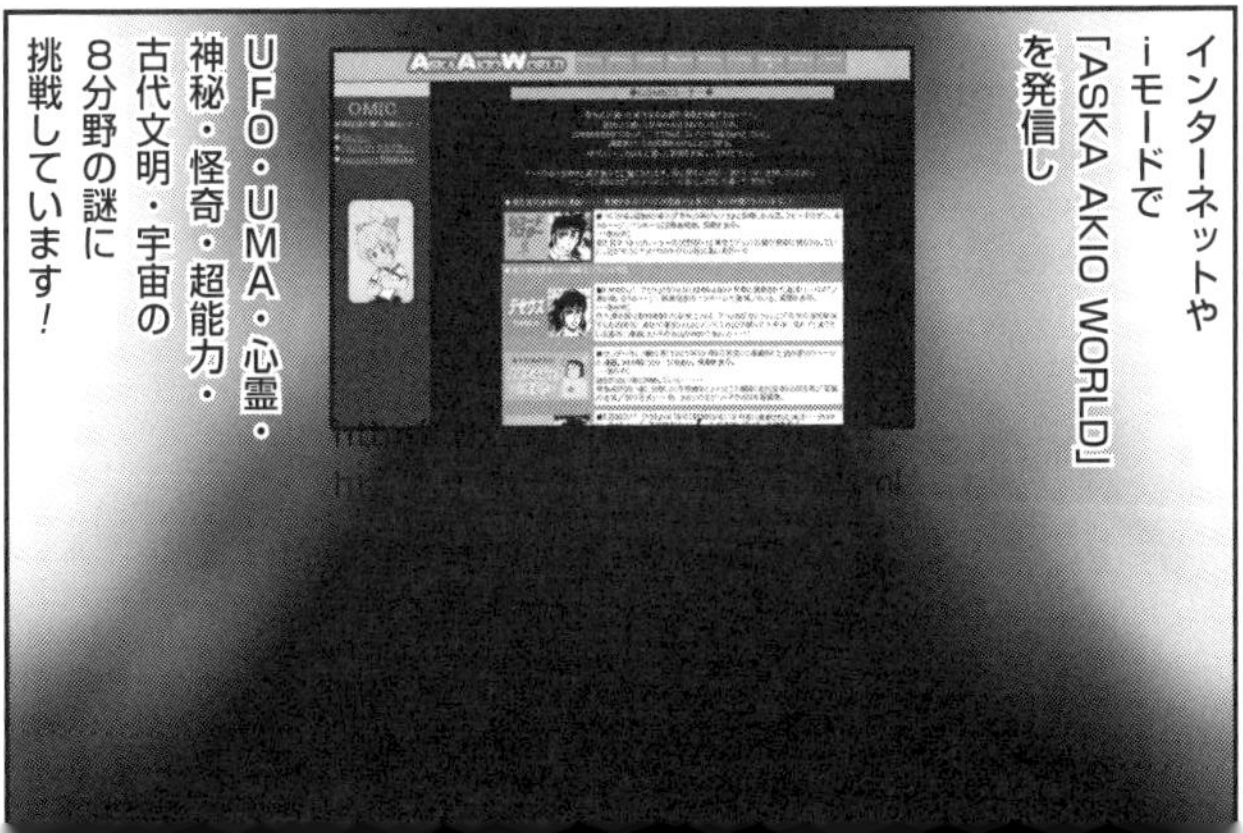
インターネットや
iモードで
「ASKA AKIO WORLD」
を発信し
UFO・UMA・心霊・
神秘・怪奇・超能力・
古代文明・宇宙の
8分野の謎に
挑戦しています！

また全国各地で講演会を行いTVやラジオにも出演し
ツアーやイベントにも協力してDVD・CDを主催企業を通して世に出しています！

コミュニケーション・アイ
Tシャツ
夢源樹
船井メディア
円盤屋
スマホケース
DVD

アトミック・ソルジャー!!
彼らは
1945年から
1960年まで実在した
アメリカ軍兵士で
冷戦時代の
核実験場に運ばれ
炸裂した
きのこ雲目がけて
突撃し
放射線被曝させられ
ていた!!

アトミック・ソルジャーの数は25万人以上とされ

その多くは放射線障害と癌で命を失い生き残った者も多くの障害を発生して今も苦しんでいる！

彼らは事前に放射線の影響はほとんどないと教えられており
線量フィルムもアルファ線（プルトニウム）に反応する物しか与えられなかった！
彼らはアメリカ政府の人体実験の材料にされ多くのデータがペンタゴンに集められたのである!!

さらに
ペンタゴンは
マサチューセッツ州で
73人の障害児に
放射性同位体入りの
オートミールを
食べさせ

テネシー州では
829人の妊婦に
医療機関を通して
放射性物質を
服用させていた!!

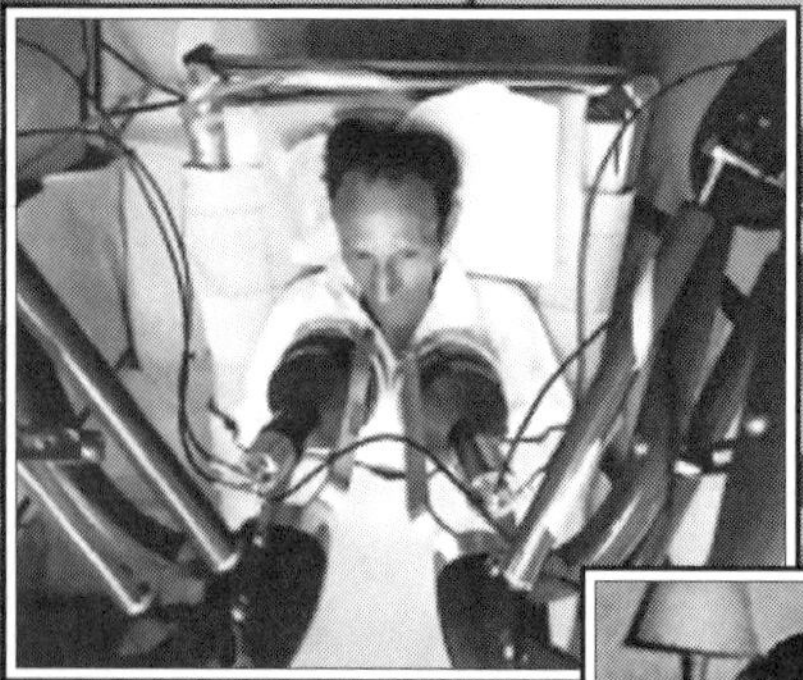

さらに
多くの人間に
プルトニウムを
注射し
どのように衰弱して
死亡するかの
データを集めて
いた!!

人体実験は
アウシュビッツに
代表される
ナチスの専売特許
のようだが

第2次世界大戦後
ナチスの人材と
兵器を
そのまま移植した
アメリカが徐々に
ナチス化していく
姿が見てとれる！

さらに
大戦前から
アメリカは
ナチスの優生学
による断種に
最も積極的な国で

多くの貧しい女性が
劣等遺伝子を
もつとされ
卵巣を摘出されたり
障害者や犯罪者の
去勢も州を挙げて
１９７０年代まで
積極的に行われた!!

多数の人間に人体実験を行い他国を侵略して資源を略奪する今のアメリカはナチスを彷彿させるものがある！

まるでアドルフ・ヒトラーがこの世に甦りアメリカの中枢に座っているかのようだ!!

今回も
あの男の訪問から
物語が始まる!
あすか先生!
教授からの
メッセージを
お届けに
まいりました!
彼の名は
ミスター・カトウ!
謎の秘密組織
から送られてくる
メッセンジャー
である!

あすか先生！今からウクライナまで飛んでいただきます！
ウクライナといえば旧ソ連から独立した東欧の国でしたネ！

はい！そこには1986年に大事故を起こしたチェルノブイリ原発があります!!

КИЇВ
キエフ（ウクライナの首都）
美しい町だね！
ウム！東欧最大の都市だよ！
彼はサイ九郎！私の弟子である！

あすか先生
これから
キエフ北西の
チェルノブイリ
近郊の村に
行きます！
エッ
それって
大丈夫なの
？
…………
…………
…………
はい！
半径30キロ圏は
永久居住禁止
地域ですが
われわれが
今から向かう
場所は
立ち入り禁止では
あっても
一部に人が
住んでいます！

チェルノブイリ原発事故では同心円状に放射性物質が飛散せずバタフライ状のホットスポット（高濃度汚染）で拡散した！

そのため500以上の町と村が地図から消えたとされている！

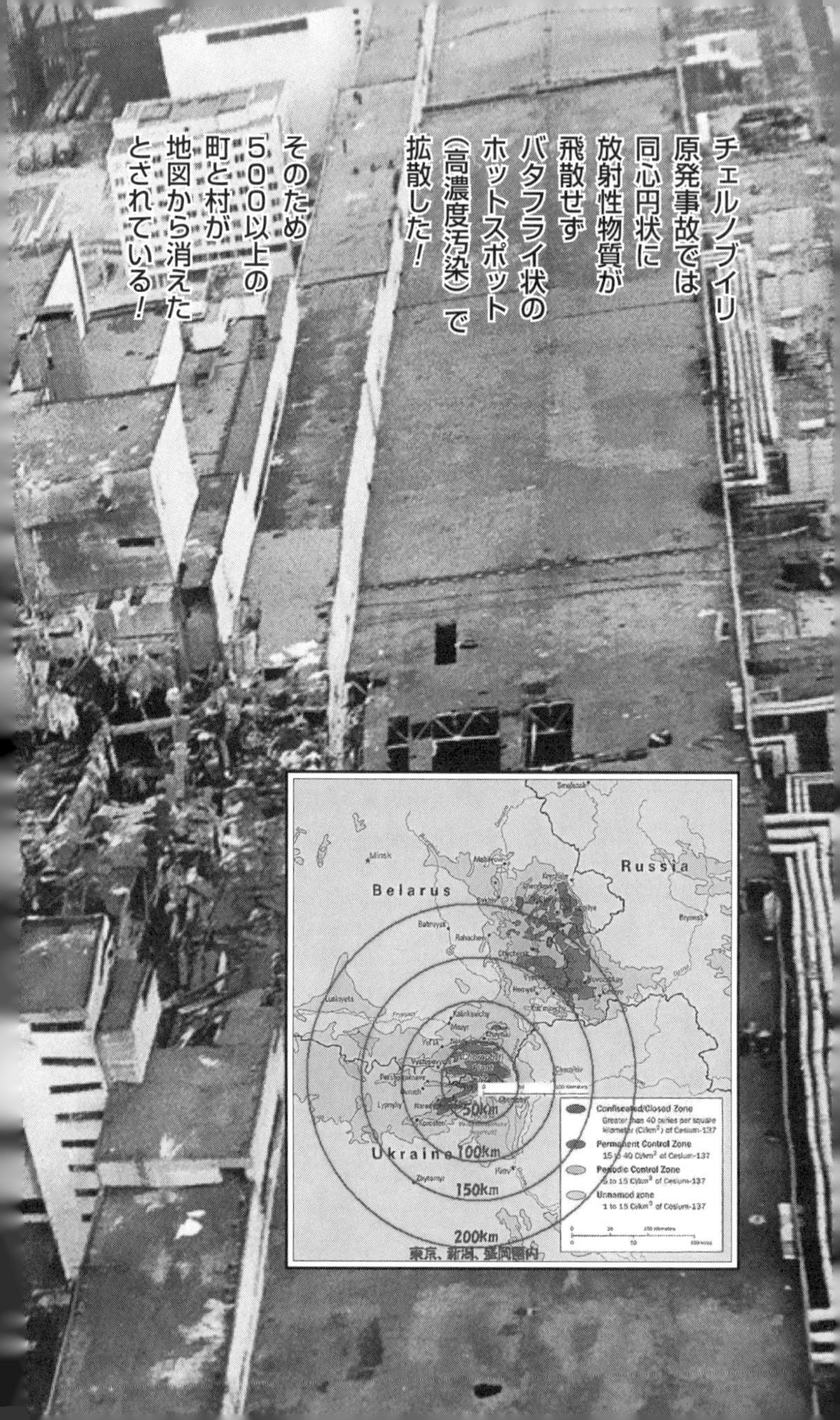

その捨てられた
町や村にも
サマショール（わがままな人々）
と呼ばれる住民が
いて
ロシア
グルジア
アルメニア
カザフスタン
チェチェンなどから
移住して
住みついている！

ここから先が100キロ圏内ですから子供はマスクをしましょう!
どうして子供だけ?
原発事故後20年たっても放射性物質は地面から風で巻き上がっていますから!
子供のほうが細胞分裂のスピードがケタ違いに速いからサ!
な…なんだか命がけで会いにいくんだネ…!!
ブロロ

ミスター・カトウ！その放棄された村にいるのはどこの国の人間ですか？

ウクライナ人でしょう？

いえ！ウクライナ人でもロシア人でもありません！

アメリカ人の男性です！

彼は旧ソ連の二重スパイでしたが国家反逆罪で逮捕される寸前アメリカを脱出しました！

おおお〜!!まさに見捨てられた村そのものだ!!
池の水は今も飲めません！地下水だけがたよりでしょう！

先生
村の通りには
だれも歩いて
いないヨ!!

ここにその人物は住んでいるのですか？
はい！ひとりで住んでいると聞いています！
もちろん今も外部との連絡は絶やさないようですが！
あそこが彼の家です！
もちろん先住者の捨てた家に勝手に住んでいることになります！

遅かったなミスター・カトウ！
やっと連れてきたか!!
ずっと手ぐすねを引いて
待っていたぞ!!!
て……
手ぐすね
……!?
ASUKA

わしはアメリカでは
ロベルト・チャップマンと呼ばれていた!
仲間がFBIにパクられた後
あわてて旧ソ連に逃げたが
崩壊後はウクライナへ移住した!
ロベルト・W・チャップマン
アメリカから国家反逆罪で追われている男

元は国防総省の高官職員だったがペンタゴンの根幹にあと一歩まで迫ったところでアウトになった!!
THE PENTAGON
WASHINGTON D.C.

当時、旧ソ連は本気でペンタゴンの
地下構造を調べようとしていたのだ!
あの五角形の中庭に
核ミサイルを撃ち込むことを
想定した場合
妙なことに気がついた!!

核戦争時代のアメリカ軍最大の
中枢部が地下２階しかないという
データにクレムリンは頭を痛めた!
だが実際は「ペンタゴンの地下構造は
まだ深いはずだ」と見抜いた!!

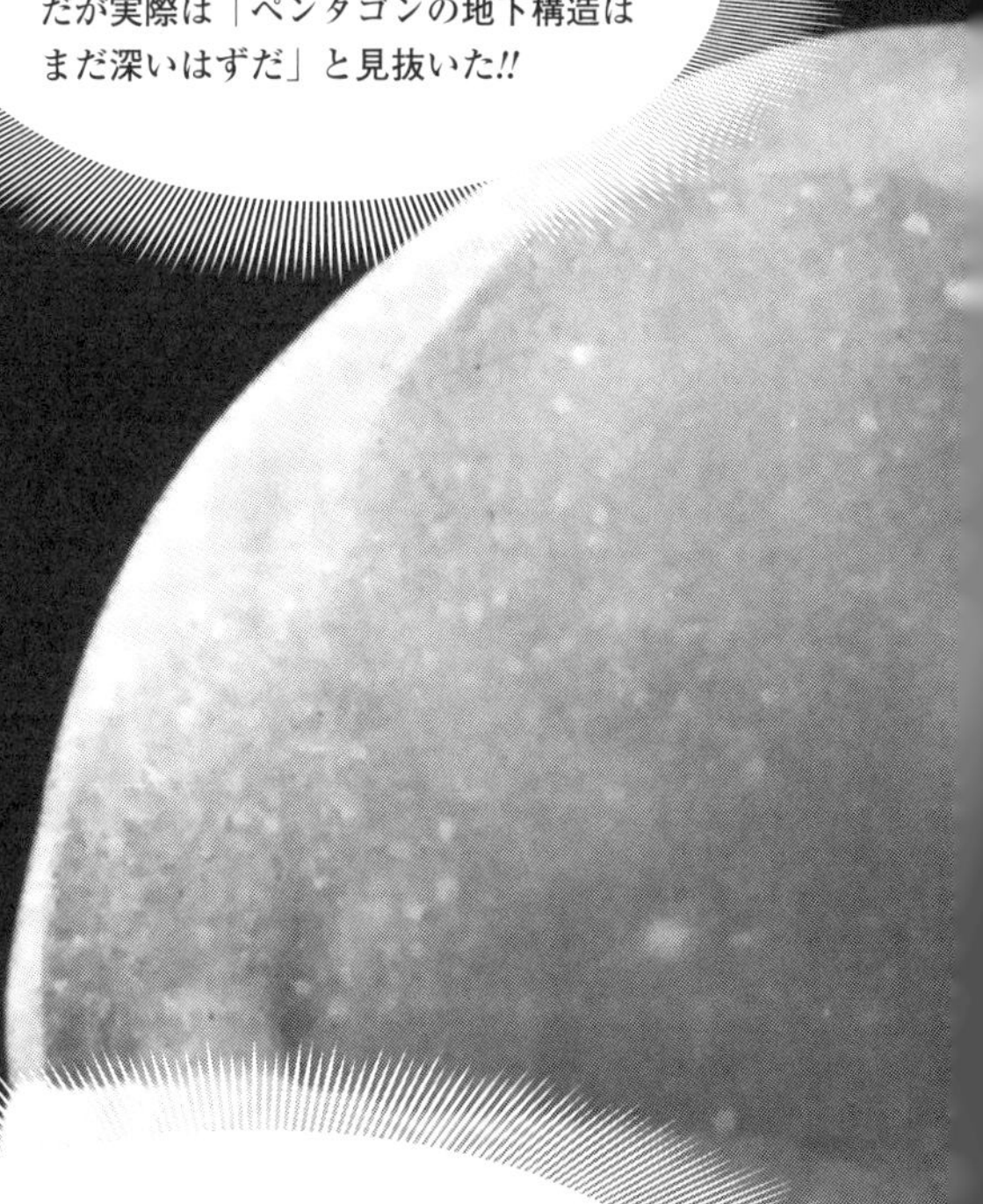

そこで建設当時からのデータを含め
徹底的に調査した結果
ペンタゴンの地下は二重構造になっており
職員でさえ知らない地下室がいくつも
存在することがわかったのだ!!

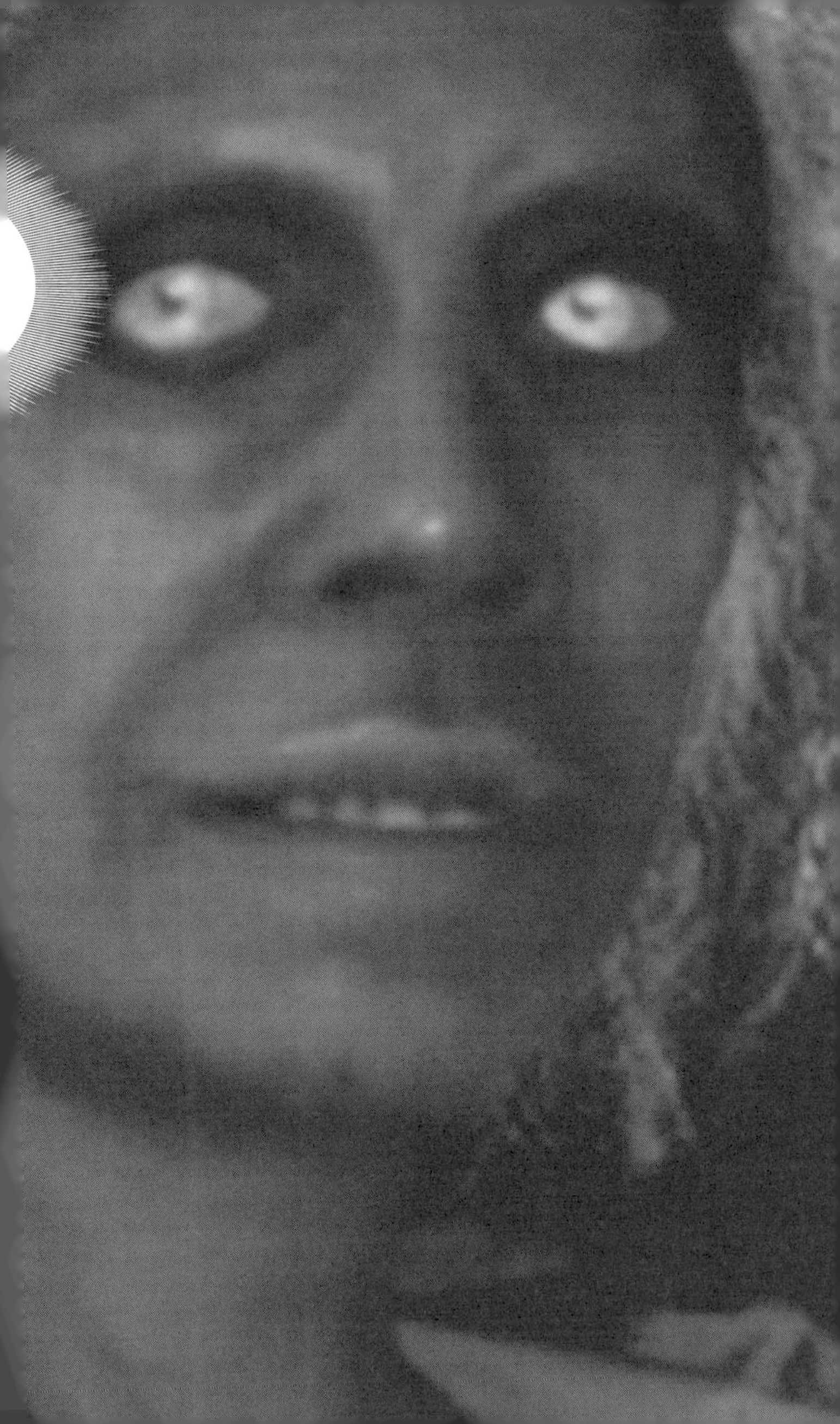

そしてついに
地下で数百年も生きてい
化け物の証拠を
つかんだ!!

以前公開した緑の肌をした地底人の画像は、このチャップマンからもたらされたものだが、後日、インドネシアのフローレンス島で発見された原人ホモ・フローレシエンシスの復元模型を元にしたフェイク画像であることを本人が白状した。秘密組織を通じて追及したところ、別の人物がオリジナル画像を所持していることが判明。今回、その画像を公開する。ちなみに、ホモ・フローレシエンシスの復元模型には、密かにＣＩＡが関わっている。フェイクの元画像とされた理由は、両者に共通点があるからだった。

なるほど あなただったのか ヴリル協会の 巫女の情報源は!?
あのふたりの魔女は 人喰いまでやらかす 怪物だった!
あのふたりが地底から呼びだす悪魔は 『わが闘争』に著されたように 戦場でヒトラーにとり憑いた 得体の知れない存在と同じものだ!!
Eine Abrechnung
Die nationalsozialistische Bewegung

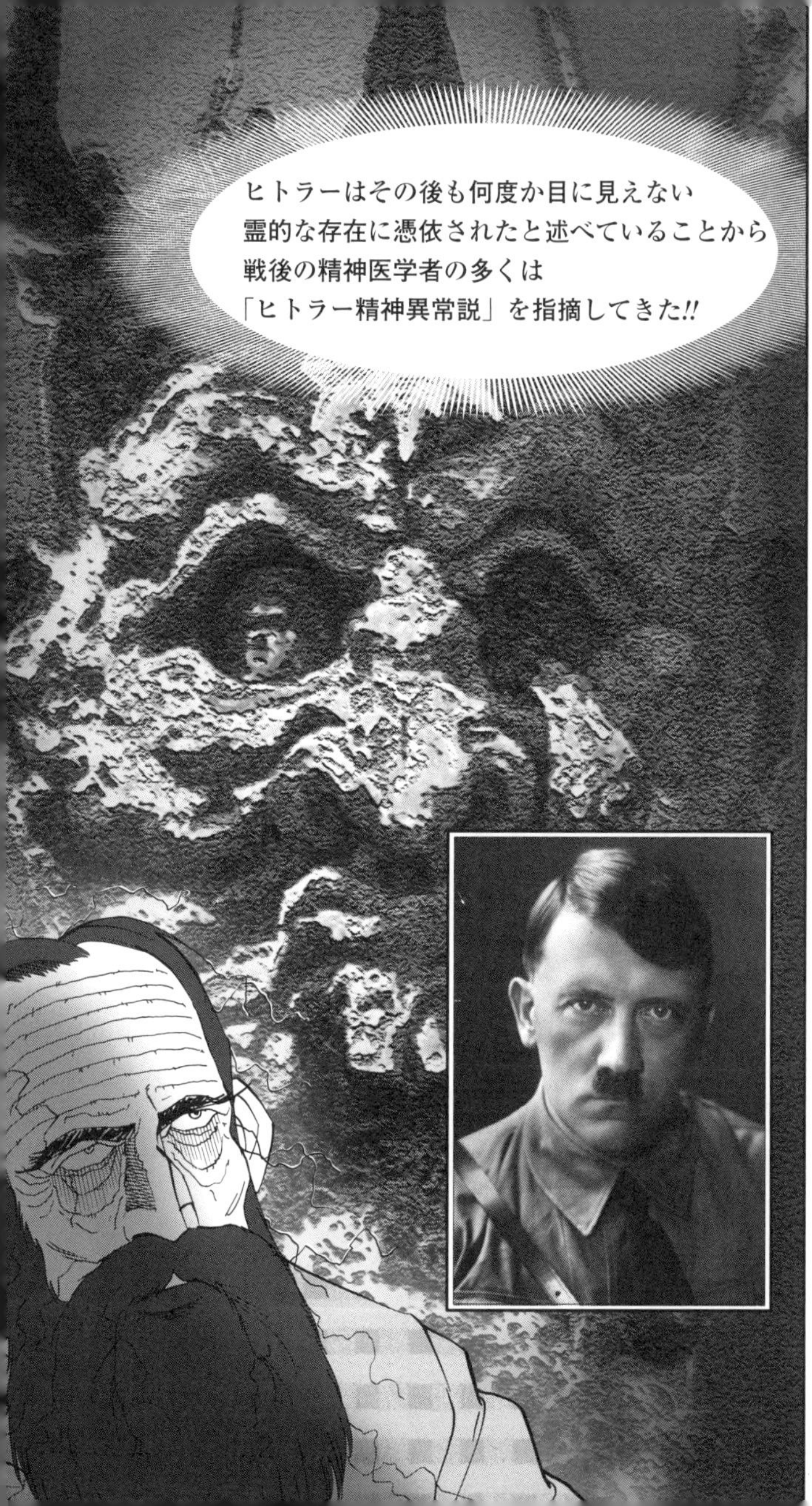
ヒトラーはその後も何度か目に見えない
霊的な存在に憑依されたと述べていることから
戦後の精神医学者の多くは
「ヒトラー精神異常説」を指摘してきた!!

アメリカはペンタゴンの底で
悪魔を飼っている………!!
地獄の底に通じる穴を塞いでいる蓋が
ペンタゴンなのだ!!

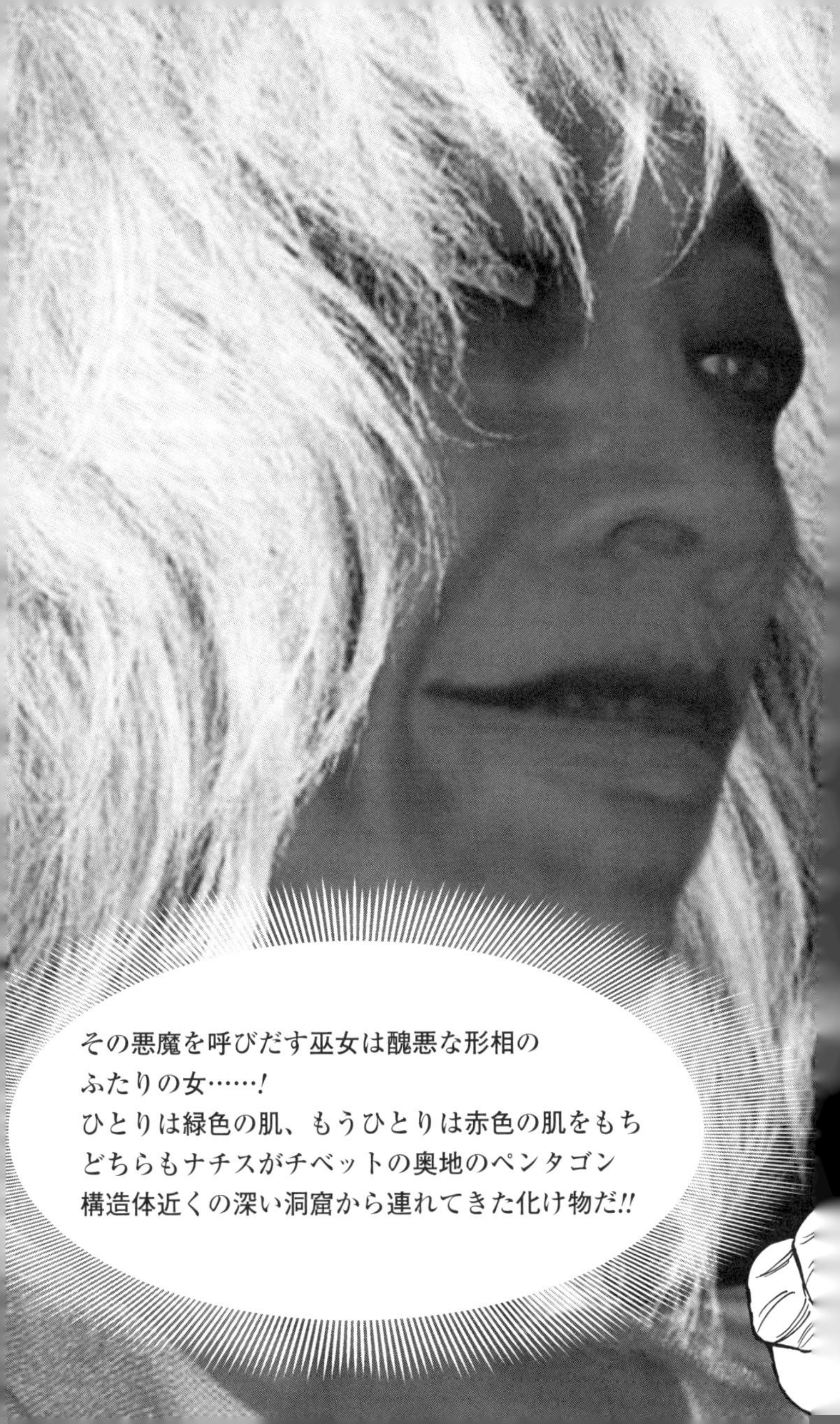
その悪魔を呼びだす巫女は醜悪な形相の
ふたりの女……!
ひとりは緑色の肌、もうひとりは赤色の肌をもち
どちらもナチスがチベットの奥地のペンタゴン
構造体近くの深い洞窟から連れてきた化け物だ!!

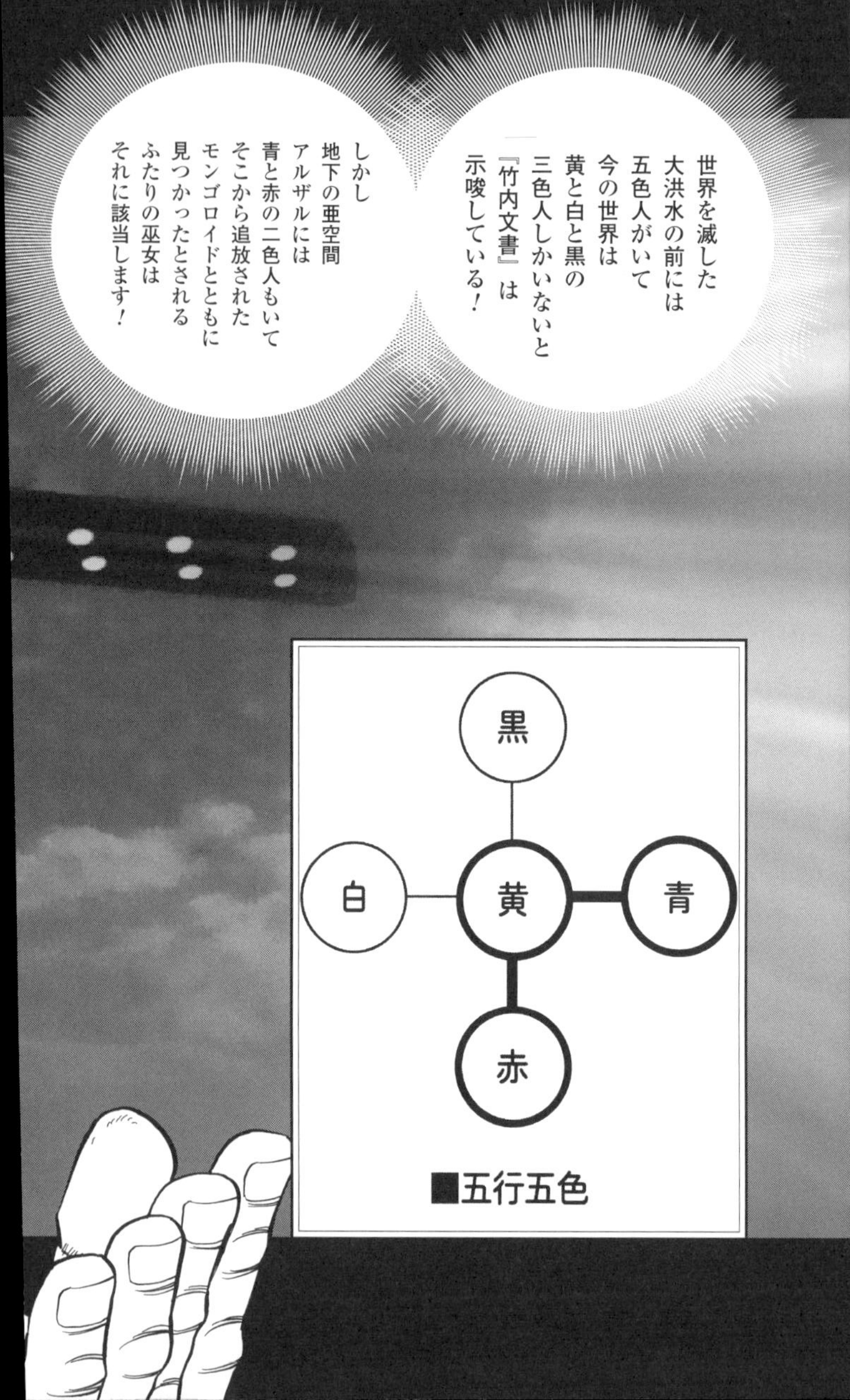
世界を滅した大洪水の前には五色人がいて今の世界は黄と白と黒の三色人しかいないと『竹内文書』は示唆している！
しかし地下の亜空間アルザルには青と赤の二色人もいてそこから追放されたモンゴロイドとともに見つかったとされるふたりの巫女はそれに該当します！
黒
白
黄
青
赤
■五行五色

これを
五行五色の方位で
紐解くと
青と赤と黄で
直角を構成し
地上に住む
白と黒と黄も
同じ直角で
大地に関する
象徴はすべて
天のコンパスと
対応する
曲り尺になる！

悪いがわしはそんな東洋の神秘的解釈にまったく興味がない!!

それよりも福島第一原発がやられた「３・１１」の４日前に沖縄の米軍基地が津波が来るからと海岸にラインを引いて警告していたことだ!!

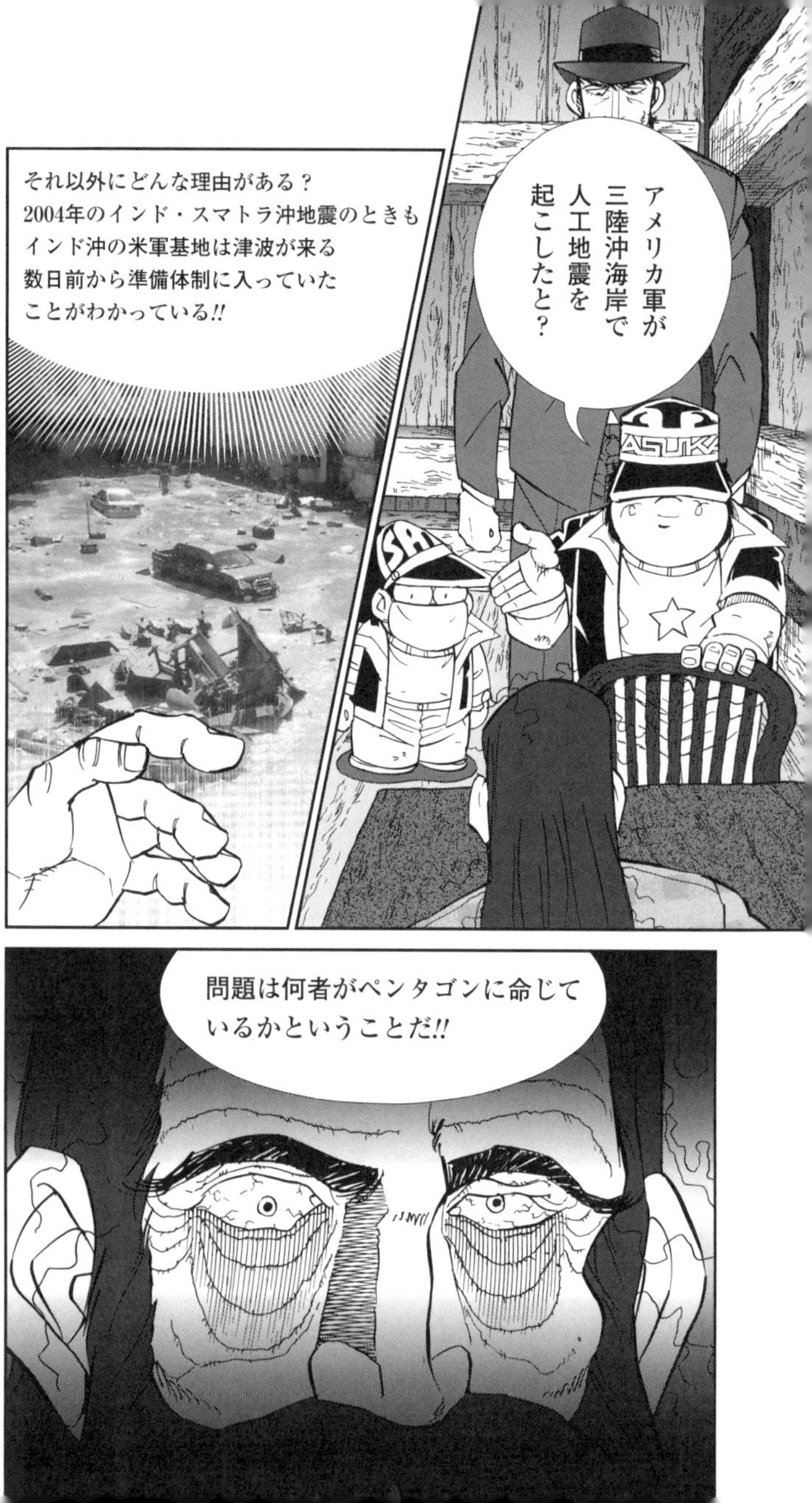
アメリカ軍が三陸沖海岸で人工地震を起こしたと？

それ以外にどんな理由がある？

2004年のインド・スマトラ沖地震のときもインド沖の米軍基地は津波が来る数日前から準備体制に入っていたことがわかっている!!

ASUKA
問題は何者がペンタゴンに命じているかということだ!!

ミスターあすか！日本人のほとんどは福島第一原発事故がチェルノブイリよりもマシだったと思っていると聞いたが本当か？

ああ否定はしない！東京の人間のほとんどもそう思っている！

なぜだ？どちらも同じレベル７だろう!!

日本では首相が平然と終息宣言を発表したし
医者もヨウ素被曝の子供の甲状腺は大した状況ではないというからだ!!

日本のマスコミは線量計でだれでも計れるセシウムしか公表しないことで話し合いができているようで
成長段階の子供の骨に最も危険なストロンチウムのデータはほとんど公表しない！

チェルノブイリの250キロ圏内は立ち入り禁止ゾーンだが日本でも大量のストロンチウムが観測されている！
すでにウランが人の爪から見つかっているのにチェルノブイリよりマシだと思っているのか？
能代
秋田
宮古
湯沢
大船渡
釜石
石巻
村上
山形
新潟
米沢
柏崎
双葉
日本
北茨城
いわき
100km
富山
長野
小松
高山
佐久
前橋
郡上
伊那
甲府
東京
岐阜
天竜
名古屋
彦根
静岡
津
掛川
下田

それはわからないがチェルノブイリのようにならなくてよかったと思っていることは事実だろう！
ドイツのメルケル首相が福島原発事故で少なくとも数十万人が癌の発生で死亡する予測をIAEA（国際原子力機関）とECRR（ヨーロッパ放射線リスク委員会）が出したのを見て原発全廃を決定したことは知っているのか？
日本政府とマスコミはそれを黙殺している！

ミスター・あすか……
それらの手口はアメリカが戦後得意としてきたものばかりだ!!
ペンタゴンにとって
原発事故の放射能被曝データは貴重で
それを国民に知られないようにする
必要がある!!

いうまでもないが
そのペンタゴンを裏で動かすのは
軍産複合体（影の政府＝シークレットガバメント）の
トップのデビッド・ロックフェラーだ!!
そのロックフェラーに指示を与えるのが
ヴリル協会のふたりの巫女であり
得体の知れない闇の存在であれば
日本は未来を叩きつぶされるゾ!!

アドルフめえ〜っ!!
アドルフ……?
DAM

まさかそれは⁉
そのとおりだ‼
アドルフ・ヒトラーは
アメリカで生存している‼

ヒトラーは世界で最も交渉先でありえないアメリカから打診を受けて大西洋を渡った!!

一気に世界の40年先の未来兵器を
手に入れた真の理由と謎を
知りつくしていたのは
ヒトラーだけだからだ!!

⬆ベルリン陥落後、トルーマン大統領と会談するヒトラー。

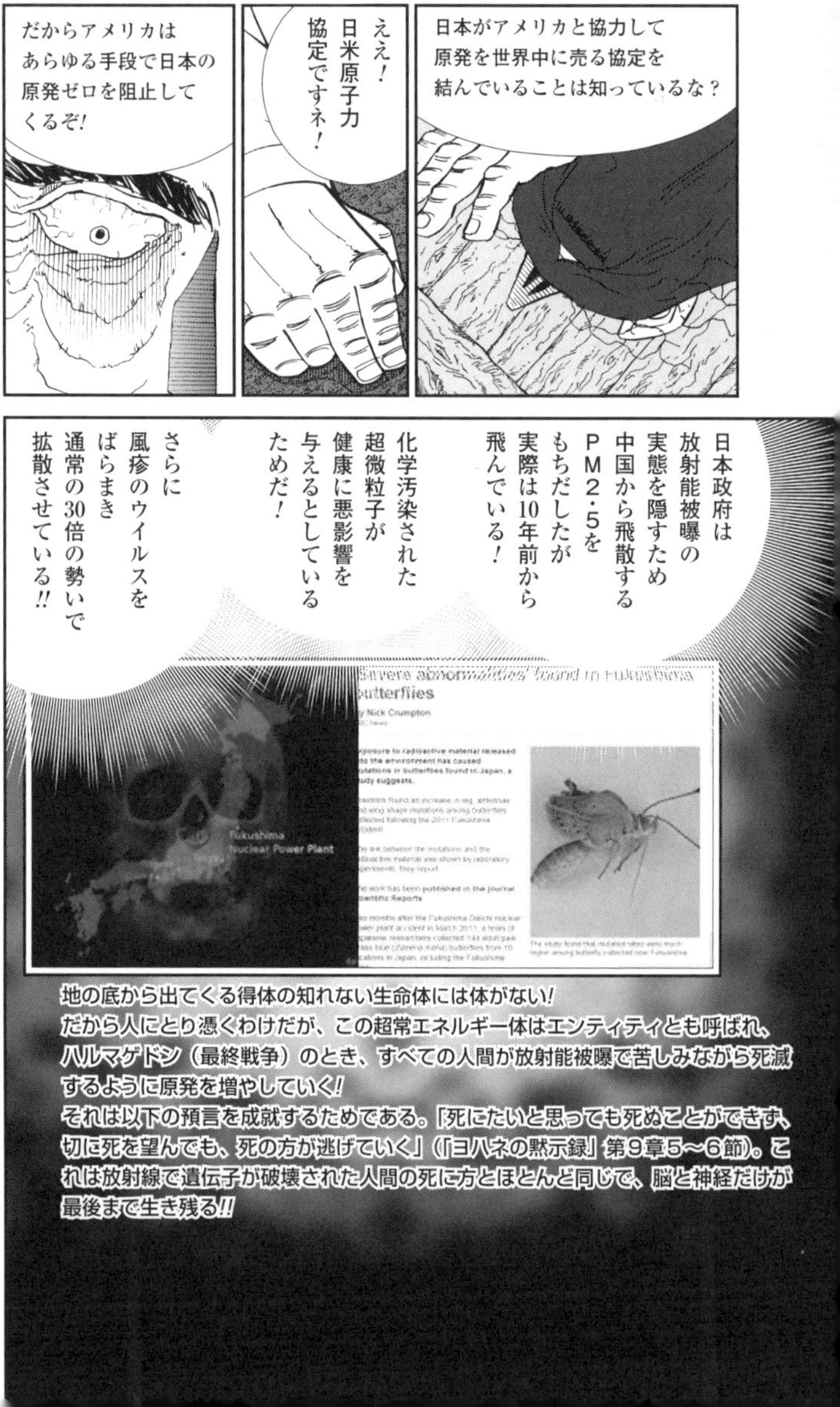

日本がアメリカと協力して原発を世界中に売る協定を結んでいることは知っているな？
ええ！日米原子力協定ですネ！
だからアメリカはあらゆる手段で日本の原発ゼロを阻止してくるぞ！
日本政府は放射能被曝の実態を隠すため中国から飛散するＰＭ２・５をもちだしたが実際は10年前から飛んでいる！
化学汚染された超微粒子が健康に悪影響を与えるとしているためだ！
さらに風疹のウイルスをばらまき通常の30倍の勢いで拡散させている!!
Fukushima Nuclear Power Plant
butterflies
By Nick Crumpton
地の底から出てくる得体の知れない生命体には体がない！だから人にとり憑くわけだが、この超常エネルギー体はエンティティとも呼ばれ、ハルマゲドン（最終戦争）のとき、すべての人間が放射能被曝で苦しみながら死滅するように原発を増やしていく！それは以下の預言を成就するためである。「死にたいと思っても死ぬことができず、切に死を望んでも、死の方が逃げていく」（「ヨハネの黙示録」第９章５～６節）。これは放射線で遺伝子が破壊された人間の死に方とほとんど同じで、脳と神経だけが最後まで生き残る!!

第2章

極東イスラエル王国「日本」と破戒の八咫烏「闇烏」

失われたイスラエル人

ユダヤ人の歴史は苦難の連続である。絶対神ヤハウェと契約を結ぶことによって誕生したユダヤ教において、堕落や背教は、そのまま罪と罰となって人々を襲う。国家が滅び、民が離散するのは、すべて神に背いたからだと解釈される。

太祖はアブラハムで、その息子がイサク、孫がヤコブである。ヤコブは絶対神ヤハウェから与えられた別名をイスラエルといい、彼の息子および孫から12支族が誕生する。具体的に、まず祭祀を司るレビ族が聖別され、ルベン族、シメオン族、ユダ族、ダン族、ナフタリ族、ガド族、アシェル族、イッサカル族、ゼブルン族、ヨセフ族、ベニヤミン族が形成される。さらに、ヨセフ族がエフライム族とマナセ族に分かれて独立する。

紀元前13世紀、大預言者モーセがイスラエル人を率いてエジプトを脱出。40年間の放浪の末にパレスチナの地へとやってきて、やがて古代イスラエル王国が建国される。およそ紀元前930年ごろのことである。初代の王はサウルで2代目はメシアとうたわれたダビデ、そして3代目が栄耀栄華を極めたソロモンである。

ソロモン王の死後、後継者をめぐって内紛が起こり、紀元前922年に南北に分裂。エルサレムを聖地とするユダ族とベニヤミン族の2支族が南朝ユダ王国、サマリアを聖地とする残る

⬆アッシリアの王にひれ伏す北朝イスラエル王国の王。

10支族が北朝イスラエル王国を樹立する。祭祀を行うため、レビ族は南北両方の国に分かれることになった。

南北朝分裂の原因はソロモン王の背教にあったように、北朝イスラエル王国でも絶対神ヤハウェとの契約「十戒」で禁じられていた偶像崇拝を行ったがため、紀元前722年、アッシリア帝国によって滅亡。人々はメソポタミア地方に連行される。世にいう「アッシリア捕囚」である。

アッシリア帝国は紀元前609年に新バビロニア王国とメディア王国によって滅亡するのだが、このとき捕囚されていたイスラエル人たちはパレスチナの地へ帰ってくることはなく、やがて歴史上から忽然と消えてしまう。このため、彼らは「失われたイスラエル10支族」と呼ばれ、今でもユダヤ人たちが行方を追っている。

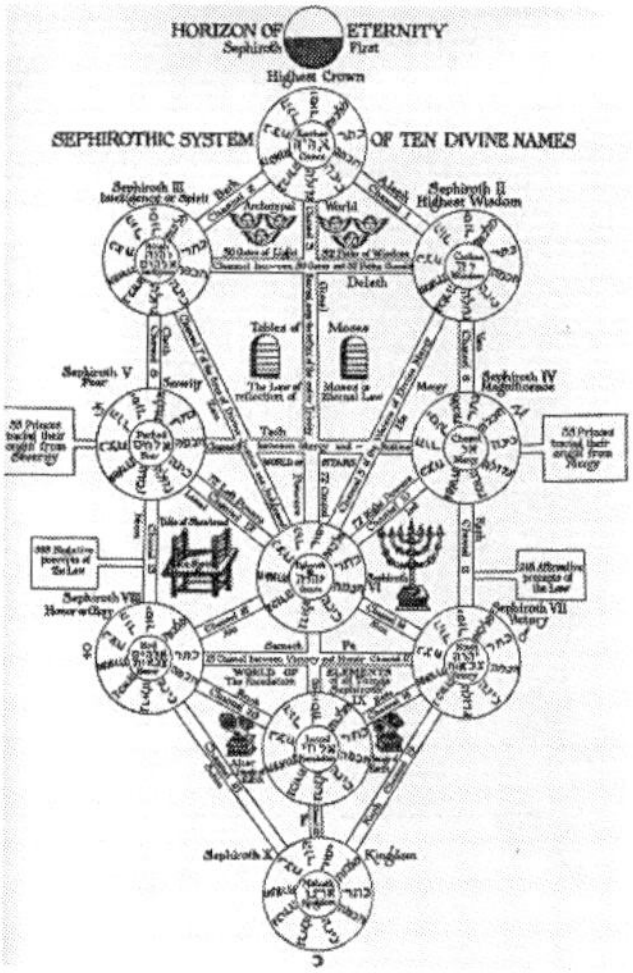

⬆カッバーラの象徴である生命の樹。

一方の南朝ユダ王国は紀元前7世紀、ヨシヤ王の時代に大規模な宗教改革が行われる。ユダヤ教の神殿はエルサレムのソロモン神殿のみとし、そこにあった偶像を撤廃して清めたという美談で語られるが、あまりにも厳格であったがために大切な教義が失われ、「神秘主義カッバーラ（カバラ）」は密教として封印されることとなった。

宗教改革は成功したかに見えたが、反動が起きた。イスラエル人は堕落し、紀元前586年、新バビロニア王国によって南朝ユダ王国は滅亡する。住民はメソポタミアに連行される。これが有名な「バビロン捕囚」である。

新バビロニア王国は紀元前539年、台頭してきたアケメネス朝ペルシアによって滅ぼされ、捕囚されていたイスラエル人たちは解放。パレスチナの地へ帰還し、聖地エルサレムを都とする国、ユダヤを再興する。このころから、イスラエル人たちはユダヤ人と呼ばれるようになる。

捕囚されていた約50年間、ユダヤ人たちは新バビロニア王国のカルディア文化に多大な影響を受ける。ヨシヤ王の宗教改革後、捕囚による異文化の要素が入り、今日のユダヤ教が形成さ

⬆新バビロニア王国に連行された南朝ユダ王国の人々。

れる。ここに大きな断絶がある。よって、宗教改革以前のユダヤ教を本書では、あえて「イスラエル教」と呼ぶことにする。

イスラエル教の教義は神秘主義カッバーラとして存続するのだが、ここからギリシア哲学やゾロアスター教の影響を受けた「グノーシス主義」が誕生し、本流は「原始キリスト教」となって世に再び広まることとなる。密教を顕教としたのが、イエス・キリストである。ユダヤ教の顕教は「絶対神ヤハウェ」のみを崇拝する一神教であるが、イエスが説いた原始キリスト教は「御父と御子と聖霊」を崇める三神教だった。イエスの死後、ユダヤ教との整合性をはかるために「三位一体」という思想が生まれ、これが現代に至るまでキリスト教の正統神学として位置づけられることになる。

イエスが活躍した紀元1世紀、ユダヤは古代ロー

⬆第１次ユダヤ戦争でローマに持ち去られるメノラー。

マ帝国の属国であった。エドム人の王が支配し、自治権はなかった。保守的な「ユダヤ人ユダヤ教徒」らによって、イエスが十字架に磔になって処刑されると、やがて古代ローマ帝国の政治的な圧力が強まり、聖地エルサレムに偶像が強制的に置かれるようになる。

紀元前66年、ついにたまりかねたユダヤ人はいっせいに蜂起して、第1次ユダヤ戦争が勃発する。が、相手は世界最強の軍隊である。瞬く間に反乱は制圧され、ソロモン神殿は徹底的に破壊。国を失ったユダヤ人たちは流民となって全世界へと散っていく。彼らのことを「ユダヤ人ディアスポラ」と呼ぶ。

ユダヤ人ディアスポラはユダヤ人ユダヤ教徒のほか「ユダヤ人原始キリスト教徒」もいた。特にソロモン神殿で祈りを捧げていた「エルサレム教団」は第1次ユダヤ戦争が勃発する直前、ヨルダン川の東側にあったペラという町に集団で移住。そのまま聖地エルサレムに戻ることなく、歴史上から消える。

時は過ぎて、1948年にイスラエル国が建国されると、全世界からユダヤ人が帰ってきた。帰還したのはユダヤ人ディアスポラだけではない。古代イスラエル王国の時代から断続的に離散したイスラエル人もいた。

だが、しかし。失われたイスラエル人たちの多くは今もって行方不明のまま。異国の地で、自らがイスラエル人であることを知らないまま生きている。イスラエル人の自覚がなくなることは、すでに『旧約聖書』の預言に記されている。特に預言者イザヤは彼らの居場所について、こう語っている。膨大な人数となった失われたイスラエル人たちは遠い未来において、東の果ての海にある島々でひとつの国を建てている、と。

聖地エルサレムのあるパレスチナ地方から東の果てとは、まさにユーラシア大陸の果て、つまりは極東である。東アジアの海に浮かぶ島々で、かつ失われたイスラエル人たちの子孫が大集団で住んでいる国とは唯一、まさに日本しかない。

祖国を離れて、異国をさまよったイスラエル人たちを指導したのは預言者である。彼らはイザヤと同様、未来を見通していた。失われたイスラエル人にとって、日本列島は約束の地だったのである。ゆえに、世界中に散ったイスラエル人たちは、最終的に極東を目指し、そして日本という国を作り上げたのである。

アメリカ大陸のイスラエル人と縄文・弥生人

世界に散らされたイスラエル人の行き先として、忘れてならないのが南北アメリカ大陸である。ヨーロッパでは新大陸と称され、発見したのはスペインのクリストファー・コロンブスとされる。コロンブスはキリスト教に改宗したユダヤ人、すなわち「ユダヤ人マラーノ」だった。彼が密かに抱いていたミッション。それはほかでもない、失われたイスラエル10支族の探索であった。新大陸に同胞がいると信じていたのだ。

南北アメリカ先住民はインディアン、もしくはインディオと呼ばれる。彼らはモンゴロイドである。最も古い言語はユト・アステカ語。最新の研究で言語学的にセム語であることがわかっている。イスラエル人の言語であるヘブライ語やアラム語は、いずれもセム語である。南北アメリカの先住民がセム語を話していたということは、イスラエル人と関係が深かったという証拠である。

アリエール大学のアビグドール・シャハン博士はアメリカ先住民は失われたイスラエル人の末裔であると主張する。マヤやアステカ文化の象徴ともいえるテラス状ピラミッドは、もとより古代イスラエルの神殿様式なのだという。

同様に、失われたイスラエル10支族調査機関「アミシャーブ」によれば、アメリカ大陸の各地から七枝燭台メノラーなど、古代イスラエル人の痕跡が数多く発見されており、かなり古い段階から定住していたことは間違いないという。とどのつまり、すべてではないにしろ、アメリカ先住民の多くは失われたイスラエル人の末裔であるのだ。

もし仮に、インディアンやインディオがイスラエル人の血を引くならば、ここでもイザヤの預言が効いてくる。最終目的地はユーラシアの極東、日本列島である。古代アメリカ大陸に預言者がいたとすれば、民を率いて航海に出たはずだ。事実、北米カナダのインディアンたちは、遠い昔、希望を抱いた兄弟たちが西、すなわち太平洋に大船団で旅立ち、そのまま帰らなかったという伝説を語り継いでいる。

南北アメリカ大陸の西には太平洋が広がっている。そこには数多くの島々がある。ポリネシアとミクロネシア、そしてメラネシアだ。南洋にはオーストラリア大陸とニュージーランドがある。太平洋諸国の文化は、どこから来たのか。定説では、アジアからインドネシア、ジャワ島などを経て、東回りでラピタ人が拡散したと考えられている。

だが、謎がひとつある。サツマイモだ。太平洋諸島には必ずサツマイモがある。先住民にとって重要な食料なのだが、原産はアメリカ大陸である。だれかがサツマイモをアメリカ大陸から持ってきた。ポリネシアの伝説によれば、先祖はサツマイモが野生に生えている地からやってきたというから、答えは明らかだ。太平洋諸島の先住民のルーツはアメリカ大陸にある。彼らはインディアンやインディオと同族であり、かつイスラエル人の血を引いているのである。

太平洋の東側がアメリカ大陸ならば、西側はユーラシア大陸であり、その手前に極東、日本列島が位置する。太平洋を渡ったイスラエル人の末裔は、導かれるまま、約束の地である日本列島へとやってきた。これが後の縄文人と弥生人である。

縄文人の主体はアイヌである。縄文人の人骨を調べると、最も近いのがアイヌであり、もうひとつはエスキモー、もしくはイヌイットである。なかでもアイヌの遺伝子と最も近いのが南米のインカ人である。したがって、すべてではないにしろ、縄文文化のルーツはインカにあるといっていい。

弥生人には時代的に、ふたつの流れがある。中国大陸からの渡来人と、より古い熊襲《くまそ》や隼《はや》人《と》、琉球民族である。後者はアイヌと遺伝子のみならず、習俗や文化がまったく同じであることがわかっている。彼らのルーツもまた、アメリカ大陸である。沖縄の石垣島に今も伝わるマユンガナシという来訪神はマヤの神という意味で、故郷は水平線の彼方にある理想郷ニライカナイだという。ニライカナイとは、はるか太平洋、東の彼方にあるアメリカ大陸を意味する。

南北アメリカ大陸からの渡来は幾度となくあった。南米インカ系の先住民インディオは主に東日本列島に定住して縄文人となり、中米マヤや北米の先住民インディアンは主に西日本列島に住み着いて弥生人となった。いずれも、元はイスラエル人である。彼らはイスラエル教のカッバーラを根幹とした神道を培っていく。

シルクロードのイスラエル人「秦人」

古代イスラエル王国ができて以来、イスラエル人たちは何度か大きな滅亡の憂き目にあってきた。ふたつの捕囚事件において、人々はメソポタミア地方に連行され、ディアスポラではエルサレム教団がペラへと移住した。いずれも方角はパレスチナ地方から見て東である。そこには道があった。シルクロードである。シルクロードは地中海から中国、朝鮮半島へと伸びており、終着駅は海を挟んだ日本である。

失われたイスラエル人の痕跡はシルクロード沿いに残されている。道標となるのが「秦」である。古代中国人は中原《ちゅうげん》はもちろん、西域からヨーロッパに至るまで国や地域を漢字で表記している。秦という文字を含む場所には、必ずといっていいほどイスラエル人がいた可能性があるのだ。

西から見ていこう。まずは「大秦」。最も有名なのが古代ローマ帝国である。2000年前属国であったユダヤも大秦と表記されている。そこから東へ移動して、メソポタミア地方ではセレウコス朝シリアやアケメネス朝ペルシア、そしてバクトリアが大秦と呼ばれている。いうまでもなく、ここはアッシリア捕囚でイスラエル10支族、バビロン捕囚で残りイスラエル2支族が連行されてきた場所だ。解放されても、パレスチナ地方に帰還することのなかった失われたイスラエル10支族や東ユダヤ人＝「ミズラヒ系ユダヤ人：ミズラヒム系ユダヤ人」が住んでいた。

バクトリアはギリシア人の国である。アレキサンダー大王の東征で、はるか地中海世界からやってきて、インドに建てた国である。中東からインドにかけては、大王の名を冠した街、アレキサンドリアが多数ある。いずれもギリシア人のほか、中東の人々が住んでいた地域で、この中にイスラエル人の商人もいたと思われる。

インドから東へと至ると、そこは西域。中国において、最も西側に位置していた国が「秦国」である。住民の「秦人」は遊牧民族であり、漢民族ではなかった。遊牧民族は北アジアに広がる草原を駆け巡った騎馬民族と交流があった。

イスラエル人ももともと遊牧民であり、北朝イスラエル王国の人々を連行したアッシリア帝国が滅亡する原因を作ったのは騎馬民族のスキタイだった。失われたイスラエル10支族の多くは、スキタイと行動をともにした可能性が高い。

騎馬民族はヨーロッパから極東まで駆け巡り、しばしば中国の漢民族を苦しめた。苦肉の策として、漢民族が各地で作ったのが長城である。これらをつなげて万里の長城としたのが、かの「秦始皇帝」である。秦始皇帝は秦国出身で、本当の父親は商人だった呂不韋《りょふい》だったと噂される。呂不韋は羌族《きょうぞく》だった。アミシャーブの調査によって、羌族は失われたイスラエル10支族であることが判明している。

秦始皇帝が建てた「秦帝国」には多くの民族がいた。有名な兵馬俑《へいばよう》の製作を指導したのはギリシア人であることが近年わかった。当時の人骨を調べると、ペルシア人やソグド人など西域の民族が多く、イスラエル人も秦帝国にいたことは間違いない。

秦始皇帝の死後、急速に秦帝国は衰亡し、再び秦国となるも、紀元前3世紀末には滅亡した。

⬆中国を初めて統一した秦始皇帝。

秦国末期の混乱で、秦人たちが朝鮮半島に流入したことが「魏志韓伝」に書かれている。ここでいう秦人は秦国の住民のほか、柵外の非漢民族、すなわち万里の長城の外側にいる遊牧騎馬民族をも意味している。当然ながら、この中にはイスラエル人もいた。誤解を恐れずに極論すれば、秦人とは失われたイスラエル人のことだといっていいだろう。

朝鮮半島で秦人たちが建てた国が「秦韓《しんかん》／辰韓《しんかん》」と「弁韓《べんかん》／弁辰《べんしん》」である。後に秦韓から新羅《しら》、弁韓から伽耶《かや》ができる。もともとあった馬韓からは百済《くだら》が誕生するのだが、これらを支配していたのは騎馬民族の「辰王」だった。字義的に「辰」は「秦」であり、辰王は秦王、すなわちイスラエルの王を意味する。

紀元4世紀、中国が動乱期を迎えると、朝鮮半島の騎馬民族は海を渡って日本列島へと侵入してくる。東大名誉教授の江上波夫氏の「騎馬民族征服王朝説」によれば、辰王は伽耶から九州へとやってきて王朝を建てる。『古事記』や『日本書紀』にいう第10代・崇神《すじん》天皇は辰王であり、第15代・応神天皇が九州から畿内へと東征して「大和朝廷」を開いたという。

応神天皇は八幡神社の祭神とされるが、その総本山は宇佐神宮である。宇佐神宮のある豊国《とよのくに》は中国の史書『随所倭国伝』に「秦王国」と記されている。先の江上教授は秦王国は畿内にあったと考えているが、応神天皇が九州から河内へやってきたとすれば、そう読めないこともない。

シルクロードの終着駅である日本には「秦」という字がつく地名は数多くある。神奈川県の秦野には大秦という町があり、京都には「太秦《うずまさ》」がある。歴史的に太秦は大秦とも表記されることから、ここに秦人＝失われたイスラエル人が住んでいたことは間違いない。はるか地中海から日本列島に至るまで、彼らの足跡は「秦」として刻印されているのだ。

極東イスラエル「ヤマト」

聖地エルサレムからシルクロードを通って東アジアへとやってきた失われたイスラエル人たちは、大きく3つに分かれて日本列島に渡来してきた。縄文時代から弥生時代にかけて、すでに日本列島にはアメリカ大陸からやってきたイスラエル人たちがいた。彼らは古代中国において「倭人」と呼ばれていた。いずれも体に入れ墨をする習慣があった。

最初の渡来は紀元前3世紀、中国大陸から秦人たちが2回に分けて集団でやってくる。いずれも率いていたのは秦始皇帝の命を受けた道教の方士「徐福《じょふく》」である。本名は「徐市《じょふつ》」で、しばしば「秦徐福」とも呼ばれる。不老不死の仙薬を求めて、徐福は東海に浮かぶ三神山「蓬莱《ほうらい》山《さん》・方丈山《ほうじょうさん》・瀛州山《えいしゅうさん》」を目指して出航したとされるが、実際に上陸したのは日本列島である。

最初の上陸地点は丹波であった。徐福が率いてきた童男童女と技術者たちは、ここで王国を築く。「魏志倭人伝」でいうところの「投馬国」である。投馬国が後の「丹波国」と表記される。ここで王家は後に「海部氏《あまべし》」を名乗る。

上陸からしばらくして、徐福はいったん秦帝国へと戻る。手ぶらで帰国したのに打ち首にならなかったのは、そもそも密命があったからである。秦始皇帝から三神山に王国を築くように命じられていたのだ。秦始皇帝と徐福は同族で、ともに失われたイスラエル人であり、預言者

⬆「秦徐福」と書かれた徐福の墓（和歌山県新宮市）。

だった。密命に従い、徐福は2回目の航海に出る。

2回目に上陸したのは九州北部、現在の佐賀である。佐賀には今でも徐福ゆかりの神社や伝説が数多くある。有名な吉野ヶ里遺跡は徐福集団の末裔が住んでいた場所である。彼らの子孫は、後に「物部氏《もののべし》」を名乗る。物部氏は北部九州全域に勢力を広げ、やがて畿内へと集団移住を開始し、強大な「邪馬台国」を建てる。

邪馬台国については、その所在地をめぐって九州説と畿内説、さらには四国説など諸説あるが、実は、もう決着がついている。畿内である。邪馬台国は奈良にあった。大和盆地を中心に畿内全域に勢力をもっていた。邪馬台国は畿内にあった物部王国だったといっていい。

ところが、問題があった。邪馬台国の中はもちろん、ほかの倭国のクニとの関係がなかなかうまくいかなかった。紀元3世紀ごろ、霊能力をもった卑弥呼が「邪馬台国」の女王に推戴されることで、ようやくまとまった。彼女は海部氏の血を引いており、故郷は投馬国であった。卑弥呼の死後、姪の台与《とよ》が女王となるのだが、このころから邪馬台国と投馬国は、ゆるやかな連合を組んでひとつの国となる。こうして成立したのが本書では「大邪馬台国」と呼んでいる前期大和朝廷である。

ここで重要なのが名前である。「邪馬台国」の「邪馬台」とは「ヤマタイ」ではなく「ヤマト」である。なかには「邪馬壱国」が正しく、本来は「ヤマイ」が正しいと主張する研究家もいるが、さにあらず。「台」の旧字は「臺」で、「壱」の旧字は「壹」である。中にある「豆」が音を表しており、邪馬壹と書いても「ヤマト」と発音するのだ。

後にヤマトは邪馬台のほか、倭や大倭、大和などという表記もされるが、国名の音韻は一貫している。ヤマトはヘブライ語なのだ。正確には「ヤー・ウマトゥ」で「神の民」を意味する。現在でも、ユダヤ人は神の民という意味でヤマトと自称する。つまり、邪馬台国および大和国を称しているということは、とりもなおさずイスラエル人の国であることを宣言しているに等しい。ヤマトとは極東イスラエルなのだ。

海部氏と物部氏が奉じていた古代の神道は、一般にいわれているような八百万の神々を崇拝する多神教ではない。奈良時代の養老年間以前、神道は一神教だった。古神道でいうところのダヤ教だったのだ。

「大元神」である。大元神こそ、『旧約聖書』でいう絶対神ヤハウェだ。いわば古代の神道はユ

原始キリスト教国家「大和」

邪馬台国の神道はユダヤ教だった。海部氏と物部氏は徐福が率いてきたイスラエル人である。彼らの主体はミズラヒ系ユダヤ人である。バビロン捕囚から解放されてもなお、アケメネス朝ペルシアの国内にとどまった東ユダヤ人だ。彼らはヨシヤ王の宗教改革以後のユダヤ教を信じているユダヤ人、すなわちユダヤ人ユダヤ教徒が主体だった。

状況が一変するのは第2の渡来である。紀元4世紀、騎馬民族が朝鮮半島から九州へと上陸した。圧倒的な機動力をもつ騎馬民族は失われたイスラエル10支族、なかでもガド族が王であった。辰王＝秦王はガド族イスラエル人だった。ヘブライ語でガド族に属する者は「ミ・ガド」といい、これが天皇の古語である「帝：ミカド」の語源となった。

失われたイスラエル10支族は、もとアッシリア帝国が支配するメソポタミア地方にいた。が、騎馬民族のスキタイがアッシリア帝国に侵入するに従い、もともと遊牧民であったイスラエル10支族は行動をともにするようになった。騎馬民族と同化した失われたイスラエル10支族は北アジアのステップロードを通り、朝鮮半島へと入った。もちろん、彼らを導いたのは預言者で

ある。極東の島々、約束の地である日本列島へ失われたイスラエル10支族を率いてきたのだ。
ただし、ひと口に秦人といっても、朝鮮半島にやってきたイスラエル人は一様ではない。秦帝国にいたミズラヒ系ユダヤ人と失われたイスラエル10支族はもちろん、騎馬民族と同化してステップロードを経てきたガド族を主体とした失われたイスラエル10支族のほか、もうひとつ大きな集団がいる。エルサレム教団のユダヤ人原始キリスト教徒である。彼らはイエス・キリスト直系の弟子たちである。ヨシヤ王の宗教改革以前のイスラエル教を知っており、なおかつカッバーラを顕教として受け入れていたユダヤ人である。

⬆ユダヤ教の密教はカッバーリストが担っていた。

秦帝国から流入してきた秦人たちは基本的にユダヤ人ユダヤ教徒であり、失われたイスラエル10支族イスラエル教徒だ。ステップロードを通ってきた騎馬民族系の失われたイスラエル10支族も、同様である。そこへカッバーラを手にする秦人、すなわちユダヤ人原始キリスト教徒がシルクロードを通ってやってきた。

その名も「秦氏《はたし》」である。イスラエル・コード「秦」を名にもつ史上最大規模を誇る渡来人。彼らは失われたイスラエル人であり、かつユダヤ人原始キリスト教徒だ。秦氏は騎馬民族の大王と行動をともにした。ガド族の秦王を支え、日本列島へ侵入する際につき従ってきた。

4世紀、朝鮮半島から日本列島へ渡来してきた秦王は応神天皇である。記紀における初代・神武天皇と第10代・崇神天皇と第15代・応神天皇は同一人物。ひとりの人格を3つに分けた結果であり、歴史上の人物は応神天皇なのだ。応神天皇が朝鮮半島からの渡来人であることは、丹後にある元伊勢籠《この》神社の伝承等をかんがみて、ほぼ間違いない。

応神天皇の母親は神功《じんぐう》皇后とされるが、系図をたどると祖先に天之日矛《あめのひぼこ》がいる。天之日矛は新羅の王子とされるが、実在の人物ではなく、秦氏集団の象徴だというのが学界の定説である。つまり、応神天皇の母方は秦氏なのである。現在のユダヤ人の定義のひとつ、母親がユダヤ人ならば、その子供は自動的にユダヤ人だという理屈でいけば、応神天皇は秦氏ということになる。ゆえに、応神天皇は秦氏が創建した八幡神社の主祭神なのだ。

応神天皇は大邪馬台国の王家に入り婿する形で王権を継承。後期大和朝廷を開く。これが事実上、日本国の始まりである。秦氏でもあった応神天皇はイスラエル人ユダヤ教徒であると同時に、ユダヤ人原始キリスト教徒でもあった。大和朝廷はユダヤ教国家から原始キリスト教国家へと昇華したのである。

神道と原始キリスト教

神道は大きく3つある。多神教神道と一神教神道と三神教神道である。世の宗教はいずれも表の顕教と裏の密教がある。神道も、この3つの神道を顕密で使い分けている。最も古い「物部神道」は顕教が多神教で、密教が一神教である。これに対して「秦神道」は顕教が多神教で、密教が三神教である。

物部神道の密教である一神教はユダヤ教である。唯一絶対神ヤハウェを大元神として祀っている。これに対して秦神道の三神教は原始キリスト教である。「御父と御子と聖霊」なる絶対三神を祀っている。

御父と御子と聖霊というと、キリスト教における三位一体の神を想像するかもしれないが、根本的な部分で異なる。これは今日のユダヤ教にもいえるのだが、ヨシヤ王の宗教改革によって、最も重要な教義が失われ、その後のバビロン捕囚によって変質してしまったのである。

本来のユダヤ教、すなわちイスラエル教は、かろうじて密教であるカッバーラとして命脈を保ち、これが原始キリスト教として世に顕現することになる。ヨシヤ王の宗教改革による混乱

⬆三神教を表す三柱鳥居。ユダヤ人原始キリスト教徒の秦氏が建てた。

は原始キリスト教にも及び、ギリシア哲学の影響を受けて、グノーシス主義を生み出す。正統キリスト教からは異端として排斥されるグノーシス主義だが、その根底にはカッバーラがあることは否定できない。

　イギリスの旧約聖書学会の会長マーガレット・バーカー教授によれば、ヨシヤ王の宗教改革以前のユダヤ教には、至高の神「エル・エルヨーン」という概念があり、本来「ヤハウェ」は古代イスラエルの守護天使で、第2位の神だった。ほかに女性名詞で表現される知恵の神「コクマー」がおり、これが第3位の神であったという。

　さらにバーカー教授は、これら古代ユダヤ教における絶対三神が原始キリスト教における御父と御子と聖霊なのだと指摘する。現在、正統キリスト教の神学でいう三位一体の御父と御子と聖霊とは、ヤハウェとイエス・キリストと聖霊だと説くが、ここに大きな間違いがある。本来は、エル・エルヨーンとヤハウェと聖霊なのだ。しかも、ヤハウェが受肉した存在がイエス・キリストにほかならないのである。

　秦神道が説く絶対三神は『古事記』の冒頭に記された「造化三神」である。すなわち「天之《あめの》御中主神《みなかぬしのかみ》と高御産巣日神《たかみむすびのかみ》と神産巣日神《かみむすびのかみ》」だ。ヤハウェに相当する高御産巣日神には「天照高彌《あまてるたかみ》牟須比命《むすひのみこと》」という別名がある。天照高彌牟須比命とは天照・高彌牟須比命で、天照大神＝高彌牟須比命を意味する。天照大神とは太陽神で、神道の最高神と位置づけられるが、正体はイエス・キリストである。ヤハウェが受肉してイエス・キリストになったように、高御産巣日神が受肉して天照大神となったのだ。

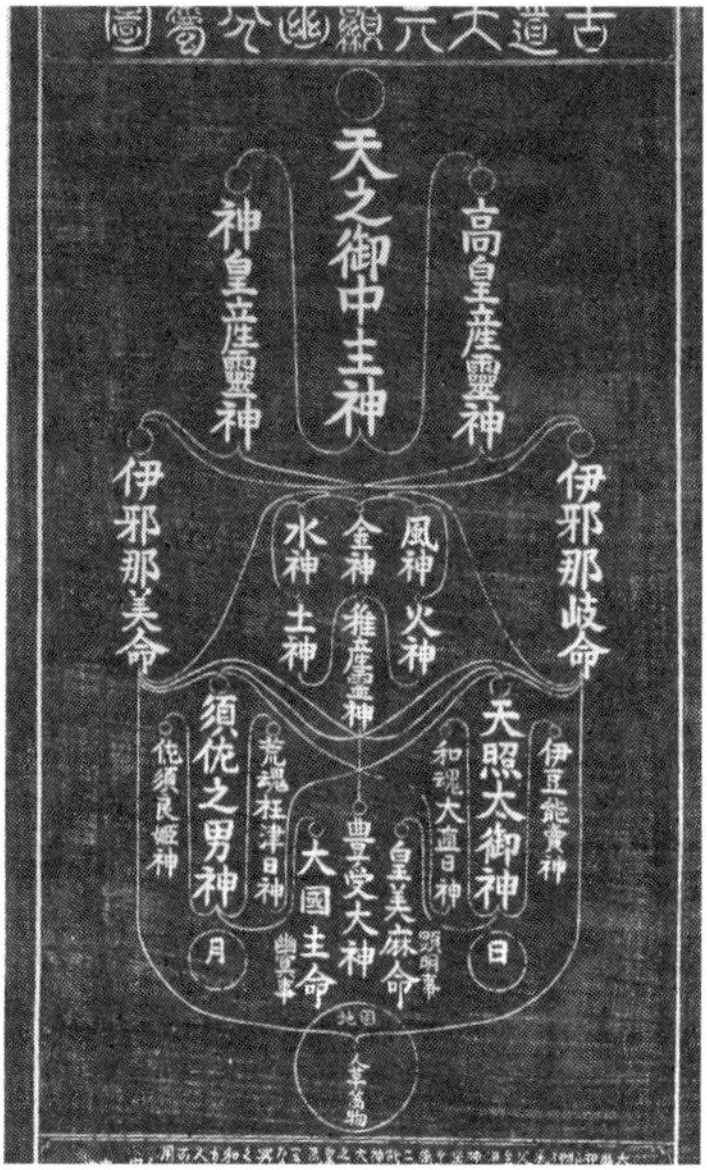

⬆神道の造化三神は古代ユダヤ教の絶対三神に通じる。

　受肉したゆえ、いつかは死ぬ。天照大神も死んで、横穴式墳墓に葬られた。これが記紀神話が語る

「天岩屋隠れ」である。古語で「隠れる」とは死んだことを意味する。イエスは十字架刑になって死んで墓に葬られた後、3日目に復活する。同様に、天照大神も天岩屋から出てきた。いわゆる「天岩戸開き神話」とは天照大神が復活して、不死不滅の存在になったことを意味しているのだ。

漢波羅秘密組織「八咫烏」と祭司レビ人

ユダヤ教に限ったことではないが、宗教には呪術がある。魔術といってもいい。神や天使、悪魔、精霊の力によって奇跡を起こす。超能力によって超常現象を引き起こす。西洋魔術のルーツのひとつがカッバーラだ。ユダヤ教および原始キリスト教が根幹にある日本の神道にも呪術があり、これを「陰陽道」と呼んでいる。神道の儀礼は基本的に陰陽道の思想に則って行われている。

陰陽道の呪術の使い手は「陰陽師」といい、歴史的に安倍晴明が有名だ。安倍晴明の宿敵、蘆屋道満《あしやどうまん》は秦道満という秦氏である。ふたりの名前をもじって、陰陽道の呪符に描かれる五芒星をセーマン、九字切りの格子をドーマンと呼ぶ。

陰陽道とは森羅万象を陰と陽の二元論で読み解く思想だ。当然ながら、陰陽道そのものにも陰と陽、つまり表と裏がある。表の陰陽道に対して、裏は「迦波羅《かばら》」だ。迦波羅とはカバラ、

↑太陽に棲むといわれる三本足の八《や》咫《た》烏《がらす》。

そうカッバーラのこと。同様に、表の陰陽師に対して、裏は「漢波羅《かんぱら》」である。漢波羅はカバリスト、つまりはカッバーリストを意味する。

　カッバーラには「数秘術：ゲマトリア」があるように、陰陽道には「数霊」がある。陰陽道の数霊において奇数は陽で、偶数は陰である。数字を含む名において、対になる数を求めるためには「1」を足す。先の五芒星であれば、六芒星。九字切りの格子でいえば、十字である。六芒星はダビデの星で、ユダヤ人の象徴。十字を切るとはキリスト教の儀礼のひとつ。つまり迦波羅の呪符は、そのままユダヤ人原始キリスト教徒を暗示しているのである。

　表の陰陽師は大和朝廷の国家機関である陰陽寮《おんようりょう》によって管理されており、責任者は陰陽頭《おんようのかみ》と呼ばれている。これに対して、裏の漢波羅は秘密組織

⬆神武天皇の弓矢の先に描かれた金鵄《きんし》。

である。いっさい表には出てこない。そもそも存在しないことになっている。明治維新によって陰陽寮は廃止されたが、漢波羅秘密組織は今も存続している。組織名は「八咫烏《やたがらす》」である。

　八咫烏は太陽に棲むとされる伝説の鳥。三本足で「金烏《きんう》」とも称す。烏という字のほか、「鴉《からす》」を使うこともある。「金鵄《きんし》」は初代・神武天皇の弓矢の先にとまった「金鵄《きんし》」と同一視される。熊野で道に迷った際、神武天皇を先導した八咫烏は金鵄となって降臨したというのだ。

　神話における八咫烏の別名を「賀茂建角身命《かもたけつぬみのみこと》」といい、古代豪族「賀茂氏」の太祖として知られる。賀茂氏の賀茂は鴨のことで、彼らは鳥にちなむ称号をもつ。神道において鳥の称号は祭祀を司る者、祭司を意味する。古代における神道祭祀は「忌部氏《いんべし》」が司っていた。忌部氏には「天日鷲命《あめのひわしのみこと》」という鳥の名をもつ者がおり、ときに金鵄と同一視されることもある。忌部氏は古代イスラエルにおける祭司レビ族である。忌部氏のほか、中臣氏や卜部氏《うらべし》などもまた、レビ人だ。
忌部氏ら神道祭司にも階級のようなものがあり、上位の者は「鴨族」の称号がある。鴨族といっても、賀茂氏だけではない。物部氏や海部氏、藤原氏もいる。彼ら鴨族はレビ族のなかでも神殿儀式を仕切る「大祭司」である。大祭司は大預言者モーセの兄アロンの直系子孫のみがなることが決められており、彼らは特別に「コーヘン」と呼ばれる。

⬆ユダヤ教の大祭司と祭司レビ人。

漢波羅秘密組織八咫烏のメンバー「烏」たちは、みな大祭司コーヘンである。全部で約70羽おり、下に「烏天狗」が仕えている一方で、上に12羽から成る幹部「十二烏」がいる。十二烏のうち上位3羽は「三羽烏」として「金鵄」の称号をもち、ひとりの「裏天皇」

を形成している。世にいう「大天狗」とは裏天皇のことである。

大祭司コーヘンと契約の聖櫃アーク

イスラエル人の集団があるところに、必ず祭司レビ族がいる。神殿儀式を行うためには大祭司コーヘンの存在が不可欠であるからだ。アメリカ大陸からやってきたイスラエル人たちにもレビ人はいた。が、本格的な儀式を執り行うようになったのは、秦帝国から徐福集団がやってきてからだ。

徐福は道教の方士だった。呪術を行っていたことからわかるように、彼はレビ族である。徐福集団は後に海部氏と物部氏となった。祭祀を行う鴨族は大祭司コーヘンであり、記紀の中で「倭宿祢《やまとのすくね》」という人物に象徴されている。

徐福が大祭司コーヘンを連れてきた理由のひとつは「契約の聖櫃《せいひつ》アーク」である。かつてエルサレムのソロモン神殿の至聖所には絶対神ヤハウェが顕現する契約の聖櫃アークが安置されていた。絶対神ヤハウェが臨在すると、光る雲が発生し、稲妻が走った。ちなみに、この情景を表現しているのが神社である。拝殿にある注連縄《しめなわ》は雲、間の藁は雨、紙垂《しで》は稲妻、鈴の音は雷鳴、綱は竜巻、そして賽銭箱は契約の聖櫃アークを象徴している。

おわかりのように、契約の聖櫃アークは非常に危険である。高電圧装置のようなものである。

⬆契約の聖櫃《せいひつ》アークを担いでヨルダン川を渡るイスラエルの民衆。

取り扱いには最新の注意を要し、手で触れることができるのは祭司レビ人だけに限られていた。もしあやまって触った場合、非レビ人やけがれた者なら即死である。ために、どうしても大祭司コーヘンの存在が必要だったのである。

　歴史的に契約の聖櫃アークはバビロン捕囚の際、ソロモン神殿とともに破壊されたといわれるが、不思議なことに記録がいっさいない。失われた契約の聖櫃アークの行方に関して、エチオピアやイギリス、エジプトなど、さまざまな説が唱えられたが、実は、密かに別の場所、モーセが昇天したネボ山の洞窟に隠された後、シルクロードを通って中国へと運ばれた。最終的に手にしたのは秦始皇帝である。秦始皇帝は契約の聖櫃アークを力に中国全土を統一したのである。

　天下を取った秦始皇帝は徐福を派遣するにあたっ

て、契約の聖櫃アークを与えた。といっても、下の箱の部分のみ。上の贖《あがな》いの座である蓋はレプリカを作って補った。当時のことを伝え聞く漢波羅秘密組織八咫烏によると、上下をいっしょにしておくと悪さをするからだという。要は非常に危険なのでふたつに分けて、それぞれない部分を補って契約の聖櫃アークを2基にしたのだという。

こうして下の部分が本物である「裏・契約の聖櫃アーク」を手にした徐福は大祭司コーヘンとともに東海に浮かぶ蓬莱山を目指した。裏・契約の聖櫃アークは最初の上陸地点である丹後で祀られることになる。祭祀場は現在の元伊勢、籠神社である。大祭司コーヘンは海部氏を名乗った。海部氏の祖先である倭宿祢はアロンの末裔を象徴している。

一方の蓋が本物である「表・契約の聖櫃アーク」は秦始皇帝が所持し、秦帝国が滅亡した際、その子孫とレビ族である秦人が朝鮮半島へと持ち込んだ。彼らは、ここで失われたイスラエル10支族とユダヤ人原始キリスト教徒である秦人たちと合流し、秦韓と弁韓を建国する。秦韓および弁韓から誕生した新羅と伽耶の始祖伝説には、必ず金の箱「金櫃《きんき》」が登場する。幼い始祖が入った金櫃が流されてきたり、天から降りてきたりするのだが、いずれも契約の聖櫃アークがモデルになっている。

同様の伝説は海を挟んだ九州にもある。八幡神社のひとつ筥崎宮《はこざきぐう》の境内にはご神木「筥松《はこまつ》」があり、社伝では、その下に応神天皇の胞衣《えな》を入れた箱が埋められているという。説明するま

⬆八幡宮の総本社である宇佐神宮。創建したのは秦氏である。

でもなく、新羅や伽耶の金櫃伝説と同じ系譜である。新羅と伽耶からやってきた秦人たちが表・契約の聖櫃アークを日本に持ち込んだことを伝えているのだ。

契約の聖櫃アークをモデルに作られたのが「神輿《みこし》」である。上部にある黄金の鳳凰は翼を広げた天使ケルビムであり、ともに担ぐ移動式の神殿だ。歴史上、初めて神輿が記録として登場するのは『続日本紀』である。奈良の東大寺にある大仏が完成したとき、宇佐八幡宮から神輿がやってきた。原始八幡信仰の担い手は辛島氏を名乗る秦氏族である。

記紀神話において、初代・神武天皇とニギハヤヒ命が互いに「天神の子」である証拠として、「天羽羽矢《あめのはばや》」と「歩靫《かちゆき》」を見せ合った。これが契約の聖櫃アークである。海部氏と物部氏の祖とされるニギハヤヒ命が裏・契約の聖櫃アーク、騎馬民族と秦氏の王である神武＝応神天皇は表・契約の聖櫃アークを持ってきて、互いに本物の部分を合体させた。見事、ぴったりと合致したので、互いに同胞であるイスラエル人であることが証明され、大和朝廷が成立したのである。

だが、合体して真の契約の聖櫃アークが復活したのはよかったが、代わりに危険性が格段に高まった。しばらく皇居に安置されていたが、残念ながら天皇家はレビ族ではない。失われたイスラエル10支族のガド族である。契約の聖櫃アークには触れることができないうえ、しまいには障りが出てしまう。かつて契約の聖櫃アークは敵の手に渡ったとき、疫病を流行させたことがあったが、同様のことが第10代・崇神天皇の時代に起こった。

やむなく、契約の聖櫃アークは皇居から外に出され、各地を転々とすることになる。これが豊鋤入姫命《とよすきいりひめのみこと》と倭姫命《やまとひめのみこと》伝説である。彼女たちは天照大神の御魂が宿る八咫鏡《やたのかがみ》を祀りながら旅をして、最終的に伊勢に落ち着く。伊勢神宮である。八咫鏡が祀られている伊勢神宮の地下殿には契約の聖櫃アークが安置されているのだ。

継体天皇と武内宿祢

伊勢神宮の地下殿で密かに祀られている契約の聖櫃アークを漢波羅秘密組織八咫烏は「御《み》船《ふね》」と呼んでいる。御船は全体に金箔が貼られているのだが、経年劣化が進み、ところどころ剥げかけている。
実はかつて、これを明治天皇が自ら修復したという噂がある。もし噂が正しければ、恐ろしい事実が浮かび上がってくる。契約の聖櫃アークを直接、手で触ったということは、だ。明治天皇はレビ族だったことを意味する。神武＝崇神＝応神天皇が失われたイスラエル10支族のガド族だったので、どこかで皇統が代わったとしか考えられないのだ。まさに万世一系という思想に関わる重大な問題である。

⬆第26代・継体天皇はレビ族だった。

皇統が代わったとすれば、いつか。考えられるのは第26代・継体天皇だ。先代の第25代・武烈天皇の皇統は途絶えており、継体天皇は応神天皇の5世孫だとされている。5世代前というと、けっこう遠縁である。それゆえ、かねてから継体天皇からは別の新しい王朝が始まったのではないかという指摘がなされ、史学会でも問題になったことがある。

⬆レビ族で大祭司コーヘンである武内宿祢《たけうちのすくね》。

では、実際のところ、どうなのか。ここで鍵となるのが「武内宿祢《たけうちのすくね》」である。第12代・景行天皇から第16代・仁徳天皇まで5代にわたって仕えた忠臣で、たいへん長寿であった。計算では300歳を超えていたとも。伝説的な人物で、彼もまた倭宿祢と同様、大祭司コーヘンの象徴であった。

幼い応神天皇の面倒を見ていたという記述が記紀にあるように、武内宿祢は失われたイスラエル10支族とユダヤ人原始キリスト教徒らとともにやってきたレビ族で、大祭司コーヘンである。継体天皇が応神天皇の5世孫を称しているのは、本当の血統は武内宿祢であることを暗示しているのだ。

武内宿祢の息子には波多氏の祖・波多八代宿祢《はたのやしろのすくね》のほか、巨勢氏《こせし》の祖・巨勢小柄宿祢《こせのおからのすくね》、蘇我氏の祖・蘇我石川宿祢《そがのいしかわのすくね》、平群氏《へぐりし》の祖・平群都久宿祢《へぐりのつくのすくね》、紀氏《きし》の祖・紀角宿祢《きのつぬのすくね》、葛城氏の祖・葛城襲《かつらぎのそ》津彦《つひこ》などがいる。注目は長男の波多八代宿祢である。この波多氏は秦氏とは別系統だとされるが、同じ秦人であることには変わりない。実は、継体天皇の祖先に波多氏の祖を称する人物がいるのだ。応神天皇から継体天皇の系譜は、こうだ。

「応神天皇＝誉田別尊《ほむたわけのみこと》――稚野毛二派皇子《わかぬけふたまたのみこ》――意富富杼王《おおほどのおおきみ》――乎非王《おいのおおきみ》――彦主人王《ひこうしのおおきみ》――男大迹《おほどの》王《おおきみ》＝継体天皇」

継体天皇の諱である「男大迹：オホド」は曽祖父である「意富富杼：オオホド」の名に似ている。「大ホド」と「小ホド」は対になっている。継体天皇の出自の秘密は意富富杼王が握っているのではないか。『古事記』によると、意富富杼王は三国、息長《おきなが》、坂田、山道《やまじ》、筑紫之米多《つくしのめた》、布施氏とならんで、波多氏の祖であると記されている。ひょっとして、意富富杼王と波多八代宿祢は同一人物なのではないだろうか。

だとすれば、継体天皇は武内宿祢の子孫だということになる。武内宿祢は大祭司コーヘンである。継体天皇以後、天皇家はガド族からレビ族、なかでも大祭司コーヘンの一族となったというわけだ。

⬆契約の聖櫃アークを作らせた大預言者モーセ。

大預言者モーセの大祭司と天皇

一般にコーヘンは預言者アロンの直系子孫とされる。が、どうも、それ以外のコーヘンがいるらしい。「裏大祭司」、もしくは「裏コーヘン」とでもいえばいいだろうか。裏コーヘンは常に契約の聖櫃アークとともにあった。ソロモン神殿はもとより、それ以前の幕屋の時代から契約の聖櫃アークを扱うことができるのは裏コーヘンのみであった。

なぜなら、裏コーヘンはレビ族の王ともいうべき、大預言者モーセの子孫なのだ。モーセの直系の子孫はダン族と行動をともにしたゲルショムの一族のほかは、ほとんど『旧約聖書』には現れない。出エジプトで全イスラエル人を救ったメシア、預言者モーセの子孫の扱いが思いのほか地味なのは、なぜなのか。これまで多くのユダヤ教徒や聖書学者を悩ませてきた謎を解く鍵は契約の聖櫃アークにある。

イタリアの聖書学者フラビオ・バルビエロの最新研究によれば、どうも『旧約聖書』には記述の混乱と改竄《かいざん》の痕跡があるという。まず、大前提として、契約の聖櫃アークを作らせたのは大預言者モーセである。聖地エルサレムにソロモン神殿ができる前、幕屋とともに契約の聖櫃アークはシロという町に安置されていた。シロはエフライム族の領地で、モーセの子孫がいた場所であり、ここにアロンの子孫は住んでいなかった。

⬆モーセの曾孫ともいわれる大祭司エリ。

シロにいた大祭司は「エリ」といった。一般にエリはアロンの子孫とされるが、父親の名前はどこにも記されていない。住んでいた場所を考えると、モーセの子孫であった可能性が高い。モーセの子孫で、エリの父親の可能性があるのはシェブエルだ。シェブエルはモーセの長男ゲルショムの息子である。つまり、エリはモーセの曾孫だったと、バルビエロは主張する。

さらに、契約の聖櫃アークを管理してい

⬆エリの末裔である大祭司ツァドク。

た大祭司「ツァドク」は大祭司エリの末裔である。モーセの子孫が代々、契約の聖櫃アークを護ってきたと考えれば、すべて辻褄が合ってくる。預言者エゼキエルによれば、世の終わりに建設されるソロモン第三神殿の祭祀を司るのは大祭司ツァドクの末裔であるという。未来の第三神殿には、当然ながら失われた契約の聖櫃アークがあるはずだ。

現在、契約の聖櫃アークは日本にある。管理しているのは天皇である。だとすれば、だ。継体天皇はレビ族で、かつ大祭司コーヘンではあるが、アロンの子孫ではなく、モーセの子孫。しかも、未来のソロモン神殿を管理する使命を帯びた大祭司ツァドクの末裔であるということになる。

これを裏づける伝説がある。継体天皇の長

男、安閑《あんかん》天皇には息子がいないことになっている。が、『本朝皇胤紹運録《ほんちょうこういんじょううんろく》』には「豊彦王」なる子供がいたと記されている。記紀には記載されていないのだが、江戸時代の国学者・鈴鹿連胤《すずかつらたね》は『神社覈録《じんじゃかくろく》』で、播磨《はりま》の大避《おおさけ》大明神が豊彦王だと述べている。

播磨の大避神社を創建したのは秦氏の首長、秦河勝《はたのかわかつ》である。大避神社では秦河勝を大避大明神として祀っている。ということは、だ。秦河勝は継体天皇の孫に当たる。継体天皇が武内宿祢の子孫で、かつ波多氏＝秦氏ならば、なるほど筋は通る。

⬆継体天皇の孫でモーセの子孫の可能性もある秦河《はたのかわ》勝《かつ》。

　はたして、秦河勝が安閑天皇の子供であるかどうかは不明だが、モーセの子孫だとすれば、興味深い事実がある。名前だ。「河勝」は「河に勝つ」と書く。日ユ同祖論研究家の三村三郎氏は秦河勝の名前はモーセの故事に由来すると指摘する。生ま

⬆ナイル河から引き上げられる幼いモーセ。河に勝ったという意味だ。

れて間もないころ、モーセは葦舟に乗せられてナイル川に流された。これを古代エジプトのファラオの娘が拾い上げ、王家の子供として育てたという。モーセという名前も「マーシャー‥(河から)引き上げた」という意味だと「出エジプト記」には記されている。

豊彦王＝秦河勝説は継体天皇が大預言者モーセの子孫であることを密かに示す暗号なのかもしれない。

いずれにせよ、契約の聖櫃アークが日本にある以上、それを管理する大祭司はモーセ直系の天皇だと考えて間違いない。武内宿祢を祖とする継体天皇以降、歴代の男性天皇は北朝系を除けば、すべて契約の聖櫃アークの祭礼を取り仕切る権能をもっていることになるのだ。

悪魔の使徒「闇鳥」

日本人はもとより、世界中はまったく認識していないが、日本は天照大神＝イエス・キリストを奉じる神道が根本にある原始キリスト教国家である。天皇は大預言者モーセの直系子孫である裏コーヘンにして、契約の聖櫃アークを所有する大祭司である。裏天皇である金鵄は大祭司コーヘンであり、表の天皇が執行することができない儀式はもちろん、神道の密議をすべて執り行っている。十二烏はイエス・キリストの12使徒であり、配下の漢波羅秘密組織八咫烏は70人弟子にあたる。

しかし、光があれば、闇もある。天界において、光の最高位の熾天使《してんし》ルシフェルが堕落して、堕天使《だてんし》ルシファーとなり、反逆の罪で地の底へ落とされて大魔王サタンとなったように、イエス・キリストを信じた弟子たちであっても、つまずく者がいる。12使徒のひとり「イスカリオテのユダ：ユダ・イスカリオテ」のように。

イエスを裏切ったユダ・イスカリオテは悪魔の誘惑に負けた。銀貨30枚と引き換えに、師であるイエスを敵に売った。古来、日本において、主君を裏切った者は切腹である。これはユダ・イスカリオテの故事に由来する。彼はイエスが十字架刑で死んだことを知って後悔し、首を吊って自殺した。そのとき、腹が裂けて内臓が外に出たと『新約聖書』にある。切腹ひとつとってみても、いかに日本が原始キリスト教の伝統を保持しているのかがわかるだろう。

しかし、ユダ・イスカリオテにもいい分はあった。彼は伝統的なユダヤ教のメシアを期待していた。大預言者モーセや大王ダビデのように、全イスラエル人を救って新たな王国を打ち立ててくれる救世主を求めていたのだ。いっこうに政治的、かつ軍事的な行動に出ないイエスを見て、もともと過激派の熱心党であったユダ・イスカリオテは失望し、主君たる器にあらずと見限ったのだ。

すかさず、それを見逃さなかったのがイエスを憎むユダヤ人ユダヤ教徒にして、大祭司のヨセフ・バル・カイアファである。彼はコーヘンであるがゆえ、メシアの預言を知っていた。預言者イザヤによれば、イスラエルの罪を背負ったメシアは死ぬ。ならば、預言を積極的に成就するためにメシアなる人物を殺せばいい。預言通りに世界は動くのだから、失敗するはずはない。そう考えたのだ。逆転の発想といえば聞こえはいいが、まさに悪魔的な発想である。逆説的預言成就ほど恐ろしいものはない。

大祭司カイアファがイエス・キリスト暗殺計画を立てていたところへ、タイミングよくユダ・イスカリオテがやってきた。言葉巧みにいいくるめたところ、悪魔が入った。文字通り、魔が差した。ユダ・イスカリオテは寝返り、まんまと暗殺計画に乗せられた。

結果、イエス・キリストはローマ兵に逮捕され、十字架刑に処せられて死ぬ。確かにメシアの預言は成就したが、ユダ・イスカリオテの所業は大罪に値する。入っていた悪魔が抜けて、正気を取り戻したときには、すでに遅し。良心の呵責に耐えられず、自ら腹を切って首を吊ったのである。

漢波羅秘密組織八咫烏も、しかり。彼らは神ではない。人間である。罪を犯すこともある。正義を貫くあまり、逆説的預言成就に走ることもある。組織では政治的な活動をすることを強

⬆首吊り後、腹が裂けて内臓が飛び出しているユダ・イスカリオテ。切腹の由来である。

⬆大祭司カイアファ（右）と連行されたイエス。

く戒めているが、社会が混乱すると、やまれず行動に出てしまう烏も現れる。血気盛んな若い烏ほど、掟を破って娑婆に出ていく。もとより忍者を配下にしているため、さまざまな工作を行うことができる。

　掟を破った烏、すなわち「破戒烏」には、しばしば悪魔が入る。光を知った者ほど、転ぶと闇は深い。悪魔に憑依された烏は「闇烏」となって、逆説的預言成就を正義であると勘違いする。まさにユダ・イスカリオテと同じである。自らの行動は正義であると信じて、結果として恐ろしい地獄絵を招くこととなる。

　幕末から明治、そして昭和にかけて、世界は動いていた。外国のことは関せずと、鎖国状態をしていられるわけもなく、諸外国が開国を迫るとともに、さまざまな情報と品が流れ込んできた。日本人の価値観も大きく変わり、神国日本を守るためと称して、ついには外国と戦争を始めてしまう。このままでは日本は滅ぶ。漢波羅秘密組織八咫烏の中にも、そう危惧する烏が出てくる。

　義憤に駆られた烏は根城である京都を抜け出し、さらに御法度とされている外国への渡航を試みる。昭和初期、破戒烏が数羽、暗闇に乗じて京都を脱出し、ついにはヨーロッパ大陸へと飛び去った。カッバーラの呪術をもとにした綿密な世界計画を立て、第1次世界大戦後のドイツへと潜入した。当時、絶望的な不況に見舞われていたドイツの闇社会に破戒烏は溶け込み、次々と政治工作を行っていく。

　もはや破壊烏は正気ではなかった。悪魔が憑依した闇烏と化し、恐るべき行動に出る。彼らはナチス・ドイツを作り、ヒトラーという魔物を育て上げた。歴史の表にはいっさい姿を現さないが、ナチス・ドイツの第三帝国は「悪魔の闇烏帝国」だったのだ!!

第3章

緑龍会の闇鳥が仕掛けたナチス・ドイツのオカルト組織

ハザール人ユダヤ教徒

20世紀初頭、激動する世界情勢を前に烏たちは覚悟していた。ついに時が来た。激動に日本も呑み込まれ、場合によっては地上が地獄と化す。厳しい戒めのもと、すべて預言に従って動く漢波羅《かんばら》秘密組織八咫烏《やたがらす》は霊的国土防衛に余念がなかった。

だが、預言に従う呪術だけでは不十分である。積極的に工作を行い、政治を動かす必要がある。謀略をもって日本のみならず諸外国も動かし、来るべき日に備えるべきである。そう考える烏は掟を破って海外へと羽ばたいていった。

破戒烏が義憤にかられた理由のひとつが「偽ユダヤ人」である。『新約聖書』の「ヨハネの黙示録」には偽ユダヤ人という言葉が出てくる。ユダヤ人を自称していても、実はユダヤ人ではなく、サタンの集いに属している者どもという表現が少なくとも2か所ある。初代キリスト教会を批判している部分だが、これを両義預言として解釈し、世の終わりの状況を語っているという説もある。

破戒烏が語るユダヤ人とは、宗教上のユダヤ教徒という意味ではない。ユダヤ民族という意味であり、アブラハムとイサクとヤコブの子孫としてのユダヤ人である。つまりは本書でいう「イスラエル系ユダヤ人」を意味している。

もっとも、ひと口にユダヤ人といっても、実は大きく3つの系統がある。ひとつは中東から地中海沿岸に多く、セム系人種の風貌をした「スファラディ系ユダヤ人：セファルディム系ユダヤ人」。もうひとつはヨーロッパに多く、白人の風貌をした「アシュケナジー系ユダヤ人：アシュケナジム系ユダヤ人」。そして、中東から東方に分布するアジア系の風貌をした「ミズラヒ系ユダヤ人：ミズラヒム系ユダヤ人」である。

これらのうち、アシュケナジー系ユダヤ人の中に偽ユダヤ人がいると破戒烏はいう。どういうことか。一般にアシュケナジー系ユダヤ人は中東から東欧に広がった結果、白人の形質をもつに至ったと考えられている。

ところが、そうではない人々もいる。イスラエル系ユダヤ人ではなく、ユダヤ教徒としてのユダヤ人である。ユダヤ教に改宗した人々だ。しかも、国全体、まるごとユダヤ教に改宗した人々がいる。「ハザール人：カザール人」である。

7～10世紀ごろ、カスピ海沿岸に「ハザール汗国：カザール汗国」というチュルク系国家があった。地理的にイスラム教のウマイヤ朝とキリスト教のビザンティン帝国に挟まれて対立していた。9世紀に入ると政情は混乱し、どちらかの勢力につかなければならない状況となった。宗教的に解決を試みたハザール汗国の指導者たちは、なんとユダヤ教に改宗したのだ。キリスト教とイスラム教、両方のルーツともいうべきユダヤ教に改宗することで中立を保とうしたの

↑ハザール汗国の都市だったサルケル遺跡。

である。「ハザール人ユダヤ教徒」の誕生だ。

しかし、キエフ大公国の攻撃によってハザール汗国が滅ぶと、国民は東欧へと流れていく。ハザール人ユダヤ教徒は、その宗教性ゆえハザール人ではなく、単にユダヤ人と呼ばれるようになる。すでにヨーロッパにいたユダヤ人ユダヤ教徒とハザール人ユダヤ教徒の同化が進み、やがてアイデンティティは聖書の民となっていく。気がつけば、ハザール人ユダヤ教徒たちは、自らがアブラハムとイサクとヤコブの子孫、すなわちイスラエル系ユダヤ人であるという自覚をもつようになったとされる。

これが約束の地である日本に集合したイスラエル系ユダヤ人、もっといえばイスラエル系イスラエル人の本流を自負するヤマト民族、なかでも漢波羅秘密組織八咫烏には許せなかった。ハザール人ユダヤ教徒はイスラエル系ユダヤ教徒ではない。偽ユダヤ人であるというわけだ。かつて破戒烏の一羽は、こう述べていた。

「今のユダヤ人は偽物のイスラエル人だ。本物のイスラエル人は大和民族だけで十分だろう」

だが、今日、アシュケナジー系ユダヤ人とスファラディ系ユダヤ人の間には人種的な差はないと考えられている。仮にハザール人ユダヤ教徒が含まれていたとしても、ごく少数である。世にはアシュケナジー系ユダヤ人をもって、すべて偽ユダヤ人だと主張する風潮があるが、これは断じて間違いであるという。

科学的根拠もある。レビ族のコーヘン

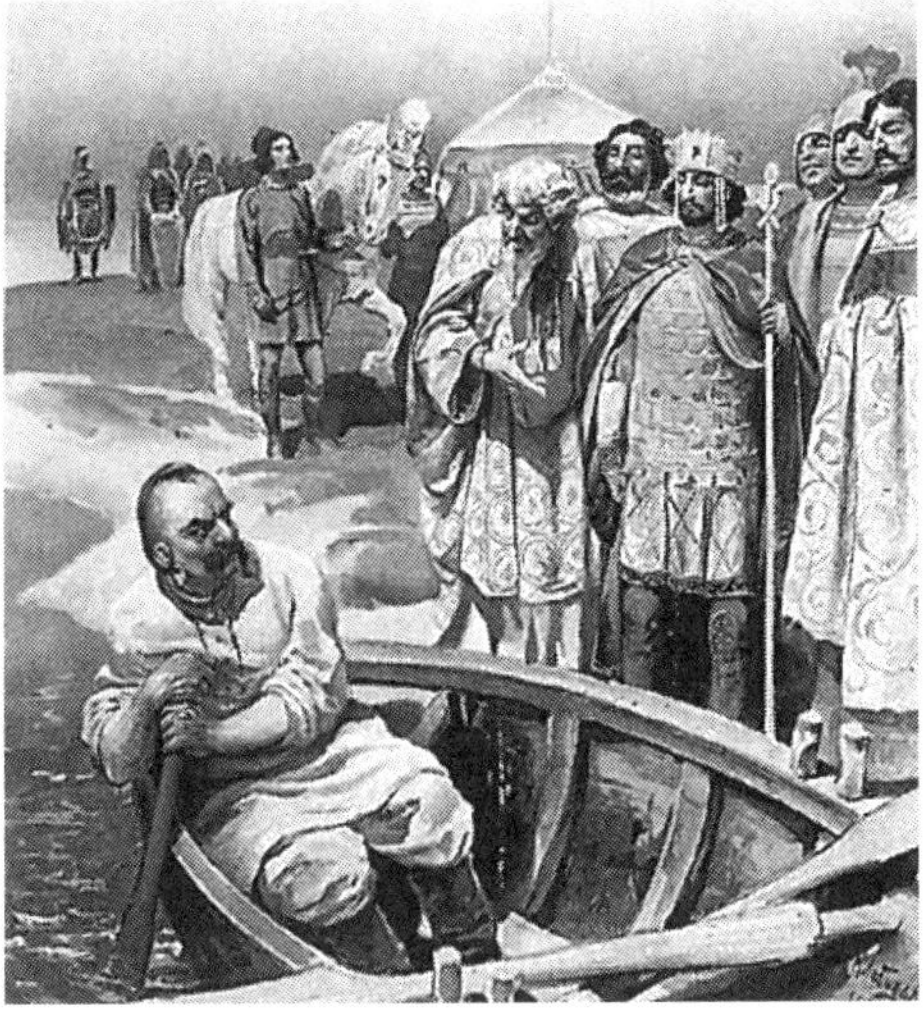

⬆ハザール汗国を滅亡させたキエフのスヴャトスラフ1世（左）。

を対象に遺伝子調査を行ったところ、アシュケナジー系ユダヤ人の48パーセントに対して、スファラディ系ユダヤ人の58パーセントにユダヤ人特有の遺伝子が確認された。よって統計的に差はないと結論が出されている。論文は科学誌「ネイチャー」にも発表され、偽ユダヤ人問題は、ほぼ決着がついたとされる。

しかし、はたして、そうだろうか。繰り返す。一般のユダヤ人は母親がユダヤ人なら自動的にユダヤ人と見なされるが、レビ族は違う。レビ族は男系である。コーヘンともなれば、アロン直系の子孫である。彼らは祭祀を行う。ユダヤ教徒が本格的な儀式を行うためには、彼らの存在が必要不可欠であった。

ハザール汗国の人々がユダヤ教に改宗するにあたって、当然ながらレビ族のユダヤ人が招聘された。ハザール人ユダヤ教徒が単にユダヤ人と呼ばれ、ユダヤ人ユダヤ教徒と同化が進んだ状況にあってもレビ族の遺伝子は温存されたはずだ。

したがって、アシュケナジー系ユダヤ人のレビ族を指標にとったところで、イスラエル系ユダヤ人の遺伝子が発見されるのは当然のことだ。客観的な遺伝子調査の大前提に問題があるといわざるをえない。

おそらく批判が多かったのだろう。２０１２年、アメリカのジョンズ・ホプキンス大学のエラン・エルハイク博士は遺伝医学の立場から改めてアシュケナジー系ユダヤ人の遺伝子を調査した。結果、実に興味深い傾向が現れた。中東のセム系の民族とは別に、コーカサス地方のグルジア人やアルメニア人、アゼルバイジャン人に近い遺伝子が高い割合で認められたのである。いうまでもなく、コーカサスはハザール汗国のあった地域であり、いわば近隣の民族である。

一方、ヨーロッパ人にこれらの民族の遺伝子はほとんど見られない。アシュケナジー系ユダヤ人の祖先が中東から東欧に移住してきたという従来の説とは明らかに矛盾する。セム系のユダヤ人がヨーロッパに広まった結果、白人の形質をもつようになったわけではない。もとから白人の形質をもっていた。考えられるのはハザール人である。一般に考えられているよりもかなり高い割合でアシュケナジー系ユダヤ人にはハザール人ユダヤ教徒が含まれていることが、これではっきりした。

ハザール人ユダヤ教徒が世界的に知られるようになったのは、20世紀、アシュケナジー系ユダヤ人ジャーナリスト、アーサー・ケストラーが著書『第13支族（邦題：ユダヤ人とは誰か）』で発表したことがきっかけだった。それまでは、歴史学者以外、だれもハザール汗国を知らなかった。ましてやユダヤ教に改宗し、流民がヨーロッパにやってきたことなど、考えもおよばなかったはずだ。

しかし、漢波羅秘密組織八咫烏は知っていた。偽ユダヤ人がいることが許せなかった。ならば、彼らを使って預言を成就させよう。ユダ・イスカリオテや大祭司カイアファのように、逆説的預言成就を企んだのが破戒烏である。

イスラエル建国という預言成就

古代イスラエル王国ができて以来、イスラエル人たちは何度も亡国の憂き目にあってきた。すべて神の意思に背いて、堕落したからだ。逆に神との契約通り、戒めを厳格に守れば救われる。そう、ユダヤ教徒は頑なに信じている。

最後に国を失ったのは、今から約2000年前。紀元66年に勃発した第1次ユダヤ戦争だ。古代ローマ帝国の圧倒的な軍事力の前にソロモン神殿は破壊され、戦火を生き延びたユダヤ人たちは世界中に散った。以来、ユダヤ人は国を持たない流浪の民として異邦人たちが支配する国々で生活を余儀なくされてきた。

だが、ユダヤ人は希望を捨てなかった。『旧約聖書』には、世の末にメシアが現れ、イスラエル人の国を再興すると預言されている。事実、1948年5月14日、預言は成就した。春の丘を意味するテルアビブにおいて、ダヴィド・ベン・グリオンが正式に独立を宣言。約束の地であるパレスチナにイスラエル国が誕生したのだ。

国名をユダヤ国ではなく、イスラエル国にしたのには、わけがある。ユダヤ人ディアスポラのみならず、全イスラエル人の国であるという意味を込めたからだ。失われたイスラエル10支

⬆1948年５月14日、イスラエル建国を宣言する初代首相のダヴィド・ベン・グリオン。

族やミズラヒ系ユダヤ人、今ではユダヤ教を信仰していないイスラエル人、さらには新たにユダヤ教に改宗した異邦人に対して、神が与えた聖地へ帰還せよという強いメッセージが込められているのだ。

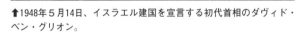

今日でも「帰還事業：アリアー」はイスラエル国の国策として行われている。ちなみに、アリアーとはヘブライ語で「上がる」ことを意味する。聖地エルサレムに上がるとユダヤ人は表現するのだ。日本は都である京都、もしくは江戸、そして首都である東京に行くことを「上る」と表現する。鉄道の上り・下りの概念である。もとをただせば、古代からイスラエルの伝統なのである。

さて、イスラエル国再興の運動は19世紀に始まった。聖地エルサレムのソロモン神殿があった場所は「シオンの丘」と呼ばれた。ここからユダヤ人の祖国復興の思想は「シオニズム」と呼ばれるようになる。

歴史的に、スファラディ系ユダヤ人のラビ、イエフダー・アルカライが、ユダヤ人が流民となったのはユダヤ人の罪があり、それを悔い改めれば『旧約聖書』の預言が成就し、イスラエルという国ができる、したがって、心あるユダヤ人たちはパレスチナの地へ移住するべきだと主張した。

しかし、これでは生ぬるいと考えるユダヤ人もいる。異国で迫害され、キリスト教徒らによる反ユダヤ主義がはびこるなか、もっと積極的かつ政治的な運動として、ユダヤ人の国家を建設するべきだという者もいる。モーゼス・ヘスをはじめ、テオドール・ヘルツルはユダヤ人のナショナリズムを鼓舞。１８９７年にはスイスでシオニスト会議が開かれ、当時はまだオスマン帝国トルコの支配下にあったパレスチナへの移住政策を展開する。

政治の裏には常に謀略がある。１９１４年、第１次世界大戦が勃発すると、各国が生き残りをかけた戦略を展開。オスマン帝国トルコがドイツ側につくと、対するイギリスはフランスやロシアとサイクス・ピコ協定、同じイスラム系でもアラブ人とはフセイン・マクマホン協定を結び、そしてユダヤ人にはバルフォア宣言を行った。バルフォア宣言とはユダヤ人の国家建設を約束するもので、この裏にはユダヤ人の大富豪ロスチャイルドがいた。戦争論の大家カール・フォン・クラウゼヴィッツが語るように戦争が政治の延長ならば、その裏には莫大な資本が動くわけで、勝者は最初から決まっている。

各国の思惑と謀略が渦巻くなか、シオニズムは大きな転換点を迎える。当初のスローガンとは裏腹に、思った以上にユダヤ人たちは約束の地へ帰還しなかった。数万人程度ではまったく話にならない。イギリスの三枚舌外交により、裏切られたと感じたアラブ人はユダヤ人との衝突を繰り返し、パレスチナにおける治安は次第に悪化した。

聖地エルサレムがあるとはいえ、中東は砂漠地帯である。ソロモン王の時代とは環境が激変し、かつては豊富にあったレバノン杉もない。水や食料に難儀する場所に、宗教的な理念だけで移住するユダヤ人は、たかだか知れている。快適な生活が保障されているヨーロッパのユダヤ人たちが好き好んで移民となるわけがない。

闇烏となった破戒烏の恐るべき謀略

当時、中東からははるか遠い極東、日本の地で破戒烏はじっと身を潜め、冷酷に世界情勢を見ていた。彼らの目にシオニズムは、どう映ったのか。聖地エルサレムを都としたイスラエル人国家が再建されることは預言の通り。預言に沿って動けば、必ず成功する。逆説的預言成就の思想からすれば、必ず成功するなら手段を選ぶ必要はない。同胞を犠牲にしても、目的の名のもとにすべては正当化される。

悪魔がささやく。シオニズムに賛同しないユダヤ人はユダヤ人ではない。パレスチナに移住しないユダヤ人は堕落している。堕落したユダヤ人には天罰が下る。絶対神ヤハウェに代わって彼らを罰しても問題はない。

移住しないなら、移住せざるをえない状況に追い込む。ただでさえ差別され、迫害されているのだ。徹底的に反ユダヤ主義を広め、ヨーロッパ全土でユダヤ人が迫害され、住む地を奪われるようにしむける。結果、彼らの安住の地はなくなり、自分たちの国を作らざるをえなくなる。

そのためにアシュケナジー系ユダヤ人を利用する。彼らは偽ユダヤ人である。ハザール人ユダヤ教徒が多数いる。すでにユダヤ人のアイデンティティが確立されているからこそ、それを逆手にとって犠牲になってもらう。

身の毛のよだつような謀略だ。およそ正気の人間が考えることではない。たとえ考えたとしても、それを実行に移すことは普通無理だ。尋常ではない。恐るべき計画を実際に遂行したのが破戒烏である。まさに、闇に落ちたとはこのことだ。破戒烏は文字通り「闇烏」となった。

人間心理を知りつくしている烏である。どういう状況になれば人は聞く耳をもつか知っている。有頂天になっているときはだましやすいが、本当に洗脳するにはどん底の状態がいい。闇烏が注目したのはドイツである。神聖ローマ帝国が滅亡した後、ドイツ帝国が復興するも、第1次世界大戦の敗戦により崩壊。再び第三帝国を夢見たのが、ほかでもないナチス・ドイツである。

世に白人至上主義なるものがある。現代でも問題になる過激な思想だ。アーリア人、なかでもゲルマン人の金髪碧眼、白い肌という形質をもって、生物学的にも人類学的にも最も優秀な民族であると規定し、ほかの民族を卑下する思想だ。ナショナリズムを刺激するだけに極めて危険な思想だが、逆に、だからこそ悪魔は忍び寄る。

人類史上最も優秀であるはずのドイツ民族は第1次世界大戦で敗れ、そのプライドがずたずたにされる。やり場のない怒りは、ドイツに住む非ゲルマン人に向けられる。なかでも共有するべき価値観のベースがキリスト教ではなく、ユダヤ教となれば、なおさらだ。イエス・キリストを死に追いやったと揶揄されるユダヤ人たちに矛先が向けられる。コンプレックスの裏返しか、以前からあったユダヤ人に対する迫害は苛烈を極める。

公然と反ユダヤ主義を掲げたナチス・ドイツに対して、カトリックの総本山であるヴァチカンも当時、表立って非難声明を出していない。一貫して友好関係を保ちながら、ユダヤ人の迫害に対しては見て見ぬふりをした。聖書預言が成就するならば、ナチス・ドイツの所業も必要悪と考えたかどうかは定かではないが、今日、ユダヤ人たちはヴァチカンに対して戦争犯罪の片棒を担いだとしてその責任を追及している。

いずれにせよ、ヨーロッパにおけるユダヤ人の迫害は、結果としてシオニズムを牽引することになる。住むところを失ったユダヤ人たちは、やむなくパレスチナの地へと移り住むようになる。ユダヤ人の帰還に関しては大富豪ロスチャイルドが資金提供を行い、世界各国に働きかけた結果、ついにイスラエル国が実現することになる。

まったくもって皮肉な話であるが、イスラエル国が建国できた最大の功労者はユダヤ人を迫害したアドルフ・ヒトラーだというブラックジョークが語られるのも事実。目的のためならば、どんな手段も正当化される。第1次世界大戦から第2次世界大戦にかけて、ナチス・ドイツを裏で動かしたのは、ほかでもない。悪魔に魂を売った闇烏たちなのだ。

漢波羅秘密組織八咫烏と緑龍会

漢波羅秘密組織八咫烏には厳しい掟がある。根城は京都であり、活動は国内に限る。陰陽道の呪術師であるがゆえ、表立った行動には出ない。特に政治活動は厳禁。政治家を動かすことはあっても、自ら手を下してはならない。実行部隊は配下の烏天狗たちが担い、諜報活動を行う。もちろん工作や謀略を企てることもあるが、すべては預言があってのこと。身勝手な行動に出た場合には破門され、時に闇に葬られる。

しかし、漢波羅秘密組織八咫烏には、ほかの顔もある。基本的に神道の秘密組織であるが、仏教界にも影響力がある。聖徳太子以来、日本の仏教は漢波羅秘密組織八咫烏が裏で仕切っている。仏教における八咫烏の名は「飛鳥《あすか》」という。裏社会において飛鳥はタブーである。泣く子も黙る組織だが、詳細を語ることはできない。

神道と仏教、両方にまたがる信仰に稲荷がある。神道系の祭神はウカノミタマだが、仏教系はダキニ天や弁財天を祀る。ウカノミタマのウカに通じるとして人頭蛇体の宇賀神が龍神、宇賀神を頭に乗せた弁財天は宗像三女神の市杵島姫命《いちきしまひめのみこと》と習合する。稲荷大明神の使いは、ご存じ狐である。狐には「天狐」と「地狐」と「人狐」があり、このうち天狐は鵄の姿をしている。そう金鵄《きんし》である。ここから輝く姿を象徴した白い狐「白虎」もまた八咫烏の別名で使われる。

かくのごとく漢波羅秘密組織八咫烏には、幾多の仮面がある。なかでも、京都の四方に配置された秘密組織が「五龍会」である。四神相応に則り、東に「青龍会：緑龍会」、西に「白龍会：銀龍会」、南に「赤龍会：紅龍会」、北に「黒龍会：玄龍会」があり、そして中央に「黄龍会：金龍会」がある。京都の中央とは、いうまでもなく内裏である。金龍会には天皇家が関わっているとされる。

五龍会は、それぞれ担当する某宮家が仕切っているとされるが、具体的なことはいっさい明かされていない。ただ、八咫烏の周辺、烏天狗のつぶやきから想像するだに、どうも「四親王家」と関係があるらしい。四親王家とは天皇の親族である宮家、すなわち「閑院宮家」「伏見宮家」「桂宮家」「有栖川宮家」である。

ご存じのように、明治維新後、明治天皇は京都の御所を離れ、東京へとお住まいを移した。遷都ではなく、あくまでも奠都《てんと》という表現になるが、天皇陛下が京都におられなくなったことに変わりはない。天皇陛下がおられない京都を霊的に守護するため、この4つの宮家からひとりの男子を別邸に置いた。4人の名と各々の役割については明らかにされていないが、これが五龍会の核になるらしい。

四親王家の中心には天皇陛下がいる。五龍会の中心に座す金龍会は、まさに天皇の組織となる。もっとも、明治天皇が東京に行幸され、住まいを移された今、京都御所は主のないまま置かれている。ゆえに金龍会については、あくまでも象徴的な位置づけであるというニュアンスも見てとれた。

いずれにしても、五龍会を仕切るのは漢波羅秘密組織八咫烏であり、僕《しもべ》である烏天狗が伝令役となって飛び回り、あらゆる手はずを整えるしきたりになっている。政治的な事柄に関与してはならないという掟から五龍会が設置されたらしい。

だが問題は、この五龍会の中に破戒烏がいたことだ。わかっているだけで、緑龍会と紅龍会に1羽ずついた。実際は7羽ほどいたらしい。はぐれ烏たちは、激動する世界情勢を見つめな

⬆緑龍会に入会したカール・ハウスホッファー（左)。右はハウスホッファーの弟子のルドルフ・ヘス。

がら、手足となって動く外国人を捜していた。イスラエル建国の預言を成就させるために必要な素質をもち、政治的な力をもつ大きな器を求めていた。

そこへ現れたのがドイツ大使館付武官として赴任してきた地政学者カール・ハウスホッファーである。もともと神秘思想に興味があったハウスホッファーが京都にやってきたとき、すかさず破戒鳥が舞い降りてくる。破戒鳥は言葉巧みに取り入り、日本には五龍会という秘密組織があることを告げ、仲間にならないかとささやいてきた。日本とドイツの橋渡しになり、かつ神秘的な儀式にも触れることができるとあって、ハウスホッファーはふたつ返事で了承。破戒鳥の手招きで、それから間もなく緑龍会に入ることとなる。

闇烏のナチス・ドイツ

カール・ハウスホッファーが来日したのは1908年。第1次世界大戦が勃発する以前のことである。ドイツ大使館に勤めていたハウスホッファーは、日本文化に対して並々ならぬ関心を抱いていた。専門の地政学とは別に、日本文化に関する論文も執筆しているほどである。日本にいた期間はわずか2年。この間、日本各地を飛び回り、さまざまな調査を行っている。学術調査というよりは諜報活動に近い。もちろん、裏で手引きしたのは闇烏である。

緑龍会に入信したハウスホッファーを闇烏は熊野に連れ出したことがあった。熊野は八咫烏の巣がある地だ。熊野大社と熊野速玉大社、そして熊野那智大社は、いずれも八咫烏を神使として位置づけ、その神紋にも描かれている。熊野を訪れたハウスホッファーは那智勝浦にある妙法山「阿弥陀寺」を眺めたことが記録に残っている。

ナチス・ドイツの「ナチ」という名称が八咫烏の聖地である熊野、なかでも「那智」という地名と同じ音韻なのは、けっして偶然ではない。「ナチス」とは「国家社会主義ドイツ労働者党：Nationalsozialistische Deutsche Arbeiterpartei」のことで、名称の頭の部分をとった略称である。単数形で「ナチ」と呼ぶこともある。

表の歴史では、もともとあった「ドイツ労働者党」の名称をアドルフ・ヒトラーが改名することを強く主張したことで、オーストリアの「ドイツ国家社会主義労働者党」にならって命名されたとされる。

だが、なぜヒトラーは改名を要求したのか。背後にいたのはハウスホッファーである。熊野を訪れたハウスホッファーに対して、闇烏は「那智」という地名を強く印象づけ、これを後々、特別な組織に暗号として組み込むよう指示したのだ。

さらにこのとき、もうひとつ重要なシンボルをハウスホッファーは目にしている。寺の紋章である「卍」である。卍はれっきとした漢字であるが、もともとはサンスクリット語で、太陽を意味するスワスティカがルーツ。古代インドでは右回りと左回り、両方の卍がある。寺のマークでもある卍は左卍で、ハーケンクロイツは右卍である。

これも表の歴史では、ドイツの考古学者であるハインリッヒ・シュリーマンが古代ギリシアのトロイ遺跡で左卍を発見したのがきっかけとされる。ギリシアとインドが同じ記号を用いていることと、ともにインド・ヨーロッパ語族であることから、古代アーリア人共通のシンボルであると規定。アーリア人至上主義を掲げるナチスの紋章に採用されたといわれる。

しかし、裏で仕組んだのはハウスホッファーであり、闇烏である。ハウスホッファーのドイツ帰国と同時に、破戒烏らも海を渡っている。ナチスが右卍をシンボルとするように工作し、1935年、ドイツの正式な国旗に採用されることになる。国旗をデザインする際には、日本の家紋を意識させた。右卍を45度傾け、かつ赤地の中央に描いた白い丸の中に入れた。

後に三国同盟を結ぶことになる日本とナチス・ドイツの国旗は、実は互いに陰陽表裏一体の関係にある。いかにも裏の陰陽道の使い手である漢波羅秘密組織八咫烏らしい意匠となっている。具体的に日本の国旗「日の丸」が陽で、ナチス・ドイツの国旗「白丸ハーケンクロイツ」が陰である。中心にある赤が陽で、白が陰だ。

意外かもしれないが、陰陽道における「紅白」は紅が陽で、白が陰である。年末の大晦日に放送されるNHKの紅白歌合戦では、陽であるはずの男性陣が白組、陰であるはずの女性陣が紅組になっているが、本来は逆である。

よって、ハーケンクロイツを除いて、日本とナチス・ドイツの国旗を比べれば、丸と地の色がちょうど正反対になっていることがわかるだろう。中心の丸が陽である赤ならば、その上に描く象徴は陰であり、隠されている。日の丸に隠されているのは、太陽の中に棲む八咫烏である。目には見えないが、陽数3を持つ三本足の金烏《きんう》が宿っているのだ。

同様に、中心の丸が陰の白ならば、その上に描く象徴は陽であり、目に見えるように描く。ただし、太陽の象徴である卍は陰数4本の腕を持つというわけだ。陰陽を重ね合わせていく手法はまぎれもなく陰陽道であり、迦波羅《かばら》の思想だ。

ナチスの名称や国旗は最終的にヒトラーが決めたが、その裏で操っていたのはハウスホッフ

⬆着物を着たヒトラー。ナチスの名称や国旗の決定には、裏で闇烏が関与していた。

ァーであり、首謀者は闇烏である。そもそも、ヒトラーを見出したのは闇烏である。後述するが、ヒトラーのもつ霊能力をいち早く見抜き、ミュンヘン一揆に失敗して牢獄にいたところへ、わざわざ面会にハウスホッファーを差し向けたのは闇烏なのだ。

地底王国シャンバラと鞍馬天狗

漢波羅秘密組織八咫烏が従える伝令は烏天狗と呼ばれる。八咫烏とは修験道でいうところの天狗なのだ。鼻の大きな大天狗は大烏、さらには金鵄であり、裏天皇のこと。しばしば掛け軸や護符などには、ひとりの大天狗のもとに12人の烏天狗が描かれる。みな修験道の格好をしているが、ユダヤ人ユダヤ教徒が着ていた伝統衣装である。額の兜巾《ときん》はヒラクティリーであり、手にした法螺貝は角笛の代用である。大きな鼻はユダヤ人特有の容貌であり、背中の翼は天使をイメージしている。偶像崇拝を禁じているユダヤ教では、預言者を描くとき、しばしば鳥頭に描く。これが烏天狗の具象である。

日本全国に天狗が住む山がある。八咫烏の根城である京都では、平安京の北方に位置する鞍馬山が有名だ。ここには幼少期の源義経、すなわち牛若丸を鍛え上げた「鞍馬天狗」がいるとされてきた。仏教の寺院ではあるが、ここが下鴨神社と上賀茂神社の鴨族が支配する領域であることからわかるように、鞍馬天狗の正体は八咫烏である。

⬆魔王尊と呼ばれる鞍馬天狗。烏天狗は八咫烏のことである。

現在、鞍馬寺は鞍馬弘教という単立の宗教法人となっているが、かつては天台宗の寺院だった。鞍馬寺では、世にいう鞍馬天狗を「魔王尊」と呼んでいる。魔王尊は今から650万年前、金星から地球に降臨した霊王で、名を「サナート・クマラ」という。

聞きなれない名前だが、もとはヒンドゥー教の神である。仏教でいう梵天、すなわちブラフマーの4人の息子のひとり。秘密結社フリーメーソンとゆかりの深い「神智学」では、1850万年前に金星から降臨した霊的指導者であると位置づけられている。鞍馬弘教のサナート・クマラ伝説は、この神智学の影響を受けている。

特筆すべきことに、鞍馬寺では毎年、インド占星術でいう蠍座の満月の夜に「ウエサク祭」が行われる。仏教の祖である仏陀は蠍座の満月

⬆ヒンドゥー教の神として知られるサナート・クマラ。

の日に誕生し、悟りを開き、そして入滅したという伝説があり、これを祝福する祭りだ。主に東南アジアやヒマラヤの寺院でさかんに行われ、鞍馬寺とチベット密教のつながりを指摘する研究家もいる。特に神智学系の教義では「シャンバラ」とのつながりを強調する。

　シャンバラとは仏教の最終経典『カーラチャクラ・タントラ：時輪密教』で言及される理想郷で、悟りを得た「リシ・聖仙」が住む。場所はチベットの奥地、ヒマラヤ山脈の地下にあるといわれ、しばしば地底王国と表現されることもある。経典によると、シャンバラの王は「ルドラ・チャクリン」といい、世の終わりには悪を滅ぼすために大軍勢とともに地上に出てくるという。

　神智学系の思想からすれば、地底王国シャンバラの大王ルドラ・チャクリンこそ、地球の霊王サナート・クマラにほかならない。もっといえば、鞍馬天狗はシャンバラの霊王だということになる。

もちろん、漢波羅秘密組織八咫烏はシャンバラを知っている。神智学ができる以前から、この世に地底王国が存在することを知っている。チベット密教ではラサにあるポタラ宮殿のどこかに楽園シャンバラに通じる部屋が隠されているという噂があるが、同様のゲイトは鞍馬寺にも存在するらしい。少なくとも、八咫烏はシャンバラに住む聖仙たちと通じている。だからこそ、鞍馬寺は神智学の思想を受け入れたのかもしれない。

⬆カーラチャクラ・タントラの理想郷であるシャンバラを表現したタンカ。

緑龍会に入信したカール・ハウスホッファーが最も知りたかったのが、日本とシャンバラのつながりだった。地底世界については、同じく緑龍会の闇烏がかなり深いレベルで伝えた。これが後々、ナチス・ドイツに多大な影響を与えることになる。

極地探検である。なかでも、肝入りで推進したのが世界の屋根ヒマラヤ登山である。世界最高峰エベレスト、つまりは未踏峰のチョモランマの頂を目指すことはもちろんだが、その一方でシャンバラを捜していた。地底王国シャンバラの入り口

⬆ナチスのチベット探検隊。そのシークレットミッションはシャンバラ・ゲイトを捜し出すことだった。

を捜し出すことがシークレットミッションだった。

掟がある以上、日本にいる八咫烏がチベットに行くことはできない。かといって、ドイツへ忍びの身でやってきた破戒烏とて、そう簡単に行ける場所ではない。闇烏はハウスホッファーを動かし、ヒトラーにヒマラヤ探検を行うよう指示し、異世界の入り口「シャンバラ・ゲイト」を探らせた。が、最初に発見したのは民間人だった。もたらされた情報に闇烏は歓喜したという。

闇地底人

地底世界へと続くシャンバラ・ゲイトを発見したのはドイツの探検家テオドール・イリオン。彼は単身、ヒマラヤの奥地に乗り込み、現地のチベット人の紹介で、謎の秘密結社に潜入するのだが、実は、彼らこそ地底王国の人間だった。場所はサンポ峡谷で、目印は境界に立てられた3枚の白い石板で、敷地の中心には直径10メートルほどの巨大な穴が存在する。穴を囲んで木製の高い壁に囲まれたガラス・パネルが7つ、半径100メートルほどの円を描きながら等間隔で並んでいる。施設には扉があり、地下世界へと通じている。

⬆ドイツの探検家でシャンバラ・ゲイトを発見したテオドール・イリオン。

地下世界の住民たちは全部で100人ほどで、大きくふたつの階層から成っている。支配層の人間は美男美女だが、まったく感情を表に出さない。被支配層の人間もまた陰気で、生気がない。ほとんどゾンビか操り人形のようであった。彼らは、みな聖なる都に君臨する「光の王子：マニ・リンポチェ」を崇拝している。

地上の世界からやってきたイリオンは客人として丁重に扱われ、食事もふるまわれたのだが、それを口にすると、実に奇妙な感覚に見舞われた。ちょっとした霊能力が芽生えはじめ、やたらと変な夢も見るようになった。試しに、出された食事を食べないことにすると、再び元のように生気がみなぎる体に戻った。

ふと疑念を抱いたイリオンに対し、謁見したマニ・リンポチェは秘密結社に入り、己の使命を果たすよう要請する。後日、改めて返事をうながされたイリオンは、自由意思のもとにきっぱりと拒否した。ために、一転して彼は追われる身となった。

逃げる途中、イリオンは実におぞましい光景を目にする。被支配層の住民が人間の死体を運んでくると、支配層の貴族たちが黒魔術を行って蘇生させたのである。生き返った死体は奴隷として扱われた。つまり、だ。被支配層の人間はゾンビのようではなく、文字通りゾンビだったのである。

しかも、蘇生されなかった死体は、そのまま食料にされた。聖なる都の住民は人肉を食べていたのだ。イリオンもまた、気づかずに死体を食べていたのである。食事をするたびに思考力が失われ、次第に生気が奪われていくと感じるのは、それが人肉だったからだと彼は悟った。あのまま食事を続けていれば、やがて光の王子に跪き、秘密結社員となっていたに違いない。

ほうほうの体でサンポ峡谷を抜け出したイリオンは、１９３６年、幸いにして故郷であるドイツに帰国することができた。翌年、彼はチベットでの貴重な体験を『神秘のチベット』と『チベットの闇』という2冊の本にまとめて発表した。すると、すぐさまナチス・ドイツが動

⬆地底王国があるサンポ峡谷の洞窟。

いた。闇鳥たちが直接、イリオンと接触し、詳しい情報を聞き出した。

結果、サンポ峡谷の地底世界の住民たちは、まぎれもなくシャンバラの人間であることがわかった。カニバリズムを習慣とする恐ろしい人間たちだが、彼らには理想郷と高度な技術や知識があるはずだ。さっそくナチス・ドイツはサンポ峡谷へ大規模な軍部の探検隊を派遣する。

1938年4月、先陣を切ったのは闇鳥だった。闇鳥はナチス・ドイツと親交があり、現地のチベット人らを案内役に立て、組織した軍の特殊部隊とともにヒマラヤの奥地へと赴いた。現地では、チベット密教の寺院に立ち寄り、圧倒的な知識と霊性をもって僧侶たちを魅了し、瞬く間に味方につけた。

チベット密教僧は、もちろんサンポ峡谷の秘密結社の存在を知っていた。彼らに道案内をさせて、闇鳥率いる特殊部隊は聖なる都へと歩を進めた。目印である3枚の石板を通り、地下世界へと通じる施設にやってきたとき、何やら様子がおかしいことに気づいた。地底の都は廃墟と化し、住民の多くが死に絶えていたのだ。どうも食料である死体の入手が困難になったらしく、多くが餓死したらしい。が、それでも仲間の肉を食らって生き延びていた者もいた。

ナチス・ドイツの特殊部隊は地底人を銃で脅し、次々に身柄を確保していく。イリオンの報告では全部で100人ほどいるとされたが、生き残った者だけでも100人いた。

この時点で、まだ光の王子マニ・リンポチェと思われる男は生きていた。彼の言葉にほかの地底人が従っていたからだ。闇烏は男に命令して、地底の住人たちを外に出し、聖なる都を離れるよう伝えた。

闇夜に乗じて、地底人を連行していく際、異変が起こった。地底人たちが次々と病にかかったように倒れ、半数以上が死んでいった。まるで干からびてミイラになるように、肉体が枯れていったという。どうも聖なる都には何かしらの結界のようなものがあり、そこを離れると、力を失ってしまうらしい。死んだのはイリオンが目撃したゾンビ、すなわち黒魔術で蘇生させられた死体だったのかもしれない。

こうした状況のなか、途中、光の王子と見られた男が反逆の意思を示した。配下の者たちと暴動を起こそうとしたのだ。危険人物と判断した闇烏は、特殊部隊に命じて彼を射殺したと伝えられている。

人間だけではない。聖なる都には数多くの書物、巻物があった。まさに貴重な地底人の資料である。ただ、言語はチベット語で記されているようで、翻訳も兼ねて、現地のチベット人たちも同行させた。

かくして地底人を手に入れたナチス・ドイツはシャンバラの知識と技術のもと、高度な兵器開発に乗り出す。当時、一気に科学技術が飛躍した裏には、まさに地底人の存在があったのである。

緑人結社と紅人結社

闇烏は地底人の存在を知っていた。存在ばかりではなく、彼らが何者で、どこから地底世界へ来たのかを理解している。記録があるのだ。地底人のことが記された古文書があるのだ。漢波羅秘密組織八咫烏だけが手にする歴史書で、名を『八咫烏秘記』という。

門外不出の『八咫烏秘記』をもとに、最初から偽書として作られたのが有名な古史古伝『竹内文書』である。天津教《あまつきょう》の教祖であった竹内巨麿《きよまろ》は八咫烏に接触し、現代の地名などを盛り込むことなどを条件に『八咫烏秘記』の内容の一部を書物にすることを許された。『竹内文書』によると、超古代において人類は5つの肌の色があった。彼らは「五色人」と呼ばれた。

五色人には、白人と黒人、そして黄人＝黄色人種のほか、青人と赤人がいる。あまり聞きなれない言葉だが、青人は北欧系の白人で、赤人はインディアンやインディオなどのアメリカ先住民を指すとある。

だが、『八咫烏秘記』に記された五色人は若干違う。文字通り、青い肌と赤い肌をもった人間がいたというのだ。現代でもまれに、遺伝子の変異によって青、もしくは緑色の肌をした人間が生まれることが知られるが、同様に赤い肌のDNAもあるらしい。古代には少数ではあるが、青人と赤人がいて、彼らの記憶が昔話や伝説で語られる「青鬼」や「赤鬼」になったのだ。

かつては青人や赤人もほかの白人や黒人、黄人と同じくらいの人数がいたが、あるときを境に、ほとんど姿を消す。きっかけは天変地異だった。地上を未曾有の大洪水が襲い、ほとんどの人類が滅亡した。大カタストロフィーをかろうじて生き延びたのが、主に白人と黒人、そして黄人だった。

しかし、それは、あくまでも地上の話だ。大洪水が起こったとき、地底世界に移住した人々もいた。青人と赤人、および黄人である。彼らは地底世界で理想郷を作り上げ、後に地上世界においてシャンバラと呼ばれることになるのだ。

こういうと、理想郷に住んでいる崇高な聖仙とサンポ峡谷で秘密結社を作っていた地底人とはイメージが異なる印象をもつ方もいるだろう。確かにその通りである。光の王子が支配する地底人は確かに元シャンバラの住民ではあったが、罪を犯して追放された人間なのだ。堕落して人肉を食らい、漆黒の暗黒世界から湧き上がるブラックエネルギーを使って、おぞましい黒魔術を行う「闇地底人」なのである。

黒魔術は陰陽道でいう「左道《さどう》」である。怨霊や魔物の力で死人を甦らせ、自由に操る。人形に悪霊を宿せば、それは「傀儡《くぐつ》」となる。闇地底人は「闇傀儡師《くぐつし》」なのだ。闇の力が源泉であっても、力は力である。力のない光よりは、力のある闇のほうがいい。闇烏にとってみれば、喉から手が出るほどほしかった存在なのだ。

闇烏は闇地底人をもとに、ドイツに五龍会を作ることを画策する。闇烏は緑龍会と紅龍会の烏であった。そこで、青人と赤人を幹部に据えて「緑人結社」と「紅人結社」を作った。黄人の幹部もいたが、構成員に関しては闇地底人のほか、ナチス・ドイツと交流のあったチベット人も含まれていた。秘密結社員らは、それぞれ緑色と赤茶色の服とブーツ、そして特徴的な手袋をしていた。

緑人結社と紅人結社は陰陽表裏一体の関係にあった。存在は秘密にされていたものの、緑人結社はメディアに声明文をたびたび出して、世間の注目を集めた。持ち前の超能力、とりわけ未来予知能力を使い、ナチスがドイツ議会に選出される党員の数を正確に当てたのみならず、政権を取る日付、さらには第2次世界大戦が勃発する日まで、見事に的中させたのである。世間の人々はナチス党のバックには魔術集団がいると噂した。

トゥーレ協会

大洪水以前と以後では、地上の様子はまるっきり異なっている。古史古伝『竹内文書』によると、現在の5大陸のほかに「ミヨイ」と「タミアラ」という未知の大陸があったとされており、その地図まで掲載されている。これらは失われた「ムー大陸」と「アトランティス大陸」ではないかと考える研究家も少なくない。

もっとも、今から1万2000年前、太平洋上に広大な大陸が存在したことは、現代地球科学から完全否定されている。大陸性地殻と海洋性地殻の組成はまったく違う。太平洋上に大陸性地殻はない。少なくとも、ムー大陸を世に広めたジェームズ・チャーチワードが主張する場所と領域には存在しない。

そもそも、チャーチワードに関しては元イギリスの軍人だというプロフィールも嘘である。すべては仕組まれていた。絵を描いたのは、もちろん漢波羅秘密組織八咫烏である。烏が旧日本陸軍を動かして、ムー大陸伝説を作り上げた。日本人のルーツは世界最古の超古代文明ムーに遡るというドグマを広めるために。

同様の手法を闇烏が使っている。失われたアトランティス大陸である。ナチス・ドイツはアーリア人の起源を超古代に求めた。古代ギリシアの哲学者プラトンが言及して以来、今から1万2000年前、突如、大西洋に沈んだとされるアトランティス大陸にこそ、アーリア人のルーツがある。ドイツのゲルマン人こそ、その本流であり、高度な超古代アトランティス文明の正統継承者なのだ、と。

もともと西洋文明の起源をアトランティス文明に求める説はかねてからあった。とかく古代文明はエジプトやメソポタミアといったオリエントにルーツがあるとされてきたが、もっと古い先史文明が存在するという説は多々あった。アーリア人至上主義を掲げるナチス・ドイツは、

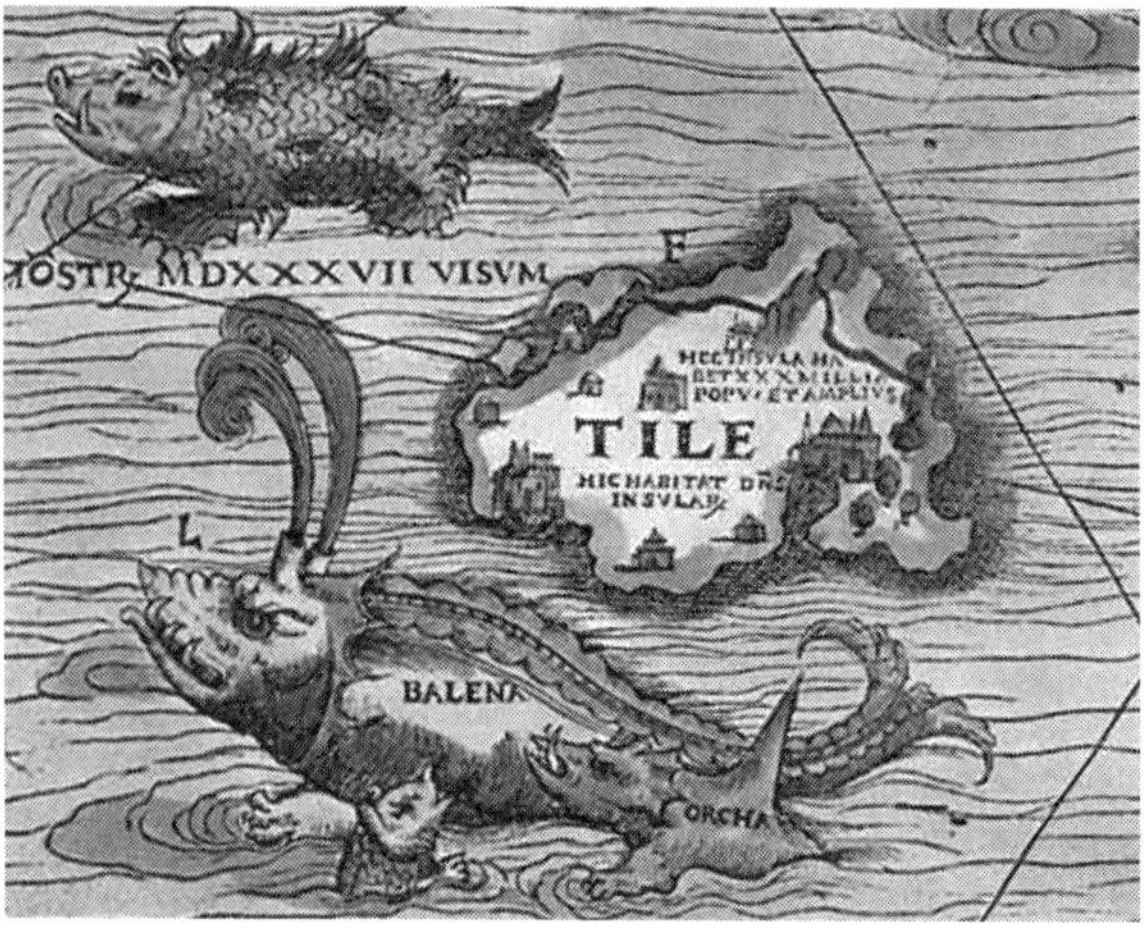

⬆伝説の島といわれるトゥーレ。

ここにアイデンティティを求めた。

大西洋の北にあるとされる伝説の島にトゥーレがある。記録は紀元前4世紀に遡る。古い世界地図には必ずといっていいほど記載される島だが、現代では存在が科学的に確認されていないため、幻の島と呼ばれる。伝説はひとり歩きし、いつの間にか沈んだと考えるようになり、これがアトランティス大陸と結びついた。

第1次世界大戦後の1918年、ドイツで右翼思想団体「トゥーレ協会」が誕生した。設立者のルドルフ・フォン・ゼボッテンドルフは超古代アトランティス、すなわちトゥーレ島が沈んだとき、天変地異を生き延びた人々が対岸である北欧に漂着、北極圏に拠点を作ったアーリア人が大移動を開始して、ヨーロッパはもちろん、ペルシアやインドへと広がっていったとし

←↓トゥーレ協会のメンバーとエンブレム。

た。なかでも、その本流はドイツのゲルマン人にほかならないというわけだ。

トゥーレ協会には神秘主義者ディートリッヒ・エッカルトやカール・ハウスホッファーもいた。ハウスホッファーの弟子であったルドルフ・ヘス、さらには後にナチスの高官となるアルフレート・ローゼンベルクやハンス・フランクなどが所属していた。メンバーではないが、アドルフ・ヒトラーもトゥーレ協会に出入りしていた。裏で動いていたのが闇鳥である。彼らは日本で行った工作をすべてドイツでも仕掛けていた。一般に、ムー大陸伝説はアトランティス大陸伝説がもとになって創作されたものだという指摘があるが、その逆もしかり。民族のアイデンティティを超古代文明に求めることで、ナショナリズムを煽る。自尊心をくすぐって熱狂させ、気がつけばファシズムが支配する社会を受け入れる素地を作り上げていく。

はたしてトゥーレなる島が存在したのか。現代地球科学的に、その証拠はない。何かの誤認が増幅した可能性がないわけではない。そもそも小さな島が高度な超古代文明の中心地であったのか、疑問でもある。広大なアトランティス大陸が沈んだときの最後の陸地だと主張することも可能だが、闇鳥の目は地底に向いていた。

ヴリル協会とドイツ騎士団

アーリア人は超古代アトランティス文明を築いた人々の末裔である。トゥーレ説はもちろんだが、ドイツ人の意識に定着させる一方で、もうひとつ重要な要素がある。地底人である。闇烏が着目したのは一冊の奇書だった。

題名は『来るべき種族』。イギリスの貴族エドワード・ブルワー・リットンが書いた小説である。フィクションという体裁をとってはいるが、これは事実である。ノンフィクションノベルとでもいえばいいだろうか。基本的に書かれている内容は事実である。そう、闇烏は画策し、カール・ハウスホッファーを通じて、この本をアドルフ・ヒトラーに読ませた。

効果はてきめんだった。ヒトラーのアーリア人至上主義の根幹には間違いなく『来るべき種族』があった。内容が真実であると思い込んだからこそ、チベットから連行されてきた地底人に関しても、存在を受け入れることができたといっていいだろう。神秘主義に関心が深いヒトラーにとって、まさに『来るべき種族』は聖書のような存在だったのだ。

では、その内容とはいったいどういうものなのか。ひと言でいえば、地底世界の冒険譚である。主人公が地底世界に迷い込み、そこで高度な文明を築いている人々と遭遇する。彼ら地底人は「ヴリル」という神秘的なエネルギーを駆使し、人体の病気やケガなどの治療のほか、原子力発電のようなインフラを支える第1次エネルギーとして活用する一方、強大な破壊力をもつ兵器にも利用している。

ヴリルは地底人にとって生活の基本であり、彼らは「ヴリル・ヤ」を自称する。地底世界の民ヴリル・ヤを支配する大王が語るところによれば、彼らの祖先は、かつて地上に住んでいた。あるとき天変地異が起こり、地上は大洪水に見舞われた。高度な文明を築いていたアトランティス大陸も一夜にして海に沈んだ。多くの人々は死んだが、生き残った人間もいた。彼らは地上の災厄を逃れて地下世界へと至り、そこでヴリルを活用した文明を再興したという。

白人である主人公は話を聞くうち、アーリア人との関係が話題となる。ヴリル・ヤは地底で生き延びたが、地上に残った同胞もいる。それがアーリア人である。アーリア人と地底人は兄弟であるという設定だ。ハウスホッファーはヒトラーに対して、これは史実であると語った。地底人とナチス・ドイツが手を結べば、超古代のハイテクノロジーを手に入れることができると吹聴したのだ。

かくして、その名も「ヴリル協会」が1918年、カール・ハウスホッファーらによって設立される。メンバーにはナチス最高幹部のヘルマン・ゲーリングやアルフレート・ローゼンベルク、マルティン・ボルマン、ハインリッヒ・ヒムラー、そしてアドルフ・ヒトラーが名を連ねた。

なかでも、最も地底人に関心を抱いたのが、先にも紹介したハインリッヒ・ヒムラーである。ヒムラーは神秘主義に強い関心を抱いていた。アーリア人の起源や文化を調査する「SS先史遺産研究所：アーネンエルベ」を立ち上げると、ヴリル協会を事実上吸収合併させ、全権を一

⬆ドイツ騎士団の拠点となっていたヴェヴェルスブルク城。

手に握る。

もちろん、裏には闇鳥がいた。闇鳥にとって、ヒムラーは非常に利用しやすい男だったようである。アーリア人至上主義のもと、古代の儀式を復活させ、SSの幹部らによるエリート秘密結社「ドイツ騎士団：SS血のドイツ13騎士団」を組織させた。モデルはカトリックのイエズス会で、13という数字からわかるように、己をイエス・キリストに見立て、幹部を12使徒に見立てた。

ユダヤ人を憎悪していたヒトラーは、ユダヤ人であるはずのイエス・キリストはアーリア人の非嫡出子であると信じる自称クリスチャンだった。それゆえキリストの聖遺物に深い関心があったように語られることがあるが、実際はそうでもなかった。

オーストリアを併合した際、かつてハプスブル

⬆ヴェヴェルスブルク城の地下聖堂の床に描かれていたブラックサン(暗黒太陽)。

ク家が所蔵していた「ロンギヌスの聖槍」を接収したものの、強くこだわったのはヒムラーのほうだった。彼はドイツ騎士団の拠点である「ヴェヴェルスブルク城」の地下にロンギヌスの聖槍を安置し、定期的に秘密の儀式を行っていた。

地下聖堂の中心にはルーン文字が描かれた円卓が置かれ、赤いビロード布とSSの旗がかけられた。床の中央には12本の放射状の鍵腕をもった黒い円、通称「ブラックサン：暗黒太陽」が描かれていた。ブラックサンは裏のハーケンクロイツだといっていい。ナチス・ドイツの国旗が日本の日の丸と表裏一体であるように、古代アーリア人にとって太陽の象徴であるハーケンクロイツの原型がブラックサンなのだ。

アーリア人至上主義を掲げるエリートのドイツ騎士団であるが、ヒトラー自身はヴェヴェルスブルク城をほとんど訪れていない。むしろ避けていた。というのも、地下聖堂にいたのはドイツ騎士団だけではなかったからだ。

儀式を仕切っていたのは闇鳥であり、闇地底人だった。緑人結社および紅人結社の幹部で、人肉なしでは生きられない恐ろしい霊媒師が住みついていたのである。自身も霊能者だったヒトラーは、連中に同じにおいを感じていた。力の源泉が漆黒の闇であることを知っていた総統は、闇地底人はすべてヒムラーに任せて距離を置いていたのである。

闇の女霊媒師シグルンとマリア

ナチス・ドイツを裏で操っていた組織に関して、アルデバラン星人と交信していたという都市伝説がある。ヒムラーが組織したドイツ騎士団はヴェヴェルスブルク城の地下聖堂で暗黒の神を召喚し、霊的な交信を試みていた。天井と床に描かれたブラックサンは邪悪なエネルギーを象徴し、その源である暗黒神の正体は地球外生命体「アルデバラン星人」だった。

アルデバラン星人とのチャネリングを行っていたのが闇地底人の女霊媒師「シグルン」と「マリア」だった。儀式が始まると、彼女たちはトランス状態となり、死んだ人間や天使、悪魔、そして得体の知れない神の霊を降ろし、さまざまな託宣を下した。ふたりのほかに「トラウテ」「グドルン」「ハイケ」という名の女霊能者が儀式を補佐していた。いずれも彼女たちは

⬆闇地底人の女霊媒師、シグルン（左）とマリア（右）。

美しい白人女性で、アーネンエルベが理想に描く金髪碧眼の典型的なアーリア人、もしくはゲルマン人だとされる。

この5人の女霊能者に関しては、一部、写真がインターネットや書籍などで流れているが、実際はすべてフェイクである。確かに、ヴェヴェルスブルク城の地下聖堂に女霊能者は存在した。が、アルデバラン星人と交信していたというのは真っ赤な嘘である。本物の女霊能者を隠すための偽情報なのだ。

本物の女霊能者は五色人だった。最も霊能力が強いふたりのうち、シグルンは青人で、本名を「フォチュノ」。もうひとりのマリアは赤人で、本名を「ビョギュパ」といった。彼女たちの忠実な配下に、青人と赤人、それぞれふたりいた。青人の本名を「ツゲルテリジャン」と「ナデウラエリグ」といい、赤人らの本名を「タパグユズ」と「セイウヤルガ」

といった。

彼女たちが儀式で呼び出すのはアルデバラン星人ではない。交霊会が行われると、そこに得体の知れない魔物が現れる。悪霊といっていいだろう。悪霊がふたりの女霊媒師に憑依すると、彼女たちの口を通して託宣を下す。ヒムラーおよびドイツ騎士団、そしてヴリル協会では、彼女たちの託宣が一致すれば、必ず予言は的中すると考えられていた。

そう、緑人結社と紅人結社の幹部とは、まさしく青人と赤人の女霊媒師のことだったのであ

⬆女霊媒師とその儀式を補佐していた女霊能者たち。

る。彼女たちのもつ神秘的な力にヒムラーは惹かれた。幾度となく秘密の儀式を行い、ナチス・ドイツの行く末を託宣によって占っていたのである。

同じ闇のにおいを感じていたヒトラーは、彼女たちを警戒していた。あるとき、フォチュノとビョギュパは余興のつもりでヒトラーに悪霊を憑依させたことがある。何度も魔物に憑依されたことがあるヒトラーだったが、さすがに恐怖したらしい。以後、ヴェヴェルスブルク城を避けるようになったという。

もっとも、ヒトラーが嫌悪した理由は、ほかにもある。カニバリズムである。人肉食は霊能力を高めるらしい。サンポ峡谷の地下からドイツに連行されてきた後も、彼女たちは人間を食らっていた。しかも、生きている状態で頭からかぶりついたというから、恐ろしく凄惨な光景だ。文字通り、地獄絵だ。

彼女たちを生かすために、ヴェヴェルスブルク城には近郊から少女たちを誘拐してきては、求められるがままに与えていた。正確な数字は不明だが、少なくとも200人以上が犠牲になったらしい。戦後、それを裏づけるように、ヴェヴェルスブルク城の庭からは数多くの人骨が発見された。

女霊媒師らを恐れていたヒトラーは戦況が悪化してくると、彼女たちの身柄をベルリン南西部にある秘密の地下壕に移し、学者や医者に詳細を観察させ、かつ護衛の兵士をつけて一日中、

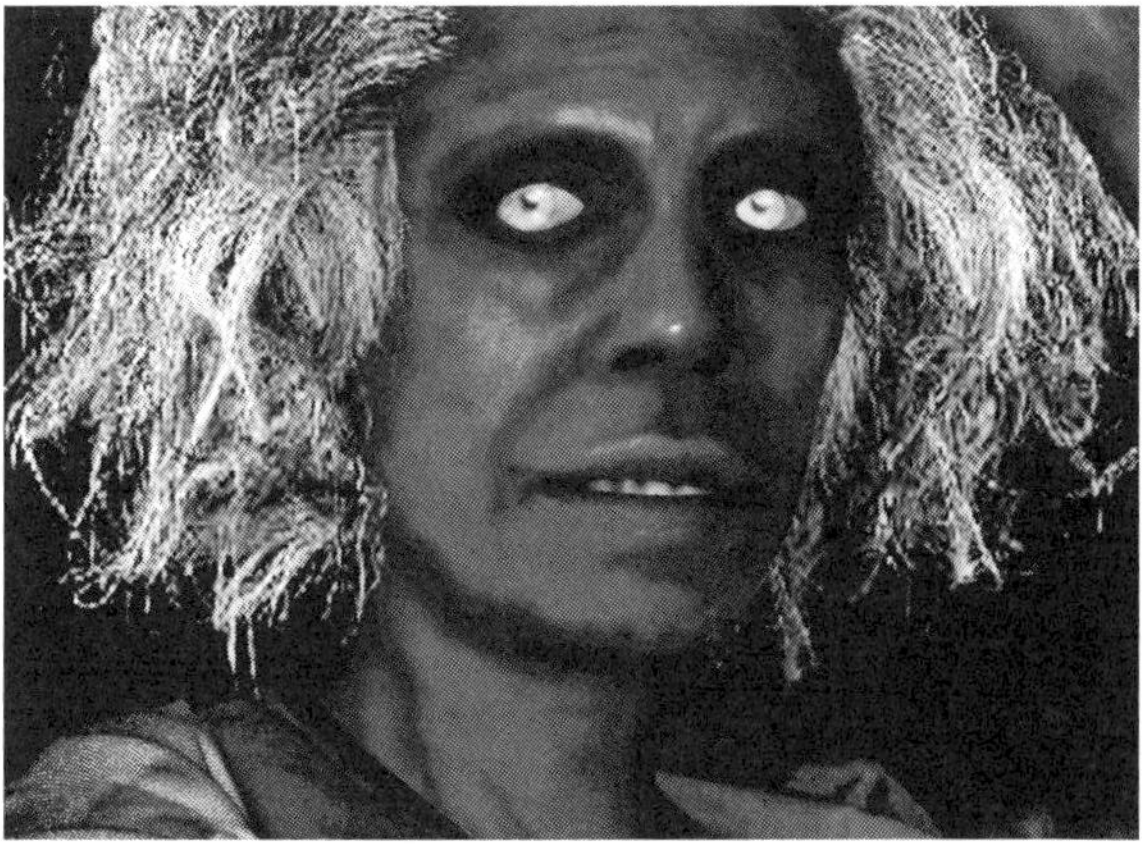

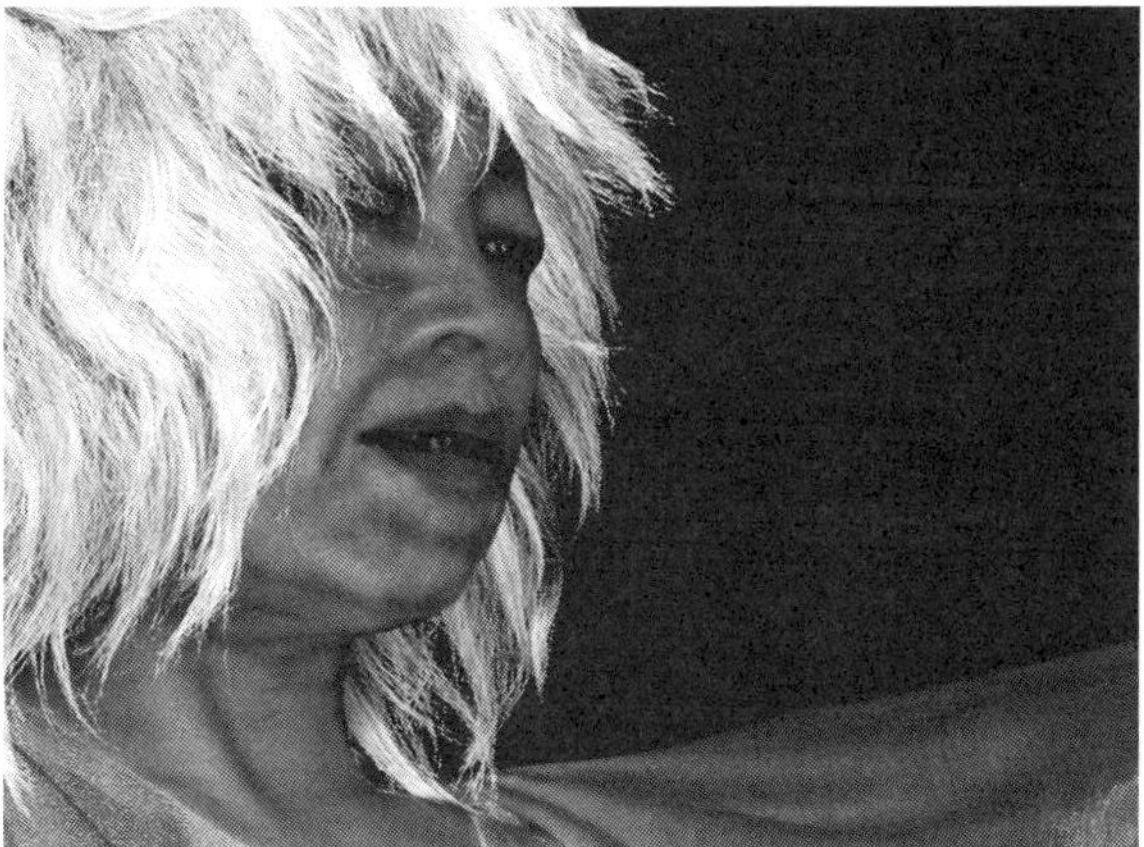

⬆青人のフォチュノ（上）と赤人のビョギュパ（下）。

監視していた。

闇烏の末路

魔物は最後に裏切る。ナチス・ドイツを左道によって操ってきた闇烏であったが、その命運が尽きるときがやってくる。魔物は常に堕落した者の魂を狙っている。かつては崇高な光を享受していたにもかかわらず、つまずいて闇に落ちた人間を見逃さない。最終的に闇烏は破滅する宿命にある。ユダ・イスカリオテがそうであったように。もちろん、闇烏らは最初から覚悟の上だったが。

１９４１年12月11日、ヒトラーは突如、アメリカに宣戦布告する。当時、ナチス・ドイツはソ連と一進一退の攻防を繰り広げ、その一方でイギリス軍と対峙していた。東西の前線で緊張状態が続くなか、いきなりアメリカという大国にけんかを売ったのである。裏ではさまざまな国際的陰謀が渦巻いていただろうが、戦略上、ヒトラーの判断はどう考えても合理的ではない。事実、これを境にしてナチス・ドイツは坂を転げ落ちるように各地で苦境に陥り、最終的に敗戦へと突き進むことになるのだ。

１９４５年４月、ソ連軍がベルリンに侵攻してくると、緑人結社と紅人結社の人間は最後の儀式に臨む。儀式を仕切る男が中心となり、その周りを６人の男が囲み、呪の言葉を唱える。

すべてが終わると、各々が手にした短剣を胸に突き刺し、自決した。緑人結社は中心に向かって足を向けて横たわり、紅人結社は逆に頭を向けていた。いずれも、すべて男性だった。

自決した地底人に女性はいなかった。女霊媒師の姿もなかった。集団自決をしなかった者たちは、みな身を潜めていた。密約により最初にベルリンに入ったのはソ連軍だったが、その後、アメリカ軍も乗り込み、ナチス・ドイツの幹部の捜索を行った。生き残った地底人を発見したのはアメリカ軍だった。

1945年7月11日、薄暗い地下施設の一室に女霊媒師たちはいた。部屋中に異臭が充満していた。死臭である。彼女たちは観察するために配置されていた学者や医者、看護師、さらには監視などをしていた兵士らを襲っては食い殺していた。

当初、事態を呑み込めないアメリカ兵は、残忍なナチス・ドイツが人体実験を行い、肉体的に改造されてしまったがために精神に異常をきたしてしまった哀れな女性たちに違いないと思ったらしい。さっそく病院に移して保護観察することにしたのだが、なぜか光を異様に怖がる。しかたなく、軍用の大型木箱に入れて彼女たちを運んだ。

しかし、同じ地下施設で発見された資料と医療データを見たとき、兵士たちは息を呑んだ。彼女たちは生来、おぞましい食人鬼だったのだ。どうもナチス・ドイツの幹部とつながりが深く、戦犯の可能性もあると判断したアメリカ軍の上層部は、すぐさまアメリカ合衆国本国へ移送するよう命令を下した。

一方、闇烏たちは悲惨だった。紅龍会の闇烏の1羽は戦時中に亡くなっている。詳しいことは不明だが、どうも殺されたらしい。あまりにもナチス・ドイツの秘密を知りつくしていたために危険視されていたのが理由のようだ。ほかの闇烏は持ち前の力をもって姿を消した。

だが、緑龍会の闇烏の1羽は戦後、10年もたって古い工場の廃屋で偶然作業員に発見され、身柄を拘束される。その際、顔に硫酸をふりかけ、隠し持っていた毒薬を飲もうとしていたが、すんでのところで命は助かった。不審者として警察に通報され、身元を取り調べられたが、所持していた書類から日本人であるということがわかったものの、素性を知る手がかりは皆無だった。本人は黙秘を続け、正体はわからずじまい。20世紀末、情報を極秘に入手したアメリカ軍は何度か接触を試みたが、徒労に終わった。闇烏は何も語らず、その後、しばらくして息を引き取った。

また闇烏のスパイとして暗躍したカール・ハウスホッファーは、からくも戦犯とは見なされなかったものの、最後は緑龍会の掟に従って自決した。日本の武士のように切腹自殺を試みたが、死にきれず、最後は妻とともに服毒自殺している。

かくして、闇烏の野望は崩れ去ったかのように見える。が、しかし。戦後、国際情勢は彼らが描いた絵の通りに動いた。ナチス・ドイツの迫害を逃れたユダヤ人たちの多くが約束の地である中東、パレスチナに移住。１９４８年５月14日、ついに独立を宣言する。闇烏が偽ユダヤ人と呼んだアシュケナジー系ユダヤ人の犠牲の上に、確かに『旧約聖書』の預言は成就したのである。

第4章

闇の地底人エイリアンが潜む ペンタゴン魔法陣

シャンバラUFO

アジアでは「アガルタ」という名前で呼ばれることもある。地底世界の理想郷は仏教においては「シャンバラ」として知られ、これが小説などで語られる理想郷「シャングリラ」のモデルとなった。20世紀初頭、シャンバラ伝説に心惹かれ、神秘のヒマラヤ探検に出かけた男がいる。ロシアの画家「ニコライ・レーリッヒ」である。

なぜ彼がシャンバラに惹かれたのか。その理由は定かではない。思うに、レーリッヒもまた、イスラエル人の血を引いていた可能性がある。母方はチュルク系ロシア人であることから、ハザール人ユダヤ教徒、もしくはハザール汗国にいたユダヤ人ユダヤ教徒と関係があるのかもしれないが、現時点では確証がない。

もっとも、レーリッヒの思想のバックには神智学があった。フリーメーソン系の神秘主義団体である。京都の鞍馬寺で語られるサナート・クマラもまた、神智学の影響を受けていることは前章で述べた通りである。漢波羅《かんばら》秘密組織八咫烏《やたがらす》は秘密結社として有名なフリーメーソンの中のフリーメーソン。有史以前にまで遡る「超古代フリーメーソン」の本流である八咫烏からすれば、神智学はフリーメーソンという大きな樹木の枝葉に過ぎない。

1920年代初頭、レーリッヒは家族や仲間とともに、モンゴルからヒマラヤの奥地を探索し、未知なる理想郷シャンバラを目指した。途中、彼らは当時としては非常に不可解な物体を目撃している。翼やジェット噴射もなく、メタリックな光沢をもつ飛行物体を目にしているのだ。まさに、今日でいうUFOである。

記録によれば、1926年、カラコルム山脈をチベット人のサポーターとともに旅をしている最中、上空に大きな黒い鷲が飛来し、こちらに向かってきた。何か嫌な予感がしたところ、突如、上空に光る物体が出現。高速で接近し、あわや衝突かと思われた瞬間、黒い鷲の姿が消えた。

⬆画家で探検家でもあったニコライ・レーリッヒ。

レーリッヒが持っていた双眼鏡で確認したところ、光る物体は明らかに人工物であることがわかった。飛行物体といえば、飛行機か飛行船、気球が普通だった時代に金属光沢のUFOが飛来し、しばらく上空に滞空していたのである。

呆然と立ちつくすレーリッヒたちだったが、正気を取り戻すと、同行していたチベット人に謎の飛行物体について尋ねた。すると彼は、あれは「シャンバラのしるし」だと答えた。後にチベット寺院の高僧が語ってくれたところによれば、攻撃してきた黒い鳥は「闇の勢力」で、レーリッヒはシャンバラの使者に守られているのだという。

守護されていたおかげか、この2年後、レーリッヒは、ついにサンポ峡谷へと到達する。現地の人間にとっては禁足地だった。ガイドのチベット人たちは恐れをなし、そこから先へ行くことを拒んだ。彼らの態度がレーリッヒに確信をもたらした。深夜、みなが寝静まったころを見計らい、彼は禁断の地へと足を踏み入れた。

レーリッヒは終生、そこでの出来事を口にすることがなかったが、まぎれもなくシャンバラの入り口、すなわち「シャンバラ・ゲイト」に遭遇していた。テオドール・イリオンが潜入した聖なる都もそこにあった。彼はシャンバラ・ゲイトを見出したのみならず、そこに足を踏み入れた。闇の地底人が住んでいた地下都市ではない。本物の理想郷シャンバラへ進入したのである。

自らがフリーメーソンであるエドワード・ブルワー・リットンが書いた奇書『来るべき種族』には、ヴリル・パワーによって空中を飛翔する物体のことが描かれている。小説というスタイルをとっているが、ここには真実がある。シャンバラの住人たちはプロペラやジェット推進によらない高速飛翔体、いわば今日でいうＵＦＯを製造し、これに乗って地底世界はもちろんの

⬆レーリッヒが考案したシャンバラのしるしを掲げる平和のマドンナ。

こと、時に地上へと姿を現している。

当時、チベット探検を画策していたナチス・ドイツは、レーリッヒが遭遇したUFO情報を入手。すぐさま闇烏の知るところとなる。彼らが狙っていたのは、まさにこの技術である。聖なる都から連行してきた闇地底人たちから聞き出したのは、円盤型飛翔体という未知なる兵器だった。

ナチスUFO

闇地底人を手に入れたナチス・ドイツの科学技術は飛躍的に進んだ。軍事兵器は半世紀も先を行くレベルに達したともいわれる。戦車や戦闘機、潜水艦など、ドイツ軍の兵器は他国を圧倒していた。画期的だった大型ロケット「Vシリーズ」は第2次世界大戦当時、連合国を震撼させるほどだった。今日でいう「大陸間弾道ミサイル：ICBM」の先駆けで、「有翼巡航ミサイル：V1」と「燃料搭載弾道ミサイル：V2」、そして砲身が150メートルにもなる巨大な「多薬室砲：V3」があった。

一般にコードネームである「V」とはドイツ語で報復を意味する「Vergeltungswaffe」の頭文字で、命名したのは宣伝大臣ヨーゼフ・ゲッペルスだとされる。敵国であるイギリスに対する報復兵器というわけだ。

だが、実際は違う。「V」の本当の意味は「ヴリル：Vril」である。命名したのも、ほかならない闇鳥である。これらの軍事兵器がヴリル協会を通して、闇地底人たちの助言のもとに作られたことを示しているのである。

第1次世界大戦において、最も重要な兵器は飛行機であった。軍用機によって制空権を握った者が勝利する。各国は戦闘機や爆撃機などさまざまな飛翔体を開発するのだが、ナチス・ドイツの独創性は群を抜いていた。すべて胴体がない全翼機のほか、逆にまったく翼のない円盤型飛翔体を開発していたのだ。

具体的に「円形翼機：AS－6」や「円盤飛行機：オメガ・ディスク」、その後継機である「シュリーバー・ハーバー型円盤」「ベルーゾ・ミーテ型円盤」「フリューゲラート型円盤」がよく知られている。

いずれも翼が円形だったり、プロペラを内蔵している円盤型飛行機だが、これらと一線を画すのが「シャウベルガー型円盤飛翔体：フライングハット」である。異端の科学者として知られる物理学者ビクトル・シャウベルガーが流体力学におけるコアンダ効果をもとに開発した飛行装置で、インプロージョン理論に基づく爆縮現象を応用している。

ナチス・ドイツはフライングハットをモデルに「ベル型円盤」の開発に乗り出す。指揮を執ったのは武装親衛隊大将ハンス・カムラーだった。V2を手がけていたカムラーはシャウベル

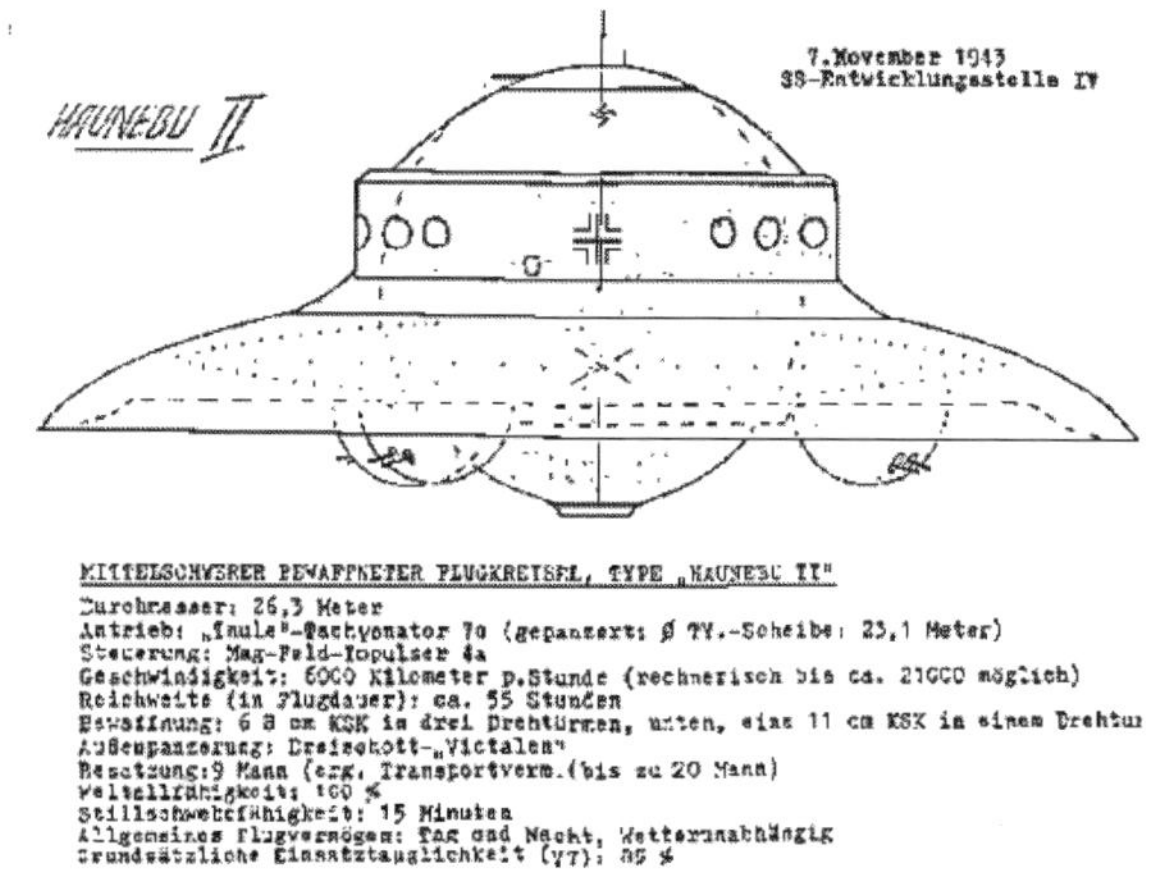

⬆アダムスキー型UFOにそっくりなハウニヴーⅡ。

ガーの理論をもとに独自の「ベル型円盤飛翔体・ディグロッケ」を製造。飛行実験を成功させている。

これとは別に、ミュンヘン工科大学のW・O・シューマンが中心になって開発が進められていたのが「RFZ型円盤」である。1934年に「RFZI」のテストフライトが行われ、長距離偵察機として「RFZⅡ」が製造された後、次々と改良型「RFZⅢ」「RFZⅣ」「RFZV」が作られた。「RFZV」には新たに「ハウニブー」というコードネームがつけられた。

試作機「ハウニブーI」の姿は、まさに空飛ぶ円盤である。ドーム型のボディを中心にスカートのような縁がしつらえてある。「ハウニヴーⅡ」に至っては、UFOという言葉からだれもが連想する「アダムスキー型UFO」そっくり。直径約26・3メートルで、高さ約11メートル。上部に11センチのKSK砲が搭載され、底部にある3つの回転砲塔には6センチと8センチのKSK砲が搭載された。ハウニヴーⅡに関しては量産型も製造されており、それらは特別に「ドウ・ストラ」とも呼ばれていた。

資料によると、より大型の「ハウニヴーⅢ」の試作機も作られた。機体はジャンボ機並みの直径71メートルで、製造された実験機は1機のみ。残念ながら、開発途中で爆撃にあって破壊された。同様に、さらに直径120メートルの「ハウニヴーⅣ」の構想もあったが、製造段階には至っていなかった。

また、ハウニヴーのほかに、シューマンが開発した特殊な推進エンジンをもとに企画された円盤飛翔体が「ヴリル」である。最初の試作機「ヴリルⅠ」は直径約11・5メートルで、飛行速度が時速2900キロを記録した。以後、改良を重ねて「ヴリルⅡ〜Ⅵ」が製造され、続く「ヴリルⅦ」には新たに「オーディン」というコードネームが与えられた。一説に、宇宙飛行も可能だと語られることもあるが、実際はテストフライトの段階ですべて空中分解してしまい、実戦配備には至っていない。

ペーパークリップ作戦

闇地底人の助言のもとに進められたナチスUFO開発であったが、実戦投入するまでには至らずに、１９４５年に終戦を迎える。連合軍によって軍事施設は次々に接収され、軍人らは身柄を確保されていく。逃亡した幹部もいたものの、多くは逮捕されるか、自ら命を絶った。戦後、ニュルンベルク裁判でナチス・ドイツの幹部らは身柄を拘束されているかどうかにかかわらず、みな有罪判決を受け、終身刑か死刑をいい渡された。

しかし、国際軍事裁判の裏で、連合国の間では激しい駆け引きが行われていた。戦後の国際情勢を見極め、自由主義を掲げるアメリカと西欧に対し、社会主義を掲げるソ連や東欧が互いに覇権を争っていた。特にアメリカとソ連は、ともにナチス・ドイツからいかに戦利品を奪うかを考えていた。

地政学的見地からソ連は領土を狙った。ナチス・ドイツが支配していた東欧諸国の支配権を手に入れ、社会主義国家群として西欧との間に「鉄のカーテン」を引いた。ソ連は共産主義国家を目指し、その影響力をユーラシア大陸の中央部、ハートランドから全世界に及ぼすという戦略に出た。

一方、アメリカは違った。大西洋を挟んで対峙するアメリカは人材に目をつけた。圧倒的に進んだ科学技術をもった人間、すなわち科学者や技術者を手に入れようとする。オペレーション名は「ペーパークリップ作戦」。優秀なナチス・ドイツの科学者たちを積極的に亡命させ、自国の科学研究、もっといえば軍事兵器の開発に従事させることにしたのである。

もともと、アメリカには戦火を逃れてきた科学者が多くいた。特にナチス・ドイツの迫害のために亡命してきたユダヤ人がいた。相対性理論で有名なアルベルト・アインシュタインや原爆開発のロバート・オッペンハイマー、水爆の父エドワード・テラーなど、優秀なユダヤ人科学者をアメリカ政府は厚遇で受け入れてきた。

人材がもつ価値を見抜いていたアメリカ軍はユダヤ人のみならず、ナチス・ドイツの科学者もペーパークリップ作戦によって次々と亡命させた。ジェットエンジンを開発したハンス・フォン・オハイン、垂直離着陸機を開発したアレクサンダー・リピッシュ、そして、全翼機を開発したヴァルター・ホルテンとライマール・ホルテンなど、軍事開発の中枢を担ってきた科学者が多数、アメリカにやってきた。

⬆ナチス・ドイツでV2ロケットを開発し、アメリカに亡命後はアポロ計画でサターンロケットを開発したヴェルナー・フォン・ブラウン。

なかでも、筆頭はヴェルナー・フォン・ブラウンである。ブラウンはＶ２を開発した科学者として知られる。Ｖ２に関するすべてのデータをもとに、彼は月面着陸アポロ計画のサターン・ロケットを開発する。ロケットは、そのままミサイルの技術である。今日の弾道ミサイルや巡航ミサイル開発の根底には、すべてV2ロケットがあるのだ。

ミサイルだけではない。核兵器から潜水艦や戦闘機など、戦後、アメリカの軍事技術は、すべてナチス・ドイツが原点にあるといっても過言ではない。言葉を換えれば、軍事的科学技術という意味において、アメリカはナチス・ドイツの継承国なのである。

バード事件と地球空洞論

ペーパークリップ作戦でアメリカへと亡命させた人間は科学者だけではない。ナチス・ドイツの科学技術を支えた地底人も当然のことながら移住させた。もっとも、西ベルリンの地下施設で発見された際、女霊媒師たちの素性は不明だった。いっしょにあった機密文書に彼女たちとヴリル協会とのつながりが記されていたため、一転して最重要参考人として位置づけられることになる。

女霊媒師たちはテンペルホーフ空港から軍用機でイギリスへと向かい、そこで軍用船に乗せられてノーフォーク海軍基地に到着する。ここからは再び軍用機に乗せられて、最終的にエドワーズ空軍基地（当時はミューロック陸軍飛行場）へと運ばれた。

アメリカ軍の取り調べに対して、闇の女霊媒師は自分たちが地底人であることを告げた。地球内部には地上の人間が知らない異世界が広がっている。かつて、そこに住んでいたが、ある事情で地上へと島流しとなったと正直に話した。

だが、さすがに信じる者はいなかった。地球内部は高温高圧状態で、どこにも空間など存在しない。地球空洞論など、地球平面説と同様、まったくの妄想にしか過ぎない。彼女たちはナチス・ドイツの人体実験によって精神を病んでしまい、現実と妄想の区別がつかなくなってしまったのだと考えた。無理もない話である。

いくら説明しても、まったく聞く耳をもたないアメリカ軍の取調官に業を煮やした闇の女霊媒師たちは、ならば証明してやると啖呵を切った。地球の両極には地底の異世界に通じる出入り口がある。北極と南極、両方の上空を飛行機で飛んでみればいい。そうすれば、おもしろいものを見せてやる。そう、語ったのである。

ならばということで、アメリカ軍も闇の女霊媒師の話に乗った。両極は軍事的に重要な場所である。ちょうどソ連との覇権争いの場にもなっている。大義名分も立つ。軍事作戦を決行し、ついでに彼女たちの話が本当かどうか見極めるということになった。これが「ハイジャンプ作戦」である。

作戦が決定された際、ふたりの女霊媒師は自分たちをアラスカ基地に連れていくように要請

⬆バード少将が迷い込んだ地球内部の異世界。ピラミッドも見える。

した。自分たちが行けば必ず異世界の扉が開く。飛行機に乗せる必要はないが、自分たちがいることを暗号で無線発信すれば向こうは気づくはずだという。

1947年2月、作戦決行の数日前に暗号無線を発信。さらに、直前にも2度、闇の女霊媒師がいることを無線発信した。かくして、リチャード・E・バード少将を乗せた飛行機はアラスカ基地を発った後、北極点を目指した。無事、北極点を通過してしばらく飛行していると、突然、目の前に光る霧が現れた。やむなく霧の中に突入し、視界が開けたかと思うと、眼下に広大なジャングルが広がっていた。極寒の北極圏ではなく、上空の外気温がセ氏20度という熱帯地方を飛行していたのである。

いったい、ここはどこなのか。夕方のように空

⬆バード少将が遭遇した葉巻形UFO。

は赤く染まっていたが、不思議なことに、どこにも太陽がない。地上のジャングルには絶滅したはずのマンモスやサーベルタイガーらしき動物がいる。よく見ると、道や人工物らしき建物、ピラミッドが多数ある。低空飛行すると、明らかに人間がおり、バード少将の飛行機を珍しそうに眺めていた。

このとき無線はアラスカ基地と通じていた。バード少将は乗組員とともに、今、目にしている光景を逐一、報告している。混乱しているのは基地も同じだ。何が起こっているのか、皆目わからなかった。

しかし、決定的なことが起こる。バード少将の目の前にUFOが出現したのである。巨大な葉巻形UFOが2機、悠然と姿を現したのである。エンパイヤーステートビルほどの大きさがあるUF

Oを前に一瞬、バード少将は驚愕したものの、不思議と心が落ち着き、むしろ崇高な思いが込み上げてきたという。

なぜ、このときUFOが出現したのか。もちろん、地球上の人間たちのポンコツ飛行機を観覧しようとしていたわけではない。目的は闇の女霊媒師である。彼女たちが乗っていれば、奪還しようとしていたのだ。

だが、バード少将が操縦する飛行機をスキャンしてみたところ、彼女たちの姿がない。どうも術中にはめられたらしい。闇の女霊媒師がもつ強大な霊能力によって、あたかも同乗しているかのような演出がなされたことに気づいた地底人は、頃合いを見計らって、再び飛行機をもとの地上世界へと送り返すことになる。

そろそろ燃料が切れそうになってきたので、バード少将がもと来た航路に戻ろうとUターンすると、再び光る霧が現れ、無事、もとの北極上空へと戻ってくることができた。

このころ、アラスカ基地は大騒動となっていた。バード少将の無線は実況放送されていたのだ。基地には、ハイジャンプ作戦を取材するマスコミが大勢押し寄せていた。彼らもまた、バード少将の無線を聞いていたのだ。彼らには、わけのわからないことを口走るバード少将がおかしくなったのではないかと思えたらしい。突入した霧でホワイトアウト状態となり、幻覚でも見たに違いないというわけだ。

しかし、アメリカ軍にとってみれば、これは一大事である。世紀の作戦で活躍した英雄が精神異常をきたしていたとなれば、本人の名誉にかかわるだけでなく、軍の威信にも傷がつく。それは断固として避けなければならない。

とにかく、本人から事情を聞かねばならない。帰還したバード少将らはすぐさま隔離され、尋問を受けた。幻覚でも見たのかという問いに、バード少将はこれを断じて否定した。すべて事実であって、確かな物的証拠がある、と。彼は異世界を撮影した映像を提出した。

すぐさま映像が映し出され、これを見た上司は言葉を失った。何かの間違いだ。地球内部に広大な空間があるわけがない。映像に映っている風景は地球内部ではなく、別の惑星ではないのか。何か未知の物理現象によって、機体ごとほかの天体に瞬間移動させられたのではないかと語る者もいた。

地球が空洞かどうかは別にして、とにかく異世界が存在することはわかった。無線を聞かれている以上、アメリカ軍はマスコミに対して説明しなくてはならない。このままでは、英雄であるバード少将が精神異常者だったという記事を書かれかねない。とにかく、新聞記者たちには、バード少将の無線に関してはなかったことにするように要請。代わりに、異世界の映像を公開することを決める。

当時は、テレビがなかった時代である。ニュース映像は映画館で上映された。バード少将は精神的に健常であり、重要な任務を遂行した結果、異世界を発見したという触れ込みで、撮影された16ミリのカラーフィルム動画が本人のナレーション付きで上映されたのである。

だが、その一方で、アメリカ軍は悟った。この地球には次元が異なる世界がある。戦時中、謎の飛行物体として騒がれたフーファイターは遠い宇宙の彼方から飛来しているわけではなかった。連中は地球内部からやってきていたのだ、と。

かつて奇説として扱われた「地球空洞論」は事実とは違っていたものの、嘘ではなかった。地球の両極に大きな穴が開いており、中はがらんどうで、内側に大陸や大洋が広がっているという説は否定されたが、未知なる異空間は存在した。UFOは地球内部の異空間から飛来し、そこに異星人はいないが、異邦人としてのエイリアンがいた。つまり、世にいうエイリアンは地底人だったのである。

アーノルド事件と闇の女霊媒師

ようやく闇の女霊媒師たちの言葉を信じたアメリカ軍の上層部は、ここで強気に出る。彼女たちを人質にすれば、地底人たちは姿を現す。取引材料になると考えたのだ。もしエイリアンの身柄を確保できれば、UFOのテクノロジーも手に入るうえ、さらなる交渉に持ち込めるかもしれないというわけだ。

そこで、アメリカ軍は再び作戦を決行。例によって、アラスカ基地から北極に向けて、ふたりの女霊媒師を乗せた軍用機を飛行させることを暗号無線で発信した。前回、バード少将が操縦する飛行機には女霊媒師を搭乗させなかったが、これは地底人たちに見破られている。おそらく同じ手は食わないだろう。今回は実際に乗せることにする。

ただし、霊能力が強いフォチュノとビョギュパではなく、配下の4人の女霊媒師、すなわち青人ツゲルテリジャンとナデウラエリグ、それに赤人タパグユズとセイウヤルガの4人を軍用機に同乗させることにした。

アメリカ軍にとって、彼女たちは人質である。地底人と取引をするための重要な駆け引き材料である。交渉が決裂した場合、当然ながら戦闘になる可能性もある。ために、軍用機に搭乗した海兵隊は完全武装し、相応の武器を搭載していた。

当時、闇の女霊媒師たちは「ミューロック陸軍飛行場（後のエドワーズ空軍基地）」に身柄を置かれていた。1947年6月23日、彼女たちを乗せた海兵隊の軍用機はミューロック陸軍飛行場から「ライトフィールド陸軍航空基地（後のライトパターソン空軍基地）」へ向けて飛び立ち、そこからアラスカ基地へと向かった。

順調に飛行を続け、極秘航路を進んで太平洋側のワシントン州に差しかかったころ、事件が起こった。突然、目の前に巨大な葉巻形UFOが出現したのだ。状況が状況だけに、軍用機は戦闘態勢に入った。先制攻撃を仕掛けるために、巨大葉巻形UFOに接近したとき、恐るべき事態が起こる。軍用機のエンジンが停止したのだ。強力な電磁波によって電子機器が完全マヒし、コントロール不能に陥ってしまったのだ。

なすすべもなく、4人の女霊媒師と海兵隊を乗せた軍用機は真っ逆さまに墜落。地上に激しく激突して、機体は粉々に砕け散った。緊急事態を無線で知ったアメリカ軍は急遽、現地に向かったが、なかなか機体が見つからない。

日暮れとともに捜索はいったん打ち切られるが、そこへ、再び巨大葉巻形UFOが出現。中から9機の小型UFOが飛び出して、上空を高速で旋回しはじめた。おそらく墜落現場から闇の女霊媒師たちを捜していたのだろう。事実、今もって彼女たちの遺体は見つかっていない。

事故を受けてアメリカ軍は情報操作を行い、あくまでも一般的な航空機事故として発表。墜落した機体の捜索にはアメリカ軍のみならず、有志の民間人らも参加した。青年実業家「ケネス・アーノルド」も、そのひとりだった。

UFO研究家で、彼の名を知らない者はいない。UFOに対して「空飛ぶ円盤：フライングソーサー」という言葉を最初に使った人物である。事故があった翌日の6月24日、アーノルドは自家用機でワシントン州のカスケード山脈へと向かった。ちょうどレーニア山のあたりに差しかかったとき、UFOの編隊に遭遇する。

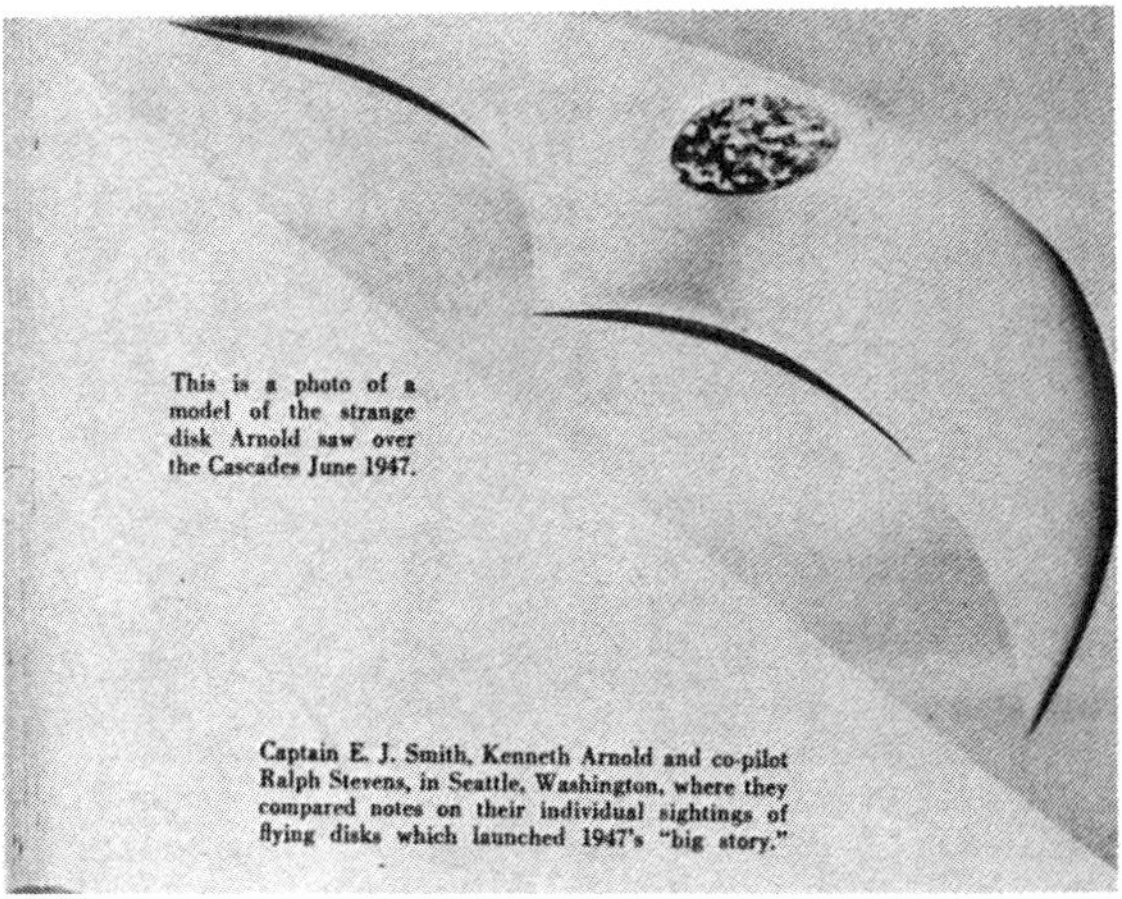
This is a photo of a model of the strange disk Arnold saw over the Cascades June 1947.
Captain E. J. Smith, Kenneth Arnold and co-pilot Ralph Stevens, in Seattle, Washington, where they compared notes on their individual sightings of flying disks which launched 1947's "big story."
⬆ケネス・アーノルドが遭遇したブーメラン形UFO。

前日、墜落現場に現れたUFOである。ブーメラン形UFOを先頭に、扇形をした円盤型UFOが9機、編隊飛行していた。機体の形状や数も、まったく同じ。飛行する姿がコーヒーカップの受け皿が水面を切ってはねるようだった。ちなみに、これがもとになって空飛ぶ円盤という言葉が誕生する。

今日、アーノルドの一件は公式に認められた世界初のUFO事件として知られる。事件があった6月24日は「空飛ぶ円盤記念日」、もしくは「UFOの日」とされるが、その裏には地底人の女霊媒師の存在があったことは知られていない。

おそらくエイリアンたちは邪悪な女霊媒師を狙っていた。人類にとって危険な存在ゆえ、警告するために現れたのか。もっといえば、女霊媒師たちの身柄を引き渡すよう、要求するために飛来してきた可能性もある。

もとはといえば、同じ地底人である。堕落して闇の女霊媒師となった彼女たちを地底世界から追放したエイリアンたちは責任を感じていたのかもしれない。結果として地球人を巻き添えにしてしまったが、この世から闇の女霊媒師を消し去ったことで、彼らの目的は不本意ながらも達成できたといっていいのかもしれない。

ロズウェル事件と闇の女霊媒師

女霊媒師を乗せた飛行機が墜落したことは、完全に予想外だった。何よりエイリアンUFOが現れると、だれが思っただろう。が、計画を変更するわけにはいかない。予定通り、残る女霊媒師、青人フォチュノと赤人ビョギュパをライトフィールド陸軍航空基地へと移送する日がやってきた。

7月2日、ふたりの女霊媒師は軍用機に乗せられ、一路、オハイオ州へと向かった。ところが、途中、天候が急変。やむなく機体を近くのニューメキシコ州の「ロズウェル陸軍航空基地：ロズウェル空軍基地」へ着陸させることになった。緊急避難を終えた後、しばらくして大事件が起こる。ロズウェル陸軍航空基地の上空に巨大な葉巻形UFOが突然、何の前触れもなく姿を現したのである。

基地の中は完全にパニック状態となった。すぐさま政府へ連絡しようとするが、不可解なことに電子機器がすべて動かなくなり、通信システムは完全にマヒ状態。電話はもちろん、警報や照明、兵器、軍用車、飛行機に至るまで、すべて機能停止に陥った。

圧倒的な科学力および軍事力をまざまざと見せつけ、自分たちの存在をアピールしたエイリアンたちは、これで思い知ったであろうといわんばかりに悠々と上空へと消えていった。直後、機械類は何事もなかったように復旧する。

いったいエイリアンたちの目的は何だったのか。彼らの目的が女霊媒師であることはすでにアーノルド事件でうすうす勘づいていたが、まさか巨大な母船まで姿を現すとは、よほどのことである。直接的なメッセージはなかったものの、ふたりの女霊媒師にはわかっていた。警告である。これ以上、地下の人間たちとは関わるな。もし警告を無視するならば、配下の女霊媒師たちと同じ道をたどることになる、と。

事の重大さを悟ったアメリカ軍は青人フォチュノと赤人ビョギュパを問いただした。すると、彼女たちは巨大UFOの中にいるのは同胞であると答えた。エイリアンは地底人であり、自分たちを地上に追放した人々である。おそらく、このままいけば、彼らは必ず自分たちを捕まえにくると語った。

バード少将の異世界進入事件やアーノルド事件と合わせ、ようやくアメリカ軍には全体像がわかってきた。女霊媒師の言葉が本当であれば、再びエイリアンはやってくる。彼女たちを取り返すためにＵＦＯはもう一度必ず姿を現す。その日、ロズウェル陸軍航空基地は異様な緊張感に包まれた。

深夜、予想通り、巨大な葉巻形ＵＦＯが再び出現し、レーダーに機影が映し出された。監視していると、母船から２機の小型ＵＦＯが放たれた。形状はホームベース形をした五角形で、１９８９年にベルギー上空で集中目撃されることになる「デルタＵＦＯ」と同一のタイプであった。

ロズウェルの天気は夜になっても収まらず、何かよからぬことが起きそうな空模様が続いていた。砂漠特有の嵐が吹き荒れ、悪魔の咆哮のように雷鳴が轟く。嵐を引き起こしていたのは、ひょっとしたらふたりの女霊媒師だったのかもしれない。持ち前の黒魔術でも使ったのか。なんと稲妻が一機のＵＦＯを直撃したのだ。さすがのエイリアンＵＦＯも莫大なエネルギーをもった雷をまともに食らえば、ひとたまりもない。そのまま機影はレーダーから消えた。墜落したのは明らかだった。

翌朝から現場調査が行われた。墜落現場の特定に手こずり、予想以上に時間がかかってしまう。機体を発見したのは７月５日。しかも、墜落現場は２か所あった。ひとつはロズウェル郊外のフォスター牧場で、残骸が広範囲にわたって散乱していた。もうひとつは、そこから２０

⬆ロズウェル事件でサンアウグスティン平原に墜落した五角形のデルタUFO。

0キロほど離れたサンアウグスティン平原で、ここには雷の直撃を受けた機体が地上に激突していた。

しかし、ここでアメリカ軍はミスを犯す。当初、サンアウグスティン平原で機体が見つかったという情報を信じず、むしろ隠蔽工作の一環として使おうと考えたのだ。自信満々に記者会見を行い、アメリカ軍は空飛ぶ円盤を捕獲したと発表したのだが、これが完全に裏目に出てしまう。

偽情報どころか、サンアウグスティン平原にはUFOの機体がまるごと落ちていたのだ。あわてた当局は数時間後に先の発表を撤回。発見されたのは気象観測用の気球だったと強弁する羽目になった。1947年7月8日、地元新聞「ロズウェル・デイリーレコード」紙が一面トップで、アメリカ空軍が墜落UFOを回収したと報じたにもかかわらず、翌日、これを全面否定する記事を掲載した裏には、こうした事情があったのだ。まさに、これも闇の女霊媒師の呪いだったのか……。

ロズウェル事件に関しては、初動のミスが後々まで響くことになる。回収されたのは墜落UFOの破片ではなく、気象観測用の気球だと主張していた当局だが、後に、これを軍事用のモーガル気球であると修正し、搭乗していたエイリアンはデータを取るために作られた人形だと説明したが、すぐに矛盾が露呈し、混乱に拍車がかかる。もっとも、滑稽なやり取りが続くことで、だれも事件そのものを信用しなくなることを期待していたのかもしれないが……。

いずれにせよ、UFOが墜落したことでエイリアン側も目論見がはずれてしまったのも事実。ふたりの女霊媒師の捕獲はならず、逆に墜落したUFOの機体と中に乗っていたエイリアンもアメリカ軍の手に渡ってしまうことになる。見方を換えれば、アメリカ軍にとってはお宝を棚ボタで手に入れたことになるといえよう。黒魔術の結果かどうかはわからないが、これで女霊媒師が望む通りの事態になったことは間違いない。

墜落UFOのエイリアン

不幸にも闇の女霊媒師を捕獲しようとしたエイリアンたちは雷の直撃を受けて、乗っていたUFOが墜落してしまった。機体はサンアウグスティン平原に墜落していた。最初に発見したのは近くで調査を行っていた考古学者たちで、しばらくして地元の消防車が現場に駆けつけている。初動を誤ったせいで、民間人に目撃されてしまったため、今でも隠蔽工作が続いており、サンアウグスティン平原の墜落UFOについては混乱が続いている。

だが、真実はひとつ。飛鳥昭雄が手にする「国家安全保障局：NSA」の機密文書『マッキントッシュ・ファイル：Mファイル』には事件の詳細が記されている。

墜落していたUFOは全長26・3メートルで、幅が29・1メートル。形状はホームベース形の五角形をしていた。底部の中心には炉心のような光る構造物があり、それを囲んで小さなライトのような部位が存在する。ボディの表面はメタリックで、後部左右にひとつずつ弱いふくらみが認められる。

機体は前のめりに、ほぼ垂直に激突しており、雷の直撃でできたと思われる開口部が横にある。破壊された部分から内部に進入することができ、コックピットの座席には3人のエイリアンの死体があった。最初に入った兵士の印象が記録にある。見た瞬間、日本人だと思った。小柄なモンゴロイドの風貌から、とっさに原爆投下に対する報復として日本軍が送り込んだ秘密兵器ではないかと思ったらしい。戦後まだ2年しかたっていなかったからだ。

もちろん、エイリアンが日本人でないことはほどなくして判明する。回収されたエイリアンの死体はすぐさま解剖された。3人とも、身長は約150センチ。血液型はO型。当初は外見

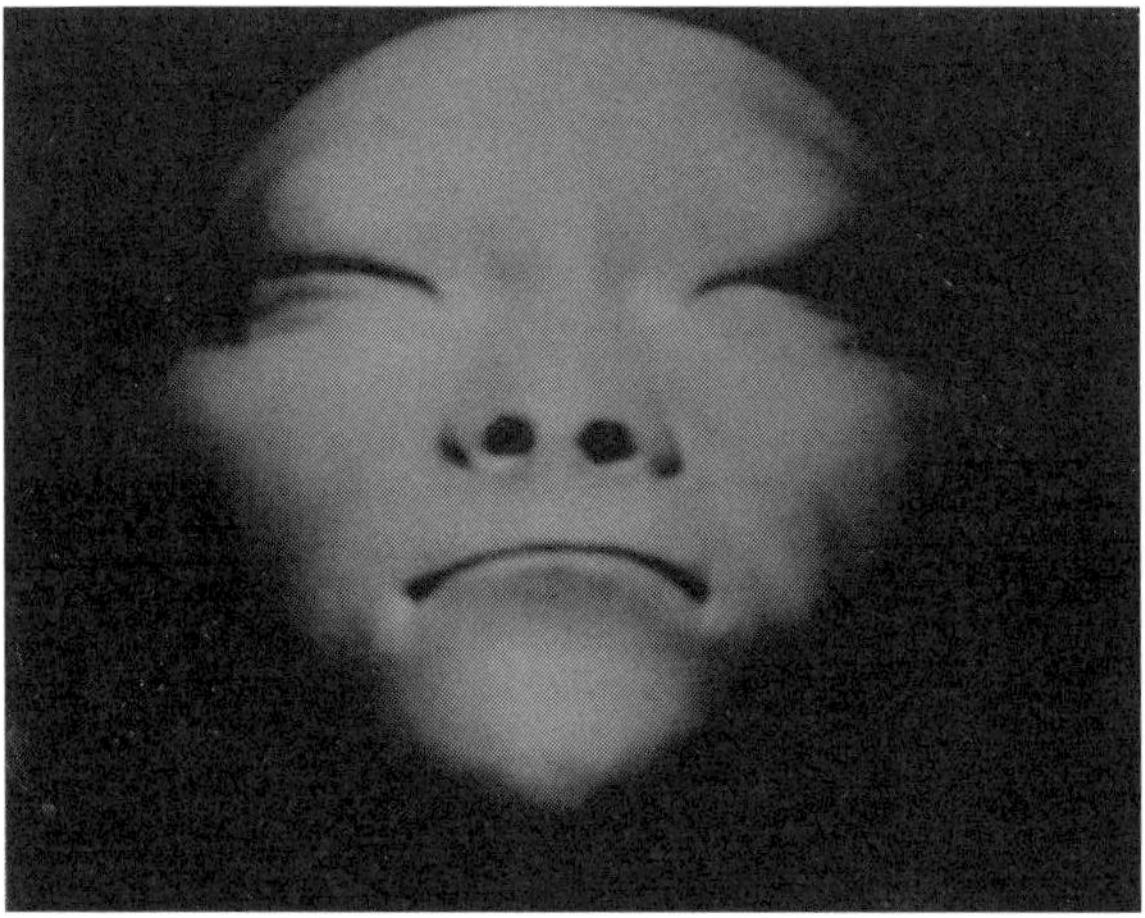

⬆墜落したUFOから回収されたエイリアン。遺伝子分析の結果、ユダヤ人や日本人と同じYAPをもっていた。

から30歳代と見られたが、骨の成長具合から少なくとも100歳を軽く超えていることがわかった。計算すると、寿命は1000歳にもなる。

医療技術が進むと、もちろん遺伝子も解析された。結果は、やはり地球人と同じ。アジアに分布するモンゴロイドと大きな差はない。が、ひとつだけ特筆するべき項目があった。YAPである。エイリアンはイスラエル人特有の遺伝子YAPをもっていたのである。つまり、彼らはユダヤ人や日本人と民族的に兄弟なのである。最初にエイリアンの死体を見た兵士たちは、とっさに日本人だと思った。原爆を落とされた日本人たちが秘密兵器で復讐にやってきたのではないかと考えたというのも、無理もない話である。事実、日本に原爆を落とした「B29」が所属する「第509爆撃大隊」はロズウェルからテニアン島に移動していた。

エイリアンは地底人であり、五色人でいえば黄人であった。サンポ峡谷の聖なる都にいた黄人は風貌がチベット人に似ていたというが、ダライ・ラマ14世の顔を見ると日本人に似ている。実際、チベット人からもYAPが発見されている。

だが、エイリアンが日本人やチベット人でないことはすぐにわかった。何より、彼らの素性を記した書物がUFO内部にあったからだ。外見は一般の本のようだが、素材が違う。紙ではなく、特殊な金属のような物質である。ジェシー・マーセル少佐が息子に見せた墜落UFOの破片に、アルミホイルのように薄いが、いくら手でくしゃくしゃにしてもすぐ元通りになってしまう物質があったとされるが、それに極めて似ている。

問題は文字である。いったい何が書かれていたのか。当初、解読は難航するかのように思われたが、いい意味で期待ははずれた。字体は異なってはいるが、ヘブライ語だった。エイリアンが持っていた書物とは『聖書』だったのである。前半は『旧約聖書』とほぼ同じ内容で、後半から異なる歴史が記されていた。エイリアンの歴史である。

解読の結果、やはり、エイリアンがイスラエル人であることがわかった。YAP遺伝子をもっていても不思議ではない。彼らは歴史上から消えたとされる失われたイスラエル10支族だったのだ。

しかも、彼らは本隊である。『旧約聖書』の預言によると、この世の終わりに失われたイスラエル10支族が約束の地へと帰ってくる。

では、いったい、どこから帰還するのか。預言には、ふたつある。ひとつは東で、もうひとつが北だ。パレスチナ地方から東とはアジアである。シルクロードを通って、失われたイスラエル10支族は拡散し、やがて日本列島へと集合した。一方の北とは、文字通り地球の北、すなわち北極である。

現在、北極を見渡しても、そこに広がるのは氷原である。陸地もない。が、見えない世界へ通じる「シャンバラ・ゲイト」が開いている。バード少将が進入した異世界、そう地底世界である。ここに失われたイスラエル10支族が住んでいる。膨大な数となり、高度な科学技術をもった偉大な王国を築いていたのである。

シークレットガバメント

UFOに乗ったエイリアンの正体がわかったことで、アメリカ軍は安堵した。正確にいえば、アメリカ政府を裏で操る秘密組織が喜んだ。彼らは裏の政府の人間である。表の政治家は選挙で選ばれるが、彼らは違う。軍産複合体をバックにもつ「陰の政府：シークレットガバメント」

である。絶対的な富と権力を手にした組織がアメリカ合衆国を動かしている。彼らにとって真の敵はソ連＝ロシアや中国、ましてやテロリストではない。エイリアンである。

弱肉強食を信条とするシークレットガバメントにとって、圧倒的な科学技術を誇るエイリアンは恐怖の対象でしかない。軍事力で勝るにもかかわらず、いっさい攻撃を仕掛けてこないということは、弱肉強食とは真逆で、崇高な思想をもち、人類史上なしえなかった理想社会を実現していることを意味する。

もしエイリアンと本格的に遭遇すれば、既存の社会システムは呑み込まれる。シークレットガバメントの人間たちの既得権益が侵され、支配者としての特権を失うことは火を見るよりも明らかだ。

自分たちの利益を守るためにできることは、ひとつ。戦争である。弱肉強食の思想しかもたない人間の発想は限られている。実際、人類の歴史は戦争の歴史である。弱い人間や組織、国は滅んできた。21世紀の現代の国際情勢は、数千年前の古代社会となにひとつ変わっていない。

だが、相手はエイリアンである。戦えば、必ず負ける。現時点で戦争を起こすことはできない。が、幸いなことに、エイリアンは戦争を仕掛けてこない。攻撃を仕掛けてくることはない。ならば、この間、科学技術を高めればいい。軍事力のレベルをエイリアン並みに引き上げればいい。

シークレットガバメントを勇気づけたのは、まさにロズウェル事件である。エイリアンは同じ人間だった。地底に住むとはいえ、生まれたときは何もできない赤ん坊で、間違いも犯す。神ではないのだ。いつかは同じ土俵に立てる。軍事力が追いつけば、戦争によって勝機を見出せる。エイリアンをシークレットガバメントの支配下に置くことも、けっして不可能ではない。そう考えたのだ。

しかも、幸いなことにエイリアンのもつハイテクノロジーの結晶であるＵＦＯが手に入った。これを徹底的に分析すれば、自分たちもＵＦＯを製造できる。リバースエンジニアリングである。科学技術はひとつのブレイクスルーで一気に発展する。エイリアンのＵＦＯという宝物を手にしたシークレットガバメントは、ただちに本格的な開発に乗り出すことになる。

アダムスキー型ＵＦＯ

アメリカに連行された女霊媒師たちをエドワーズ空軍基地で待っていたのはナチス・ドイツの元高官「ハンス・カムラー」だった。表向き、カムラーは自殺したことになっているが、死体は発見されていない。彼は自らの専用機でベルリンを抜け出し、密かにアメリカに亡命していたのだ。ペーパークリップ作戦は戦犯であるナチス・ドイツの幹部も極秘裏に対象とされていたのである。特にカムラーはナチスＵＦＯの開発を指揮していた。計画の全貌を知る立場にあったカムラーはアメリカにとって利用する価値が非常にあったのである。

当然のことながら、カムラーは地底人の存在を知っていた。ヴリル協会のハインリッヒ・ヒムラーがヴェヴェルスブルク城で秘密の儀式を行うため、女霊媒師たちをかこっていることを聞いていたからだ。ヒムラーの背後には、常に女霊媒師がいる。彼女たちの託宣のもと、ヒムラーが作戦を立てていたことも理解していた。

⬆ナチスUFOの開発を指揮していたハンス・カムラー。

だが、直接、女霊媒師と会ったのはこのときが初めてである。会った瞬間、戦慄が走った。光を避けて暗闇にたたずむ女霊媒師たちの表情は尋常ではなく、邪悪なオーラを放っていた。実際に淡い光に包まれていた。おぞましい妖気に押され、死神とも呼ばれたカムラーでさえ、吐き気をもよおしたという。

もっとも、カムラーが出迎えたのには理由がある。ナチスUFOである。アメリカに亡命した後も、カムラーはUFO

開発に従事していた。あらためて計画を続行するにあたって地底人たちにお目通りをはかり、貴重な助言をいただこうと思っていたのだ。期待通り、女霊媒師たちはカムラーにベル形UFOの製造にあたって、霊感で的確なアドバイスを行ったという。

ナチスUFOの多くは試作機で、最終的に実戦配備には至らなかったが、ディグロッケに関しては飛行実験にまでこぎつけていた。カムラーは闇地底人の女霊媒師の助言のもと、新天地であるアメリカにおいてベル形UFOの開発を継続する。アメリカにおける偽名は「ロバート・スミス」といった。

アメリカにおけるディグロッケの開発は順調に進み、野外での実験飛行が何度か行われたが、事故も起こった。基地から離れた市街地で墜落したのだ。1965年12月、ペンシルベニア州ケクスバーグで起こったUFO墜落事件である。ドングリ形で機体に不思議な文字が描かれていたUFOはディグロッケだった。文字はナチス・ドイツが使用していたルーン文字である。

ベル形UFOだけではない。スミスこと、カムラーが力を入れていたのがハウニヴーである。特に量産にこぎつけていたハウニヴーⅡドウ・ストラは改良し、1950年代初頭には実戦での投入段階に入っていた。アメリカのみならず、同盟国であるイギリスでもハウニヴーⅡの飛行が行われていた。

当然ながら、基地以外で飛行すれば、民間人も機体を目にする。空飛ぶ円盤のステレオタイ

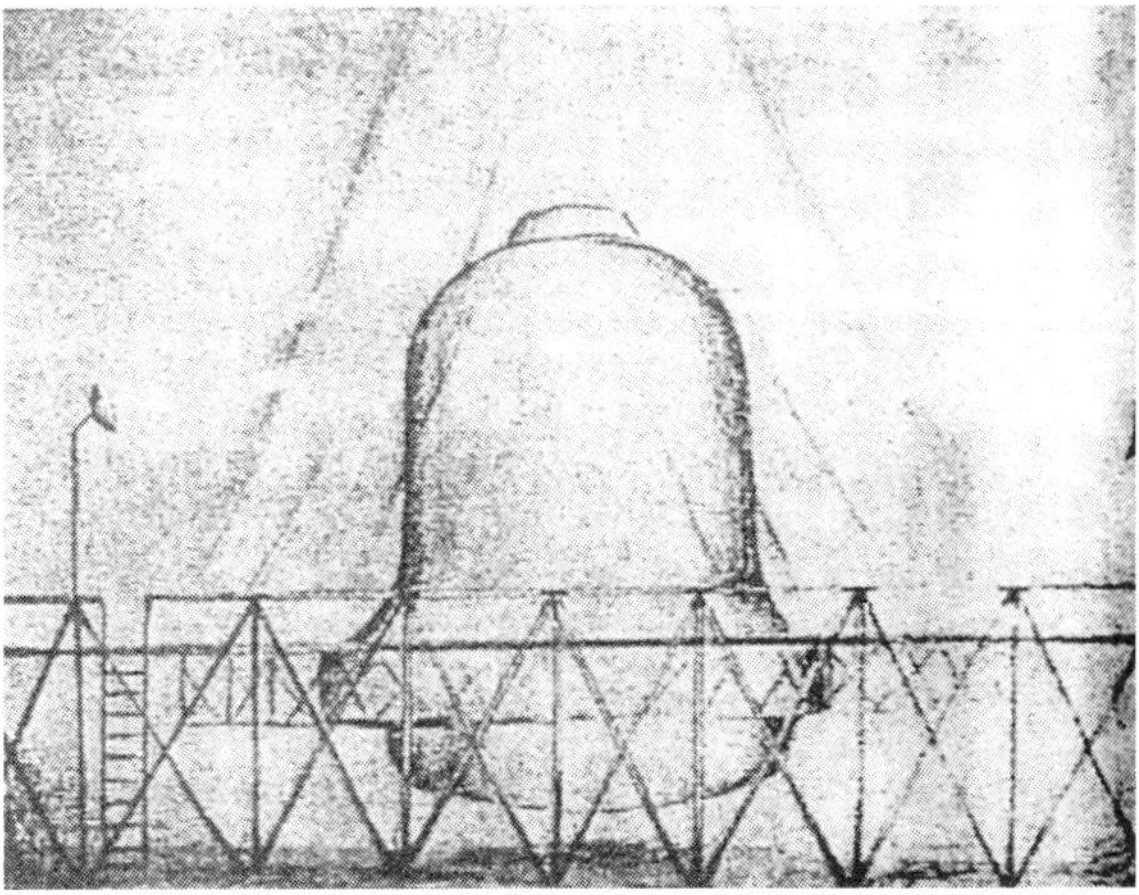

⬆ナチスが開発していたディグロッケ（上）と飛行実験でケクスバーグに墜落したディグロッケの再現映像（下）。

⬆アダムスキー型UFOと呼ばれたハウニヴーⅡの前での記念写真。

プともいうべきＵＦＯが目撃されるようになるのは、まさにこのころからだ。研究家の間ではハウニヴーⅡは「アダムスキー型ＵＦＯ」と呼ばれる。

　名前のもとになったコンタクティ、ジョージ・アダムスキーが目撃したＵＦＯは、何を隠そう、ハウニヴーⅡそのものだった。彼がハウニヴーⅡを目にしたのは偶然ではない。初めから仕組まれていた。カムラーである。カムラーはポーランド出身だった。同じくポーランドからの移民であったアダムスキーと「ポーランドの家」というコミュニティで知り合った。

　アダムスキーが異星人の小説を書いていたことを知ったカムラーはハウニヴーⅡの写真を見せ、言葉巧みにＵＦＯが実在することを説いた。俄然、興味をもったところで、ひと芝居を打つ。１９５２年11月20日、モハーベ砂漠でアダムスキーの目の前にハウニヴーⅡを着陸させ、中から出てきた男と遭遇させたのだ。男は金髪碧眼で、典型的なゲルマン人だった。身振り手振りで、自らが金星から来た異星人であることをアピールし、これをアダムスキーは信じた。

もっとも、本人も、これが演出であることはうすうす勘づいていた可能性もある。なぜなら、以後、アダムスキーはカムラーの指示通りに動くからだ。金星人のみならず土星人ともコンタクトし、ジェスチャーではなくテレパシーや普通に英語で会話するようになり、体験談は派手になる。数多くの写真が掲載された著書『空飛ぶ円盤実見記』と『空飛ぶ円盤同乗記』は、全米で話題となり、彼は注目の的になった。

今日、アダムスキーが撮影したＵＦＯ写真の多くは模型を使ったトリックであることが判明している。体験談にも矛盾があり、ＵＦＯ研究家のなかでも否定的な見方をする人も多い。が、その一方で、全世界でアダムスキー型ＵＦＯが目撃されているのも事実。なぜなら、正体はハウニヴーⅡだからだ。

カムラーの狙いは、ここにある。アダムスキー型ＵＦＯとして認知されたハウニヴーⅡは、まさに異星人の乗り物だというイメージが定着した。だれもアメリカが極秘に開発する円盤型飛翔体だとは思わなくなる。そこへアダムスキーの撮影した写真や体験談が虚構だと知らされれば、ＵＦＯそのものを信じなくなる。かくして、世間一般の人々の頭からハウニヴーⅡの存在がかき消されてしまうという作戦だ。

レッドライト・プロジェクトとプラズナー

ディグロッケおよびハウニヴーⅡは、いずれもコアンダ効果を利用した飛翔体であり、反重力推進で動いているわけではない。エイリアンUFOのように、急加速でも慣性系を保てるわけではない。文字通り次元が違う。

地底人たちの託宣による助言があっても、反重力装置を作るには、あまりにもハードルが高すぎた。が、そこへ運よく、エイリアンUFOが墜落。女霊媒師の引き寄せ魔術か、エイリアンテクノロジーの塊であるUFOの現物が手に入った。技術者が行うことは、ひとつ。分解である。細部まで徹底的に分解して仕組みを解き明かす。部品をひとつひとつ再現して、最終的にコピーを作るのだ。リバースエンジニアリングである。

アメリカ軍が誇る兵器開発のエキスパートらが集められ、エイリアンUFOの分析が行われた。最優先課題は飛行原理の特定だ。慣性系を保ちながら、加速度飛行を可能にする物理法則を探り、それを再現する。

小説『来るべき種族』では、未知のエネルギーを「ヴリル」と呼んだ。ヴリル・パワーが何かを特定できれば、UFOを作ることができる。アメリカ軍最高の頭脳がはじき出した答えは「プラズマ」だった。

プラズマとは物質第4の状態と呼ばれ、原子核と電子がバラバラになった高エネルギー状態を指す。プラズマに関しては、まだまだ未解明な部分も多く、条件次第で想像だにしない現象を引き起こすこともある。つまり、エイリアンUFOは未知なるプラズマ特性を利用していることが判明したのだ。

1940年代、プラズマの研究はさほど進んでいない。兵器開発におけるプラズマ研究は、主に核兵器だった。原子爆弾の炎はプラズマである。原爆の威力を制御するにあたって、プラズマの研究は不可欠だったのだ。

第2次世界大戦中、アメリカが進める原爆開発は極秘とされた。コードネームは「マンハッタン・プロジェクト」といい、機密が解除された後は、より威力の大きい水素爆弾や中性子爆弾の開発が行われた。当初、総責任者だったロバート・オッペンハイマーにスパイ容疑がかけられると、代わってエドワード・テラーが核兵器開発を推し進める。奇しくも、彼らはアルベルト・アインシュタインやレオ・シラード、ジョン・フォン・ノイマンらと同じユダヤ人だった。

原爆の存在が公になった段階でマンハッタン・プロジェクトは極秘ではなくなったが、この裏でもうひとつ別の計画が進められていた。「プラズマ兵器開発計画：レッドライト・プロジェクト」である。

レッドライト・プロジェクトで開発されたプラズマ兵器体系のコードネームは「プラズナー」といい、レベルによって大きく3つの段階に分けられる。プラズナーⅠはマイクロウェーブを交差させて火の玉を作る。ランチャータイプのほか、軍事衛星と連動したスーパープラズナーや瞬間的に火の玉を発生させるパルスアタック・システムがある。

プラズナーⅡは物体移動である。プラズマで包んだ物体を動かし、これを高速で対象にぶつけて破壊する。概念としてはレールガンに近い。これも軍事衛星と連動させれば、地球上のあらゆる場所を攻撃できる。実験ではチタンボールが使われ、ときどき民間人に目撃され、銀玉UFOとして報告されている。

そして、プラズナーⅢは地球製UFOの開発である。プラズマ発生装置本体を搭載し、機体をプラズマで包めば自在に飛行が可能となる。理屈は簡単だが、現実は困難を極めた。問題は温度である。耐熱性のチタンならいいが、電子機器はもちろん、生身の人間は無理だ。セ氏数千度から数万度になるプラズマに包まれた時点で焼失というより、蒸発してしまう。完全に壁に突き当たったかに見えたが、天の配剤か、アメリカ軍は見事にブレイクスルーを果たす。

地球製UFO「TR3B」

プラズマは単に原子核と電子がバラバラになった状態だが、その特性となると非常に複雑で、実にさまざまな現象を引き起こす。電磁波の周波数によって、人間が想像だにしない振る舞いをし、文字通り超常現象に見えることもある。奇怪なプラズマ超常現象を偶然に発見したのが、カナダのアマチュア物理学者ジョン・ハチソンである。

彼は高電圧・高周波発生装置であるテスラコイルを複数組み合わせ、独自の実験を行ってきた。あるとき、装置のスイッチを入れた途端、机にあった紙がひとりでに飛んできた。不思議に思ったハチソンがもう一度試すと、再び怪奇現象は起こった。これは未知の物理現象だと直感した彼は装置を改良し、さまざまな実験を行った。

結果は驚くべきものだった。物体がひとりでに浮遊し、瞬間移動する。金属がちぎれ、比重の違う物質が融合した。まさに超常現象であり、超能力現象を再現することができたのである。

ハチソンは研究をまとめて、未知の現象をシンポジウムで発表した。会場で映し出された映像に、居合わせた科学者たちは度肝を抜かれた。彼が発見した現象は「ハチソン効果」と呼ばれるようになり、これがアメリカ軍の目にとまる。連中はハチソン効果の正体がプラズマ現象であることを見抜いた。謀略を練り、ハチソンに接近して研究データを入手すると、実験装置を粉々に破壊し、2度と再現できないようにした。

ハチソン効果の基本はプラズマによる物体移動である。ただし、ここが重要だ。プラズマが発生しているにもかかわらず、高温になっていない。灼熱の火の玉が発生しないまま、物体移

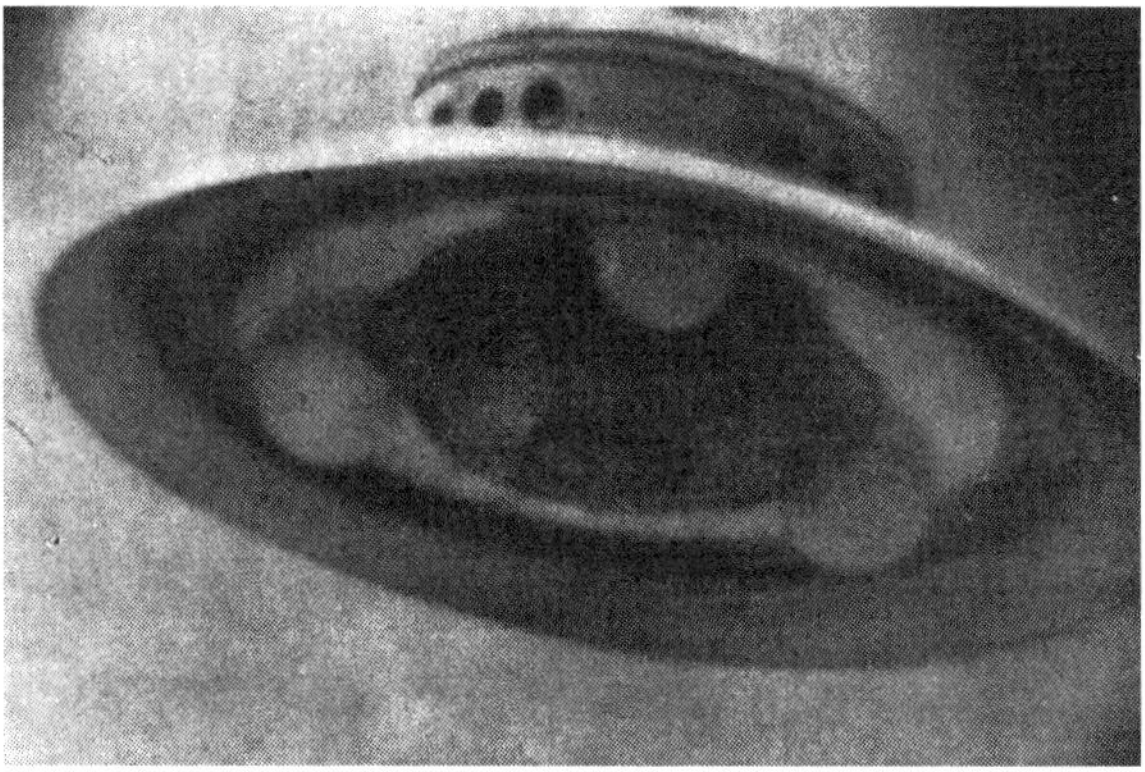

⬆チベット人がシャンバラのしるしと表現したアダムスキー型UFOの3つのギア。

動が起きている。分析の結果、周波数が鍵となっていることがわかった。灼熱地獄にならない「黄金律：φ」の周波数が存在したのだ。

黄金律の発見により、ついに地球製UFOの開発に道が開けた。黄金律のプラズマ発生装置が完成したことで、一気にプラズナーⅢの計画は進んだ。使用したのは磁力放射線で、これで機体を包む。プラズマを発生させるのは底部にある3つの部位である。ちょうど正三角形の配置になっており、中央部に炉心が存在する。炉心の中心点に磁力放射線を3方向から交差させて黄金律のプラズマを発生させるという仕組みだ。

見た目はアダムスキー型UFOの底部とそっくりである。もちろん、これは偶然ではない。アダムスキー型UFOはハウニヴーⅡである。ハウニヴーのモデルは、そもそもシャンバラUFOにある。ヒマ

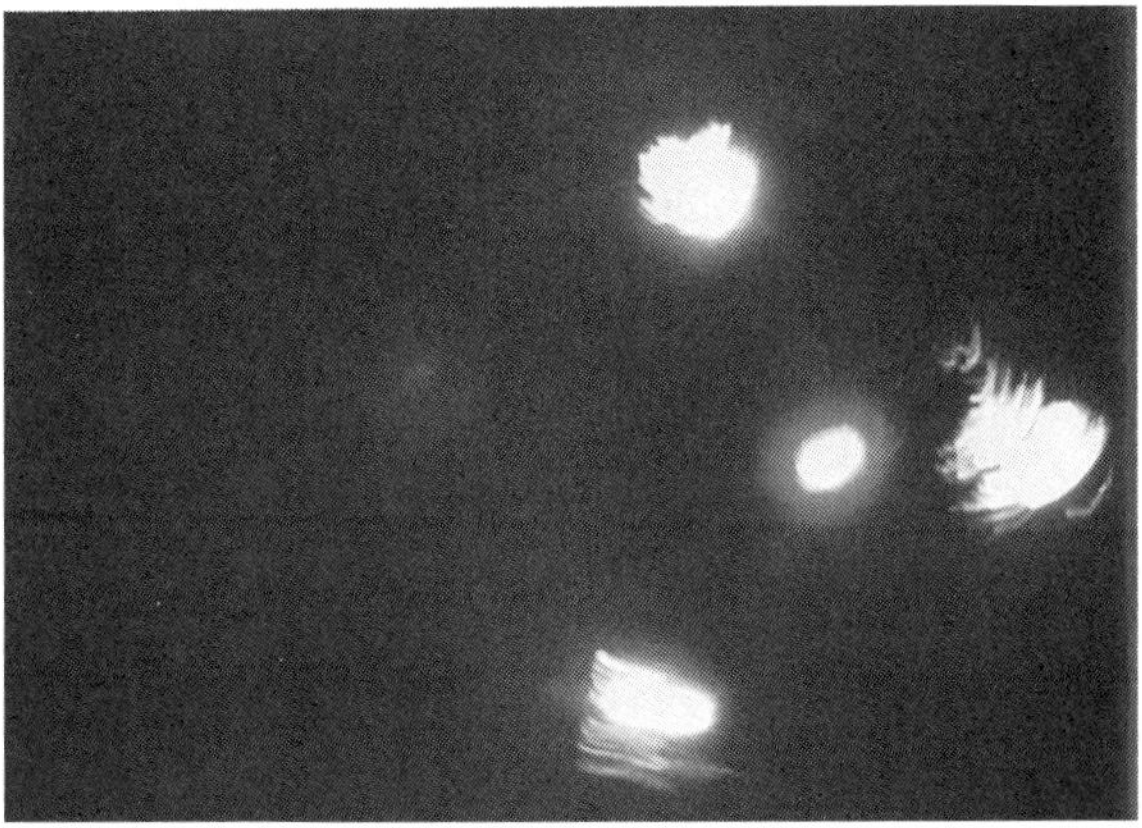
⬆1989年から1990年にかけてベルギーで目撃されたデルタUFO。

ラヤの奥地でレーリッッヒが目撃した金属光沢のUFOを、現地のチベット人は「シャンバラのしるしだ」と口にした。

　シャンバラのしるしとは、正三角形状に配置した3つの円をひとつの輪で囲んだ図柄のことで、しばしば画家のレーリッッヒは絵の中に描いている。なぜチベット人がUFOを見て、シャンバラのしるしだと口にしたのかといえば、底部の形がそうなっていたからなのだ。アダムスキー型UFOでいう3つのギアと、それを囲む円形のスカート部分がシャンバラのしるしと同じ構造になっていたのだ。

　同様の構造はロズウェル事件で墜落したデルタUFOにもある。もっとも、アメリカ軍はデルタUFOをもとに地球製UFOを開発したのだが。ロズウェル事件やベルギー事件のデルタUFOは五角形のホームベース状をしているが、地球製UFOは三角

⬆沖縄に密かに実戦配備されているTR3Bアストラ。

形をしている。1998年には試作機が完成しており、コードネームは「オーロラ」。後に改良されて「アストラ」と呼ばれるようになる。

地球製UFOオーロラは世界各地で目撃されるようになり、最近では「TR3B」という名で知られている。オーロラは二等辺三角形をしていたが、おもしろいことに改良を重ねるうち、次第に機体がエイリアンUFOのように五角形に近くなる。従来の戦闘機の機能を重視するためか、21世紀のTR3Bの最新モデルは少し先祖返りをしている印象も受ける。すでに日本の沖縄を含めて米軍基地には密かに実戦配備されている。

地球内天体アルザル

ハチソン効果のひとつに物質の融合現象がある。原則として比重が異なる金属が溶接されることは、まずない。無重力状態を作り出すとか、さまざまな条件が必要となる。金属同士ならまだしも、ガラスや樹脂など、化学的性質がまったく異なる物質を原子レベルで融合させることは、まず無理だ。

しかし、プラズマを使えば可能だ。1943年、戦艦の消磁実験が行われた。世にいう「フィラデルフィア実験」である。戦艦エルドリッジに高電圧高周波のテスラコイルが設置され、実際に稼働したところ、恐るべき事態となった。戦艦のテレポートという前代未聞の超常現象が起こったのだが、関係者を戦慄させたのは融合である。乗組員の体が戦艦と一体化していた。船体の壁や床に人間の体がめり込んでいたのである。

フィラデルフィア実験における物体融合現象のメカニズムが解明されるのは、それから約半世紀を要した。プラズマの特性のひとつに障害物の透過現象がある。プラズマの発生ポイントを障害物の手前から向こうへと変えると、それにともなって火の玉も移動する。障害物を透過するのだ。

プラズナーⅡの段階で同様の実験を行うと、当然ながら火の玉は透過するが、包んでいた物体は障害物に激突して落下する。ここで透過する場所にあらかじめプラズマを発生させておくと、なんと不思議なことに物体は障害物を透過するのである。そこで、半分だけ障害物を透過した状態で火の玉を消すと、すさまじい轟音とともに障害物と物体が原子レベルで融合する。

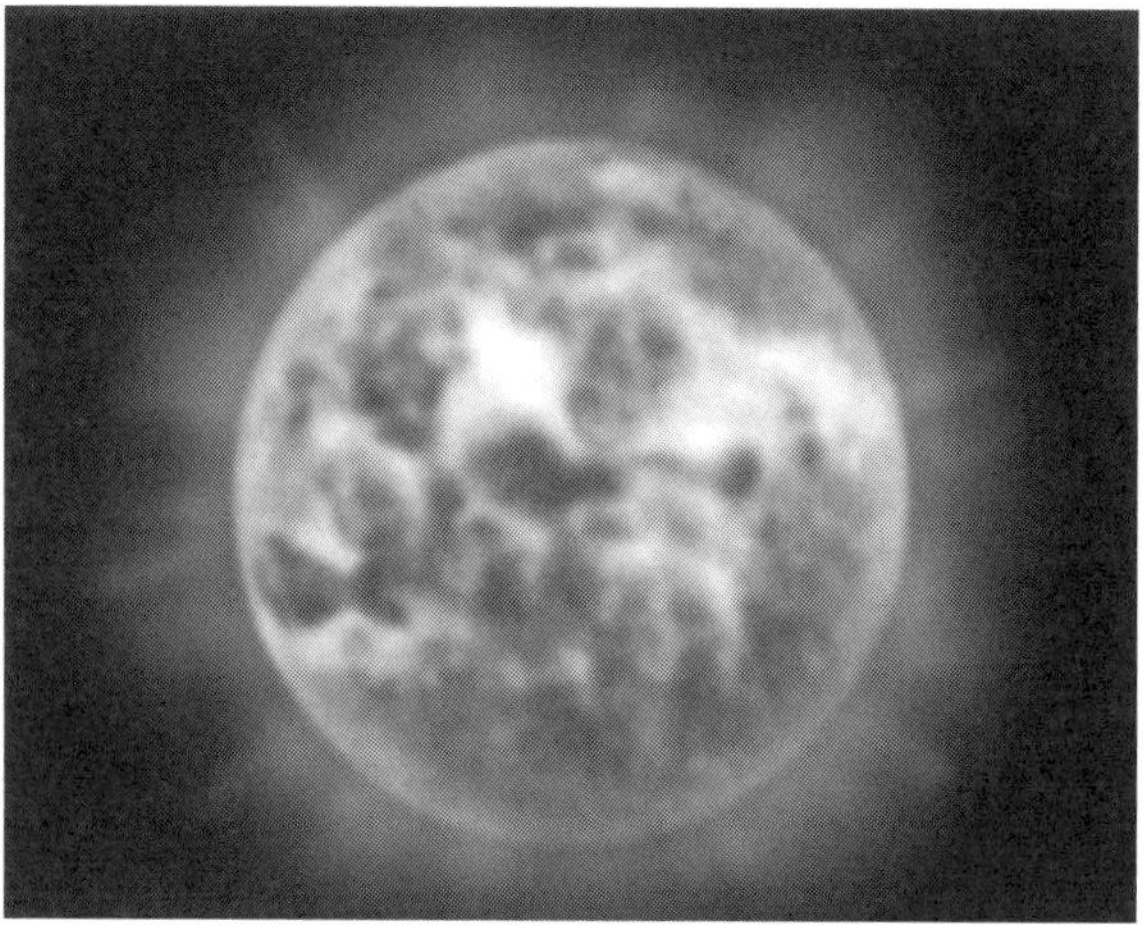
↑大気がプラズマ発光している地球内天体アルザル。

ハチソン効果やフィラデルフィア実験とまったく同じ現象を再現することができる。

つまり、だ。融合する前の状態は、そこに物理的に亜空間が生じているのである。プラズマが発生している限り、亜空間は存在しつづける。実は、これが地球規模で起こっている。地球には地磁気がある。地磁気の磁力線の密度が最も高くなる地球内部には巨大なプラズマが発生し、そこに亜空間が生まれているのである。しかも驚くべきことに、そのプラズマは黄金律の周波数で形成されている。

バード少将が迷い込んだ異世界の正体が、これだ。地球内部には亜空間があり、そこに地球よりひとまわり小さな天体が浮かんでいるのである。アメリカ軍は地球内天体のことを「アルザル」と呼んでいる。地球内天体アルザルでは大気がプラズマ発光しており、地上は夕焼けのような明るさとなっている。

黄金律のプラズマに照らされると、生物の細胞が変化して寿命が延びる。ロズウェル事件の墜落UFOに乗っていたエイリアンが、見た目は30歳だが実年齢が1000歳近いのはこのためだ。地底世界から追放された女霊媒師たちが極端に太陽光を嫌うのは、寿命が縮まり、急速に老化していたからなのだ。女霊媒師たちの実年齢は約500歳であることがわかっている。

ふたつのアルザリアン

地球内天体アルザルに住む人間「アルザリアン」には、ルーツが異なる大きくふたつのグループがある。ひとつは今から約4500年前に起こった天変地異ノアの大洪水の際、地上から逃れてきた人々である。

当時、地球上には大陸がひとつしかなかった。「超大陸：パンゲア」である。しかも、地球全体が今よりも小さく、ほとんど起伏がない超大陸パンゲアは丸い形をしていた。漢波羅秘密組織八咫烏は超大陸パンゲアをモデルに、ムー大陸伝説を仕掛けた。本当のムー大陸、すなわち超大陸パンゲアの名前は「アスカ」である。

超古代大陸アスカに住んでいた人々「アスカリアン」が五色人である。五色人のうち、黄人と青人と赤人の一部がノアの大洪水の際、地磁気異常によって生じた「プラズマ・トンネル」

を通って、地球内天体アルザルへと移動する。彼らは、いわば「アスカ系アルザリアン」なのである。

アスカ系アルザリアンにはYAP遺伝子はない。ノアの大洪水以前の人々で、もともと長寿であった。今よりも小さかった原始地球の大気も、地球内天体アルザルと同じようにプラズマ発光しており、動物はもちろん、人間も長寿だった。しかも、重力も小さかったので恐竜のように巨大生物も生存できた。

地上では失われてしまった楽園が地球内天体では保たれている。マンモスやサーベルタイガーなど、絶滅動物も存在する。意外なところでは巨人がいる。ノアの大洪水以前、地上には「巨人族：ネフィリム」がいた。身長が10メートル以上にもなるネフィリムが今も地球内天体アルザルには生息している。

もうひとつのグループは失われたイスラエル10支族である。アッシリア帝国によって北朝イスラエル王国の人々はメソポタミア地方に捕囚されるのだが、かなり早い段階で北方に移動した集団があった。現在のシベリア地方である。当時のシベリアは、今よりもずっと気候は温暖だった。

ところが、紀元前701年、地球の地軸に異常が発生。約10度ほど「極移動：ポールシフト」が起こったのである。シベリアにいた失われたイスラエル10支族たちは一気に北極圏に地面ごと運ばれ、激変で生じたプラズマ・トンネルを通り、地球内天体アルザルへと移動していったのである。これが「イスラエル系アルザリアン」である。

彼らにはYAP遺伝子がある。風貌はモンゴロイドで、五色人でいえば黄人である。UFOを操縦するのはレビ族である。彼らにとってUFOとは神聖な船、ノアの箱舟のようなもの。ラテン語で箱舟のことを「アーク」と呼ぶが、契約の聖櫃《せいひつ》も同じ名だ。日本でいえば神輿《みこし》である。あえていうならば、UFOとは「空飛ぶ神輿」なのである。

アルザル内天体ダイモーン

地球内天体の存在は『聖書』にも記されている。「ヨハネの黙示録」には、この世の終末、底なしの淵から暗黒の煙とともにイナゴが現れ、地上にいる堕落した人々を殺戮していくと預言されている。イナゴの姿が異様で、顔は人間のようだが、金の冠をかぶった馬のようで、髪は長く、歯がライオンのように鋭い。体には鉄の胸当て、尾にはサソリのような針があり、羽音は戦車のような轟音であるという。

おどろおどろしい描写だが、要は軍事兵器のことである。UFOはもちろん、地上を破壊するための超兵器を携えて、失われたイスラエル10支族が出現するのだ。彼らは絶対神ヤハウェの命令のもと、殺戮の天使として堕落した人々を苦しめる。

彼らは底なしの淵の使いを王としていただいている。ヘブライ語で「アバドン」、ギリシア語で「アポリオン」とある。裁きを受ける地上の人間にとってみれば、失われたイスラエル10支族は悪魔のような存在で、その王は魔王サタンに思えるだろう。

しかし、注意しなくてはならないのは、これが両義預言になっている点である。失われたイスラエル10支族は、あくまでも絶対神ヤハウェに忠実である。絶対三神を崇拝し、崇高な理想社会を実現している。彼らが戴く大王は「シャンバラ王：ルドラ・チャクリン」である。ルドラ・チャクリンは世の終わり、人類最終戦争のために地底から姿を現し、悪の軍勢を滅ぼすとされる。

ルドラ・チャクリンの正体は「使徒ヨハネ」である。ヨハネはイエス・キリストによって死なない体を与えられた。パトモス島で幽閉されたとき、地上から姿を消した。12使徒たちはイエスから失われたイスラエル人のところへ行って福音を述べ伝えよと命じられていた。ヨハネは地球内天体アルザルにいる失われたイスラエル10支族のもとへと遣わされたのである。

底なしの淵に関しては、もうひとつ。死者の世界である「黄泉《よみ》」という言葉がある。人間は死ぬと不死不滅の復活体となるまで黄泉にいる。死んだ人間の魂と霊体は地磁気に沿って北極へと至り、そこから地球内部へと送られる。臨死体験で語られるトンネル体験とはプラズマ・トンネルを通過する光景を象徴的に語ったものである。魂と異なり、霊体には形がある。形があるということは物質なのだ。きわめて精妙な物質、いわばプラズマなのである。

死者の霊体は地球内天体アルザルを通過し、さらに内部へと至る。地球内天体アルザルの大気が発光しているのは、地磁気があるからだ。地磁気があるということは、その内部に亜空間が広がっており、そこに天体が浮かんでいる。「アルザル内天体：ダイモーン」である。

ここは地球内天体アルザルよりも、やや暗い。薄暗い世界で、死者たちはまどろみのなか生きている。裁きの時が来るまで、人々は安らかに眠っているのである。もっとも、地上における役割が生じた場合には、ここからプラズマ・トンネルを通り、地球上に姿を現すこともある。

ダイモーン内天体レメゲトン

科学者エドモンド・ハレー以来、地球空洞論にはいくつかのバージョンがあった。両極に開いた大穴や中心に浮かぶ小太陽の存在のほか、重層的になっているという説もある。とりわけ三重構造のモデルは、ある意味、地球内天体のオマージュたりえる。アルザル内天体ダイモーンも、薄暗いとはいえ、大気が光っている。地磁気があるのだ。よって内部に亜空間が存在する。

地球の最深部にいる「ダイモーン内天体：レメゲトン」である。ダイモーン内天体レメゲトンは闇である。地上は漆黒の闇に包まれている。ここにいるのは悪魔である。かつては天界にいたが、至高の絶対神エル・エルヨーンに反逆し、地上へと落とされた堕天使たちである。地上とは宇宙における天体のことである。地球に限らず、すべての天体の地表に堕天使は落とされた。

地上に落とされた堕天使たちはそこから地磁気にからめとられ、最終的に天体の最深部に縛られる。地球でいえば、これがダイモーン内天体レメゲトンなのだ。暗黒プラズマに覆われた地上を堕天使たちは徘徊しているのである。

彼ら悪魔を支配するのが「堕天使《だてんし》：ルシファー」である。ルシファーは、かつて最も至高の神エル・エルヨーンに近い「熾天使《してんし》：ルシフェル」だった。光の天使だったルシフェルは傲慢となり、天使の3分の1を味方につけて天界の大戦争を引き起こしたのだ。勝負は火を見るよりも明らか。絶対神に勝てるわけがない。地獄へと落とされた堕天使ルシファーは悪魔の長「大魔王：サタン」と呼ばれるようになった。ちなみに本書では熾天使だったサタンをルシフェル、堕落したサタンをルシファーと表記している。

ダイモーン内天体レメゲトンに君臨している大魔王サタンこそ、「ヨハネの黙示録」に預言されているアバドンであり、アポリオンである。かつては天使であったがゆえ、底なしの「使い」と表現されている。

堕天使たちはダイモーン内天体レメゲトンに縛られてはいるが、この世の人間に影響力をもっている。宇宙の天体は、すべてプラズマによって結びついている。これを「ビルケランド電流」と呼ぶ。ビルケランド電流は磁場を生み、これが「プラズマ・フィラメント」を形成する。密度の差はあるが、太陽の表面も地球内部も、みなプラズマ・フィラメントでつながっており、これが太陽系全体から銀河系、銀河団、さらには大規模宇宙構造に至るまで、すべて網羅しているのである。

だが、光があれば闇がある。陰陽道の真理通り、闇のプラズマ・フィラメントもある。「ヨハネの黙示録」には底なしの淵から煙が出てきて、太陽を覆い隠すという預言がある。この黒い煙こそ、光を吸収する「ブラックプラズマ」である。いわば「ブラックプラズマ・フィラメント」もまた、この全宇宙に広がっている。

堕天使ルシファーが手がけるのが、まさにブラックプラズマ・フィラメントなのだ。これを通じて地上に姿を現し、さまざまな超常現象を引き起こす。人々を惑わし、自分たちと同様に堕落させるため、あらゆる怪奇現象を起こしてみせるのだ。

物理現象をともなう心霊現象やポルターガイスト、呪いの人形など、黒魔術に関わるオカルトには、みな悪霊が背後にいる。堕落した闇烏や闇の女霊媒師も、しかり。彼らや彼女たちはダイモーン内天体レメゲトンにいる堕天使ルシファーからのブラックエネルギーを受けて超常的な力を手にしていたのである。

闇の魔法陣ペンタゴン

悪魔は地上から湧いてくる。ダイモーン内天体レメゲトンからブラックプラズマ・フィラメントを通じ、地球上のあらゆる場所に姿を現す。黒魔術では、悪魔を呼び出すために「魔法陣：魔法円」を地面に描く。魔法陣は魔術師が身を護るために描く場合が多い。そこにいれば悪魔は手出しできないという設定だ。

しかし、本来の魔法陣は異世界との境界であり、出入り口なのだ。陰陽道でも儀式を行うにあたって、地面に呪符を描いたり、結界を張ったりする。西洋魔術では円の中に「五芒星：ペンタグラム」、もしくは「六芒星：ヘキサグラム」を描く。これらはカッバーラにおける「ソロモンの星」と「ダビデの星」で、陰陽道でいう「セーマン」と「裏セーマン」に当たる。両者は表裏一体で、まさに出入り口である。表がペンタグラムで、裏がヘキサグラムである。したがって、魔法陣を地面に描く場合には、ペンタグラムを使う。ペンタグラムの中から悪魔が現れる。

地底世界と地上世界をつなぐ「シャンバラ・ゲイト」も、まさにペンタグラムである。サンポ峡谷にはシャンバラから追放された闇の地底人が住んでいた聖なる都があった。その近くにある湖に浮かぶ島に正五角形の白い建物がある。一辺が280メートルで、上部が五角錐にな

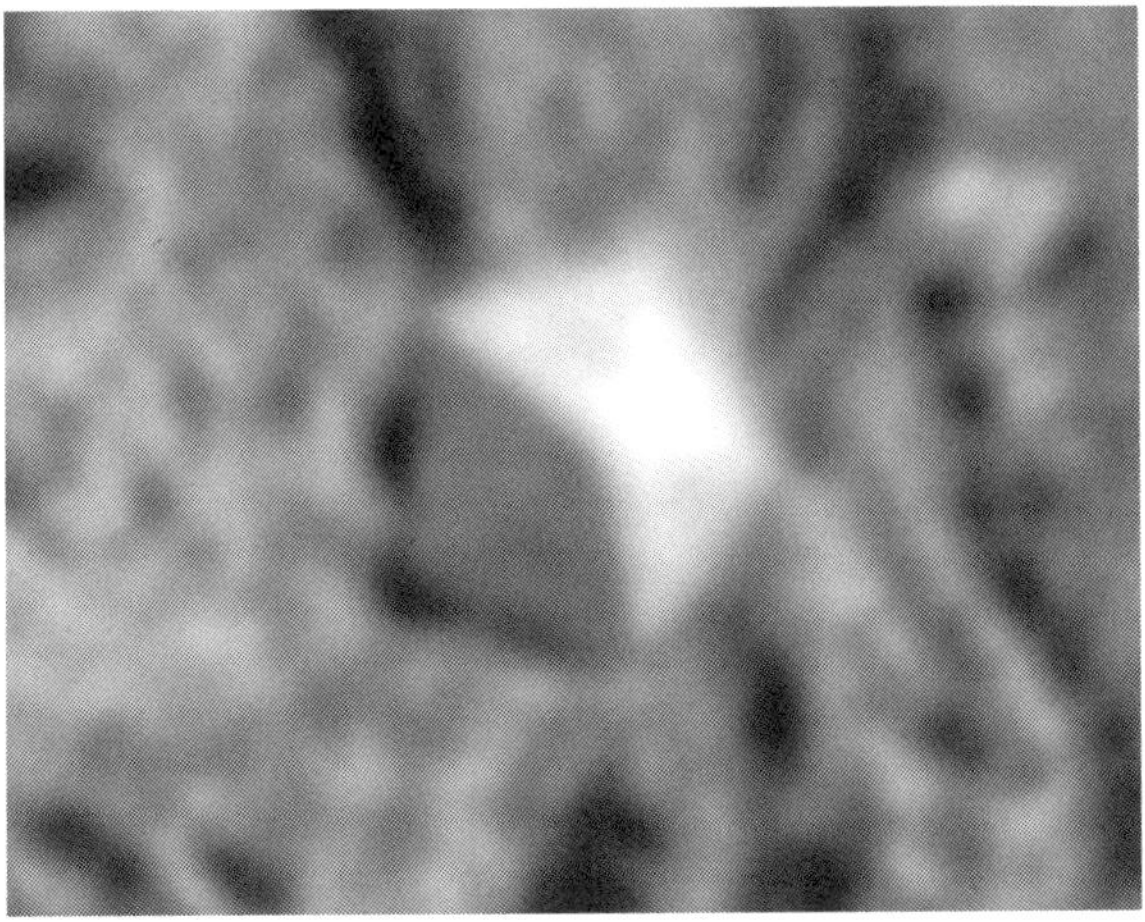

⬆サンポ峡谷にあるペンタゴン・ピラミッド。ニコライ・レーリッヒはここからシャンバラに進入した。

っている「ペンタゴン・ピラミッド」だ。

ニコライ・レーリッヒはペンタゴン・ピラミッドの内部に入り、そこからシャンバラへと進入した。対するシャンバラ、すなわち地球内天体アルザルの地上には六角錐をした「ヘキサゴン・ピラミッド」がある。闇の女霊媒師たちは、ここから地上世界へと追放されたというわけだ。

超常的な霊能力をもった闇の女霊媒師を手に入れたシークレットガバメントは、彼女たちのためにシャンバラ・ゲイトを再現した。「アメリカ国防総省：ペンタゴン」である。建物が正五角形をしているのは、どこにでも10分以内で行けるためだとか、もともとの地形がたまたま五角形をしていたからだともいわれるが、真相は違う。ペンタゴンは魔法陣

⬆ペンタゴン・ピラミッドをモデルにした五角形のアメリカ国防総省ペンタゴン。

なのだ。チベットにあるペンタゴン・ピラミッドをモデルにした巨大なペンタグラム魔法陣なのである。

ただし、ペンタゴン・ピラミッドと違う点がひとつある。アメリカ国防総省ペンタゴンはシャンバラ・ゲイトではない。正確には「レメゲトン・ゲイト」なのだ!!

ペンタゴンの建物は地上5階で、地下は2階とされる。が、実際は続きがある。地下13階まで極秘の施設が続いており、さらに、そこから下にはヘキサゴンが隠されている。地下の最深部には闇に包まれた儀式を行う部屋があり、そこに闇の女霊媒師フォチュノとビョギュパが住んでいる。

彼女たちは漆黒の闇の中で人肉を食らいながら生きている。彼女たちのために、シークレットガバメントは非合法ルートで入手した生の人肉を用意している。地下施設には人肉を加工する工場もあるというから、恐ろしい。最近では、特殊に加工した動物の肉を口にするようになったとはいえ、生きたまま人間を食らいつづけている。

カニバリズムを続けるほど、彼女たちの霊能力は高まる。ブラックプラズマ・フィラメントを通じて、堕天使ルシファーの力を宿すのだ。超常現象を引き起こし、未来を正確に予言し、シークレットガバメントに託宣を下す。シークレットガバメントのなかでも特別に選ばれた12人が、ペンタゴンの最深部へと足を踏み入れることが許されている。そこには国際的大富豪で莫大な権力を握るロックフェラーやロスチャイルドの顔もある。

12人という人数は、もちろんイエスの12使徒を意識している。漢波羅秘密組織八咫烏でいえば十二烏。聖杯伝説におけるアーサー王の円卓の騎士である。UFO問題でいえば「マジェスティック12：MJ12」である。MJ12に関しては機密文書とされた『MJ12文書』が偽造であることが判明し、その存在が否定されたかのように思われているが、モデルはシークレットガバメントの秘密組織なのである。

秘密組織の名は「13人委員会」という。メンバーが12人なのに、なぜ13人委員会なのか。その理由は、もうひとりいるからだ。ペンタゴンの最深部にある部屋には円卓があり、そこには13人分の椅子がある。座長席には通常、だれも座っていない。正確には、だれも座っていない

⬆ペンタゴンの深部で儀式を行う闇の女霊媒師。

ように見える。

が、実はいる。目に見えない、だれかが座っている。肉体をもたない超常生命体「エンティティ」が鎮座している。そう、堕天使ルシファーである。大魔王サタンが地獄の底からペンタゴンの最深部に出現するのだ。

闇の女霊媒師フォチュノとビョギュパが黒魔術の儀式を行うと、ダイモーン内天体レメゲトンからブラックプラズマが湧き上がり、部屋全体が漆黒の闇に包まれる。冷気が漂うなか、彼女たちは地獄から召喚した大魔王サタンの言葉を取り次ぎ、12人のメンバーたちに託宣を下していく。

だが実は、このときもうひとり、重要な人物が臨席している。彼は空席である第13番目の席につくことを許されている唯一の人物である。

通常、座長席は空席だが、国家の行く末を占うような重要な儀式においてはこの男が着座し、その身に堕天使ルシファーの霊を降ろす。闇の女霊媒師は儀式を執行するなか、脱魂状態となった男の口を通して大魔王サタンが闇預言を下すのだ。

しかして、謎の男の名はアドルフ・ヒトラー!! ナチス・ドイツの総統ヒトラーこそ、堕天使ルシファーの闇預言者だった!! ヒトラーは地下壕で自殺などしておらず、秘密裏に敵国であるはずのアメリカ合衆国に亡命し、シークレットガバメントとの密約で闇の女霊媒師とともに大魔王サタンの闇預言者になっていたのだ!!

第2部

ナチス・ドイツの総統は今も生きている!!

不死身の反キリスト ヒトラーの世界帝国

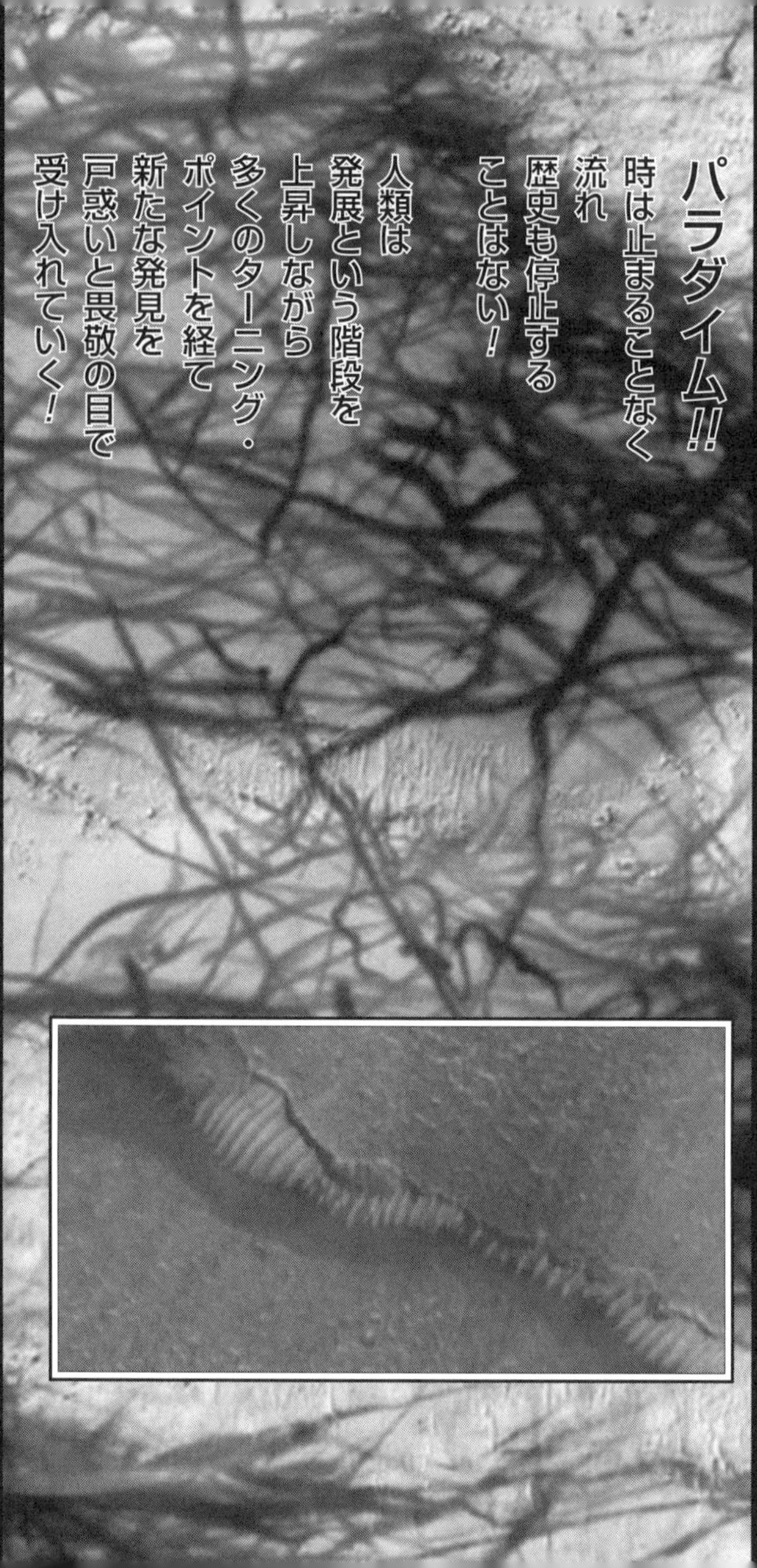
パラダイム!!
時は止まることなく
流れ
歴史も停止する
ことはない!
人類は
発展という階段を
上昇しながら
多くのターニング・
ポイントを経て
新たな発見を
戸惑いと畏敬の目で
受け入れていく!

私の名は
あすかあきお
漫画家です！
サイエンス・
エンターテイナー
として
アカデミズムが
黙殺する
最先端情報を暴露し
公開することを
使命としています！

その過程で
多くの有名人や
著名人との
出会いが
あります！
韮澤潤一郎氏と

これからも
最先端情報を
取りこみながら
超常世界を探索する
つもりです！

また講演会やツアーや
イベント！
SNSを含む
CATVや地上波TV
そして
ラジオにも
出演しています！

また
ダウンロード・ネット版
「月刊飛鳥」を
販売(毎月15日ごろ)し
高度な
未公開情報を
毎回公表しています!

http://p.booklog.jp/users/askado

コミュニケーション・アイ

円盤屋

CD

夢源樹

ワンダー・チャンネル

アドルフ・
ヒトラー!!
ナチス・ドイツの
独裁者であり
反ユダヤ主義の
極右政治家だった男!!

世界中を
未曾有の大戦争に
巻き込んだ
ヒトラーは
1945年
4月30日に
総統地下壕で
自殺した！

しかし
それは――
事実ではない!!

なぜなら
ヒトラーは
ペーパークリップ
作戦で
アメリカに脱出
していたから
である!!

ペーパークリップとはコードネームで命令書を持って走る伝令兵を指すからだ!!

Paper
‖
命令書
Clip
‖
留める
（捕える）

事実、ヒトラーはバイエルン第16予備歩兵連隊の伝令兵として2度の鉄十字章を授与されている！

ヒトラーには
謎が多いが
伝令兵のころ
至近弾の炸裂で
負傷して
一時的に視力を失った
ことがある！

その戦場で
幾度も
得体の知れない
存在から
憑依されたことが
あったという！

その事件は
ヒトラーの自伝
『わが闘争』の
中にも記されて
いる!!
Adolf Hitler
Mein Kampf

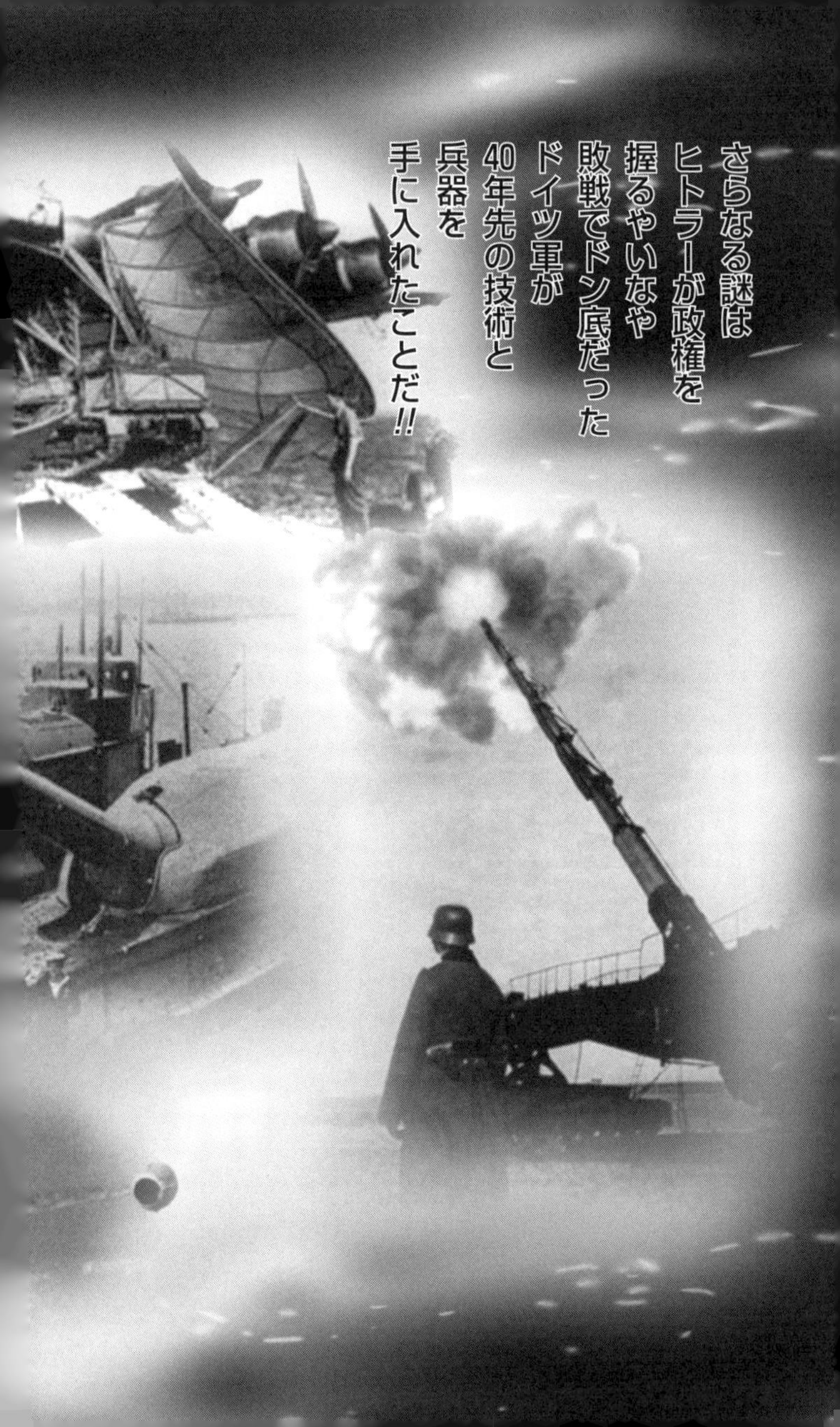
さらなる謎は
ヒトラーが政権を
握るやいなや
敗戦でドン底だった
ドイツ軍が
40年先の技術と
兵器を
手に入れたことだ!!

今回も
あの男との
コンタクトから
物語が始まる！
その男の名は
ミスター・カトウ！
謎の
秘密組織から
やってくる
メッセンジャーである！
ガタ
あすか先生！
教授からの
メッセージを
お伝えします
!!

今度はどこですか?
ロシアに行っていただきます!
そこでアメリカのペンタゴンの最深部の謎を解明していただきます!!
ロシアでペンタゴンですか!?
TUKA

こうして
私たちは
ロシアへと
飛び立った！
目指すは
ロシアの首都
モスクワ！
RA-96012
サイ九郎（弟子）
あすかあきお
ミスター・カトウ

そこから
古都ウラジーミル
へと向かう!
そこで
ヒトラーの
その後を知る
人物と会うことに
なっているのだ!!
РОССИЯ
?
??
???

クールスカヤ駅（モスクワ）

先生！この駅って地下なんだネ？

うむ！

そのとおり！ モスクワ地下鉄5号線* クールスカヤ環状線駅よ!!
!?
ようこそロシアへ！ お待ちしておりました!!
ミスター・カトウ！ おひさしぶりでした！ お元気そうでなによりです！
ああ 君もネ！

※モスクワ郊外から地上を走るようになる。

エレクトリーチカ（近郊線）のサプサンでなら2時間でウラジーミルに到着します！
どうしたのボウヤ？
お姉さんの名前をまだ聞いていなかったから♡
あらゴメンなさい！私はニーナ・ペトルシェフスカヤ！職業は殺し屋よ!!でも偽名！
!!

あなたがたをウラジーミル・プーチンの手から守るのが私の使命!!

ここが古都ウラジーミル!
13世紀にモンゴル軍に攻撃された後
衰退した悲劇の州都!

でも今は世界遺産に多くの教会が登録されているわ!

なっ…
なに先生!?
こっちへ早く!
急いでついてきて!!

あの爆発はどういうことですか？
私の仲間が動いているのよ!!
プーチンの犬から私たちへの目を少しでもそらすためにネ!
大丈夫よ!
人のいない丘の上で撮影用の火薬を爆発させただけ!!

急いであの車に乗って!
急いで!!
ダダダダ
ミスター・カトウだね?
チェルネンコだ!
頭を伏せて!!

やっと見つけたぞ
チェルネンコ!!
パス
グゲッ!!
ドサ
ゆっくりと休みな…
プーチンの飼い犬!

ミスター・カトウ！
あらためて挨拶しよう
俺がチェルネンコだ!!
私が教授から聞いていたチェルネンコはどこだね？
チェルネンコは元KGBで顔は公開されていない！
どうしてわかった？

運転しているのが本物だからだ!!
まいったな…チェルネンコ!この組織はだませない!!
だからさっき裏切り者として殺されそうになった!
えっ?
えっ?
ようこそミスター・カトウ!こうでもしないと気がおさまらない職場にいたからネ!!

どうぞ楽にしてくれ!
ここは大丈夫なのかね?

ああ大丈夫だ!
この3時間は上空にロシアの
監視衛星は飛んでいない!!

それに明朝には
ここをオサラバしているしな!
あらためて挨拶する!
私が本物の元KGB職員
ミハイル・エロフィム・
チェルネンコだ!!

こちらが今回の客人《ゲスト》のあすかあきお氏です！

ようこそロシアへ！

どうも！

その弟子のサイ九郎君！

でへ！

ある程度はミスター・カトウの組織から聞いている！大戦後のヒトラーの今を知りたいということだな!?

はい！

ソ連時代からKGBはペンタゴンの地下２階しかない構造に強い疑念を抱いてきた!

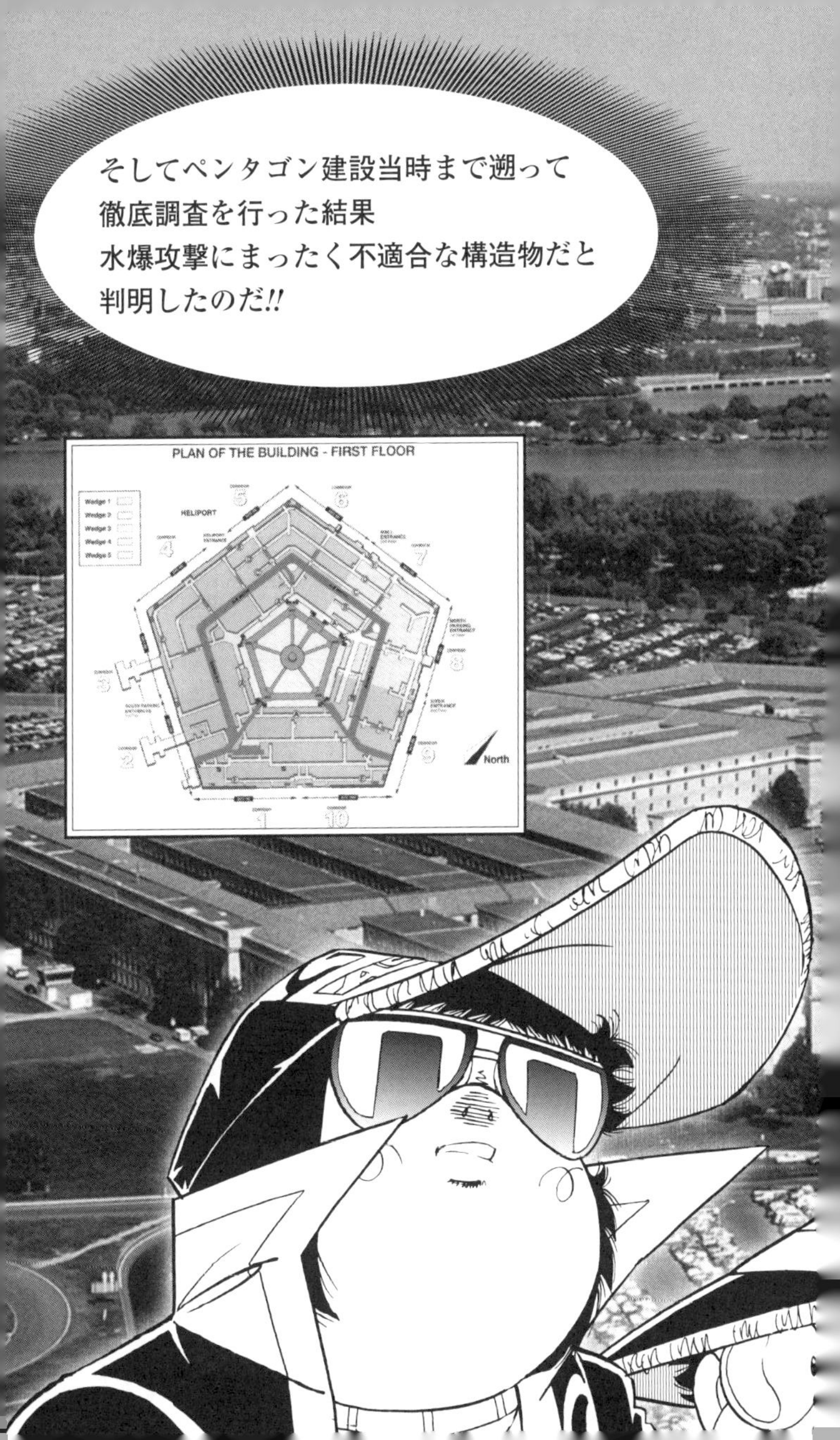
そしてペンタゴン建設当時まで遡って
徹底調査を行った結果
水爆攻撃にまったく不適合な構造物だと
判明したのだ!!
PLAN OF THE BUILDING - FIRST FLOOR
HELIPORT
North

KGBはあらゆる手段でペンタゴンの地下を調べようとしたが失敗の連続だった!
しかしついに軍の工事担当者のひとりと接触し莫大な金を払って秘密をつかんだ!!
Let's Roll

アメリカ政府は
ペンタゴン建築前から
地下に深い構造を造りあげており
その上にペンタゴンを
置いたことがわかった!!
問題はそうまでしてペンタゴンの地下に
何を置いたかだった!!

その地下構造体の形はヘキサゴン!
六角形でなくてはならない!!
な……な、な、なぜ!それを知っている??

そんなことはカッバーリストなら常識です！
5と6は一対で裏が表を支配し牛耳るにはそれしかなくこれがアメリカの未来を決定した!!

そのとおりだ!!
これによって陰の政府の支配が決定し
スターリンが死ぬまで疑っていたとおり
ヒトラーはアメリカ政府によって
庇護され大西洋を渡っていた
ことがわかった!!

ヒトラーはペンタゴンの地下にいて
KGBがこの秘密を知ったときはすでに遅く
ソ連は崩壊してしまった!!

愛人のエヴァ・ブラウンもアメリカに渡ったが先にこの世を去っている！
おそらくアーリントン墓地に別名で眠っているはずですよ！

お前はいったい何者だ
ミスターあすか!?
しかも
ヒトラーは
今も生きている!!
そうですネ!?

ミスター・カトウ!!
これは茶番かそれとも俺をバカにしているのかあ!!
ミスター・チェルネンコ!あすか先生に私たちは何ひとつとして教えてはいない!!

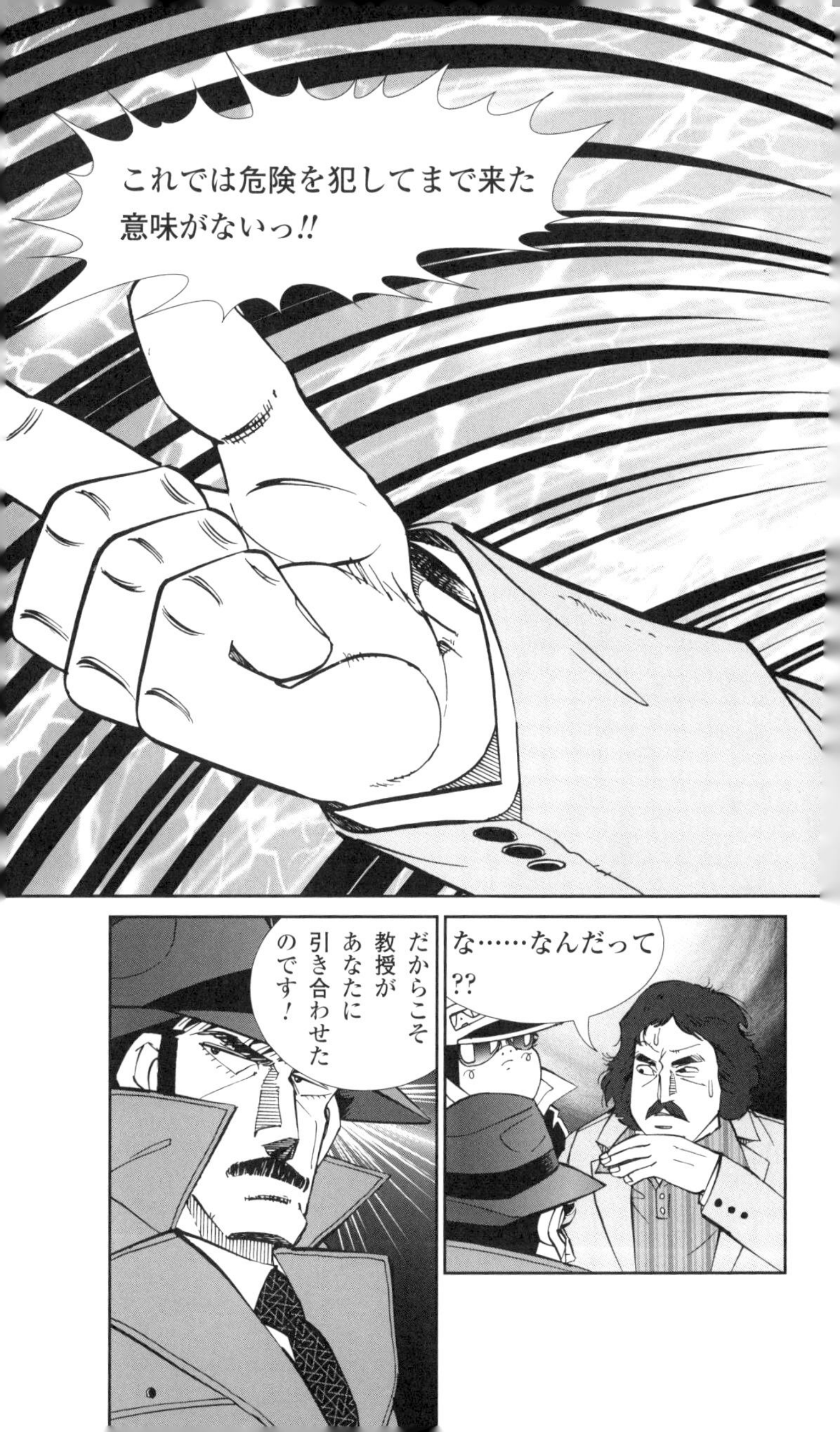
これでは危険を犯してまで来た意味がないっ!!
な……なんだって??
だからこそ教授があなたに引き合わせたのです!

それではいうが――
私がアメリカで命がけで得た情報は
とっくに死んでおかしくないヒトラーが
ペンタゴンの地下深くで今も生きつづけて
いるという事実だ!!
それもヒトラーが追い求めた
ヴリル・ヤのふたりの人食い
女霊媒師の超長寿遺伝子を
移植されてな!!

1000年の
超長寿遺伝子を
もつ人間の
遺伝子を抽出すれば
不可能じゃない!!
しかしそれは
両刃の剣だった
ようだ!!
女霊媒師の長寿遺伝子は
他の部位にとって
致命傷になったようだ!!

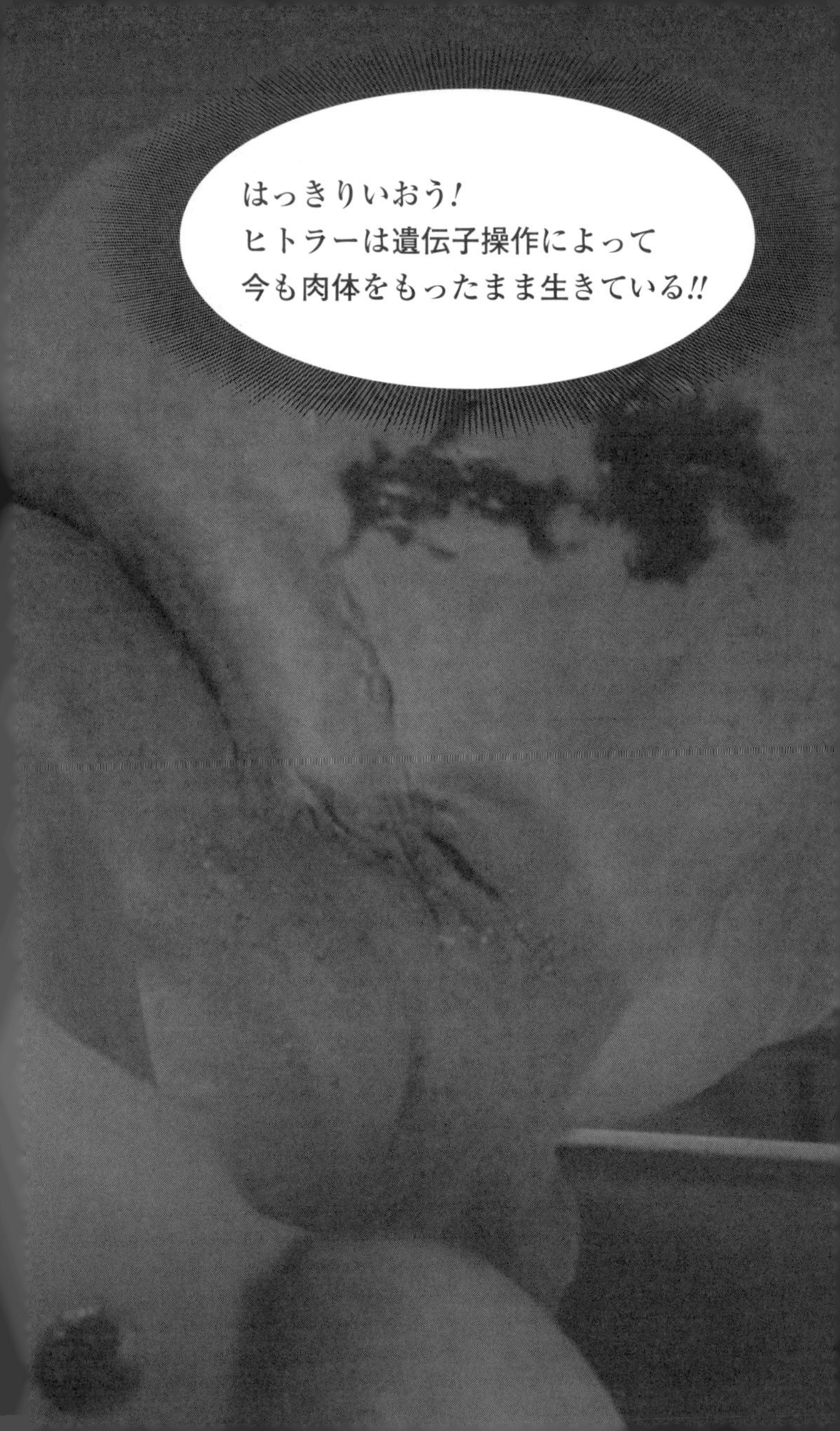
はっきりいおう!
ヒトラーは遺伝子操作によって
今も肉体をもったまま生きている!!

しかし他の部位がコントロールを失い
ヒトラーの体は人の姿を失った
醜悪な肉塊と化してしまっている!!

わからないのはヒトラーをなぜ陰の政府が死なせたくなかったかということだ!!

ルシファーがそれを望んでいるからかもしれません!

自分が憑依する相手として!

地底アルザルから人食いとルシファーを崇拝した罪で地上へ追放されたふたりの女霊媒師!

マリアとシグルンという名のアーリア系の美女とされるがそれはカムフラージュである!

本物はヴリル協会が他の闇のアルザル人とともに洞窟から連れだしたモンゴロイドだ!

ハインリッヒ・ヒムラーはヴェヴェルスブルク城の地下宮殿にふたりの女霊媒師を置き、さまざまな儀式を行ったとされている! そこに招かれたヒトラーはそのとき初めて自分に憑依した存在を知り、二度とその城を訪れなかった! しかしルシファーはヒトラーを逃さなかった!!

第5章

堕天使ルシファーの闇預言者ヒトラーと地底の闇王子

ヒトラーは生きていた!!

表の歴史において、ヒトラーは自殺した。1945年4月30日、ベルリンの地下壕で妻エヴァ・ブラウンとともに青酸カリを服毒した後、ピストルで頭部を撃ち抜いた。遺体は焼きつくされ、中庭に埋められたものの4日後、侵攻してきたソ連軍によって発見される。遺体照合の結果、残されていたカルテと歯型が一致し、本人であると結論。ヒトラーの死は世界に発表された。

しかし、ソ連の大元帥ヨシフ・スターリンはヒトラーの死に疑問を抱いていた。密かに逃亡した可能性があると睨んでいた。証拠として遺体の骨を持ち帰ったソ連であるが、ヒトラーの死に関する疑惑はスターリン以後も政府内でくすぶることになる。

ヒトラーは死んではいない。そう確信するソ連政府は、KGBを使って探りを入れる。時は冷戦時代である。西ヨーロッパはもちろん、アメリカ合衆国には多数の諜報員や工作員、すなわちスパイが潜んでいた。彼らが最重要ターゲットにしていたのはアメリカ国防総省ペンタゴンだった。

アメリカ軍の心臓部ともいうべきペンタゴンの建物内部を調査すると、どうも一般に公表されている構造にはなっていない。地上5階、地下2階となっているが、これで核攻撃に耐えられるはずがない。地下には秘密の核シェルターが存在し、その中に最重要機密が保管され、かつ第3次世界大戦を想定した組織と施設が存在するに違いない。ペンタゴンの地下深部を探るため、ソ連がスパイ要員として注目したのが「ロベルト・W・チャップマン」である。もちろん偽名だが。

チャップマンはエリートだった。ニューヨークのウエストポイント陸軍士官学校を卒業し、卓越した情報分析能力を買われて、国防総省にリクルートされる。極秘の情報分析を担当する高級職員である。いわば国家の中枢の機密情報を扱う部署で働く人間で、かのエドワード・スノーデンのような立場にあったといえばいいだろうか。

1962年、ケネディ大統領の時代である。キューバ危機が発生した。米ソは互いに情報戦を繰り広げた。何としても軍事拠点の中枢であるペンタゴンの情報を入手しようと画策するソ連は、チャップマンに白羽の矢を立てる。当時としては法外な金額を提示され、彼はクレムリンのスパイとなる。

高級職員とはいえ、チャップマンにも知らない機密は数多い。ソ連が関心を示していたのは地下である。地下2階から下は、どうなっているのか。あらゆる手段を使って調査したところ、やはり、さらなる地下構造が判明する。「上ペンタゴン」と「下ヘキサゴン」である。両者は上下構造にありながら、構造的に接続されていない。つまり、上ペンタゴンから下へキサゴンへはエレベーターや階段等でつながっていないのである。

あえて表現すれば、地下3階から地下13階までである。ここは、もちろん核シェルターとしての機能を備えてある。9・11テロの際、ペンタゴンは旅客機の激突を受けたが、地下には何の影響も出ていない。一説には旅客機ではなく巡航ミサイルだったという噂もあるが、それでも下へキサゴンは微動だにしなかった。何しろ、下へキサゴンの本体は地下13階よりもさらに下部分にあるからだ。

もはや、そこはアメリカ国防総省ではない。シークレットガバメントが直轄管理する領域だった。アメリカという国家よりも恐ろしいもうひとつの国家が存在する。凄腕のチャップマンでも、さすがに危険を感じた。折しも、同僚がFBIやCIAに逮捕され、自分の身に及ぶ可能性が出てきた。1978年、職場に休暇願いを出すと、そのままソ連に亡命する。ロシア名は「ミハイル・ペトローヴィチ」といった。

これで安泰と思いきや、冷戦が終結する。きっかけは1986年のチェルノブイリ原発事故である。彼にとっては、ソ連の対応があまりにもお粗末に感じた。科学者であり、かつ技術者であったチャップマンの目から見て、原発事故の恐ろしさは半端ではなかった。重大な危険性を平然と隠蔽するソ連に怒りを抱いた。彼にしてみれば、日本も同じだ。2011年の東日本大震災にともなう福島第一原発事故の真実を日本国民は知らされていないと訴える。

チェルノブイリ原発事故の後、ソ連では1990年、ミハイル・ゴルバチョフが大統領に就任する。1989年11月のベルリンの壁崩壊に端を発した民主化運動は東欧からソ連にまで及び、ついに運命の1991年を迎える。ソ連は崩壊し、やがて今日のロシア連邦が誕生する。

チャップマンにとって、これは悪夢以外の何ものでもない。下手すれば、国家間の戦略上の取引で、彼はスパイ容疑者としてアメリカへ身柄を引き渡される可能性が出てきたのである。危険を察知したチャップマンは独立して間もないウクライナへと亡命、今は、ほとんど隠遁生活を送っている。

なぜ、チャップマンがアメリカからソ連、さらにはロシアからウクライナへと亡命することができたのか。もちろん、手土産があったからだ。彼が手にしたアメリカの国家機密とはペンタゴンの構造だけではない。地下構造の最深部にいる魔物の情報を握っていた。地底人である。ナチス・ドイツがかくまい、偶然にもアメリカ軍が見つけ出した闇の女霊媒師たちを使って恐るべき黒魔術を行っているという情報を手にしていたのだ。

得体の知れない地底人や霊媒師について、はたして当時の政府高官がどこまで認識していたかは不明だが、それとは別に何よりも驚愕したのが、ヒトラーに関する極秘情報だったに違いない。ナチス・ドイツの総統アドルフ・ヒトラーが自殺などしておらず、地下壕に極秘裏に亡命していた。しかも、亡命した先が、第2次世界大戦の敵国であるアメリカ合衆国だったのだ。

冷戦時代に敵対していたソ連および東欧諸国の人間にとって衝撃は計り知れない。

かのスターリンは、当初から疑っていた。敵対するアメリカや西ヨーロッパ諸国が秘密裏にヒトラーを亡命させ、かくまっていると睨んでいたからだ。決定的な証拠を手にすることなくスターリンは没したが、読みは当たっていた。何事も敵の裏をかくのが国際戦略の定石。絶対にありえない国、場所に身柄を移す。鉄則である。

チャップマンはアメリカ合衆国の最高機密を手にしていたのである。飛鳥昭雄は全面的に信頼を置く国際秘密組織を通じてチャップマンに接触。恐るべき情報を手にすることができた。

ペーパークリップ作戦の真の目的

第2次世界大戦が勃発して、しばらくはアメリカは静観を決め込んだ。モンロー主義である。大西洋を挟んだヨーロッパの問題には口を出さず、首も突っ込まない。孤立主義を貫いた。戦争は大量消費。当時、アメリカは史上まれにみる好景気だった。

同盟国であるイギリスは、何とかしてアメリカを戦争に引きずり込もうとしていた。ウィンストン・チャーチル首相は戦後の対社会主義国家群に対抗するべく、自由主義国家群の雄としてアメリカを参戦させようと画策していたが、フランクリン・ルーズベルト大統領は動こうとしなかった。こうした状況のなか、日本の真珠湾攻撃とナチス・ドイツの対アメリカ宣戦布告がなされ、否応なしに重い腰を上げる。もっとも、裏では巧妙に仕組まれていたのだが。

いずれにせよ、ナチス・ドイツとアメリカの関係は良好だった。表向きは西ヨーロッパの肩をもちながらも、経済的には密接な結びつきを壊したくはなかった。何事も実利を重んじるアメリカのプラグマティズムだ。クラウゼヴィッツは戦争を政治の延長だといったが、ベラスコは戦争を経済そのものだと位置づけた。

アメリカ合衆国の本質は軍産複合体である。軍需産業をバックにしたアメリカ軍が経済を牽引し、裏で国家を動かしている。これがシークレットガバメントである。石油王ロックフェラーや大富豪ロスチャイルドを筆頭に、アメリカはもちろん、ヨーロッパのみならず、全世界に影響力を及ぼしている国際権力集団である。

彼らはナチス・ドイツの本質を見抜いていた。ナチス・ドイツの科学技術が地底人によってもたらされていることも秘密裏に知っていた。大事なのは人材であり、知識である。技術を手にすれば、覇権を握ることができる。ソ連側が地政学を是とする領土を欲したのに対して、アメリカ側は頭脳を求めた。

かの「ペーパークリップ作戦」である。アメリカは戦時中からナチス・ドイツ政権下で迫害されているユダヤ人たちの亡命を積極的に受け入れた。アインシュタインやオッペンハイマー、テラーなど、特に科学者は厚遇した。戦後も、フォン・ブラウンなどナチス・ドイツに協力した科学者らも、戦争責任を問うことなく亡命させた。

さらに、シークレットガバメントは政治家も容認した。ナチス・ドイツの幹部たちをも極秘裏に亡命させた。ナチ・ハンターとも呼ばれるイスラエルの諜報部員たちの裏をかいて、次々と受け入れた。表の歴史では自殺や暗殺、行方不明とされる人間も、実は数多くアメリカに亡命している。彼らは、まったく新しい名前と戸籍を得て、ごく一般のアメリカ合衆国の国民として生活している。前章で紹介したハンス・カムラーなど、まさに典型例である。

そうしたなかで、最重要ターゲットは、だれか。名は体を表す。作戦名となった「ペーパークリップ」とは何か。書類を挟む文房具である。では、いったい、ここでいう書類とは何を意味するのか。答えは伝令文書である。戦時下にあって伝令文書を手に駆けずり回った人物とは、いったいだれか。

若きアドルフ・ヒトラーである。彼は第1次世界大戦にあって、戦場の伝令兵であった。伝令兵としては、かなり優秀だったらしい。バイエルン第16予備歩兵連隊の伝令兵として2度の鉄十字章を授与されている。

当時、情報はすべて書類だった。伝令文書を挟む文具ペーパークリップとは、まさにヒトラーを意味するスラングであり、コードネームだったのだ。

当たり前の話だが、ナチス・ドイツのすべてを知る立場にあったのはヒトラーである。地底人に関する情報を完全に把握できるのが総統である。現場の科学者がもつ知識と技術は重要だが、最終的に全体像を見渡していたヒトラーを手に入れれば、ナチス・ドイツの秘密を知ることができる。

戦争にあって、敵方の大将を殺すのは世の常だが、そうはしないところがシークレットガバメントである。あくまでも実利を取る。表向き死んだことにして、当人を最高レベルの待遇で迎え、味方に引き入れる。徹頭徹尾、利益が優先。彼らは用意周到に計画を練り、真のペーパークリップ作戦を実行する。

ヒトラーの地下壕脱出

今さらいうまでもないが、ヒトラーには影武者がいた。写真で分析するだけでもふたりいる。身長や耳の形、身体的な特徴から、医者ならずともわかる。わかっているのに、表立って指摘しないのが大人というもの。国際的な影響力をもつマスコミがシークレットガバメントに対して忖度《そんたく》ができている証拠である。

まず遺体がヒトラー本人のものとされた歯型だが、これは影武者のものである。確かにヒトラー本人も同じ治療を受けているが、カルテなどは影武者のものである。遺体が影武者のものであるから、完璧に同じになるのは当然のこと。１９４５年4月30日、ベルリンの地下壕にい

いる。

たのはヒトラー本人ではない。妻のエヴァ・ブラウンも同様だ。1週間ほど前に入れ替わって
いる。

ソ連が持ち帰り、ロシアが保管してきたヒトラーの頭蓋骨が影武者どころか女性のものであることが判明し、さぞかし狼狽しているだろうが、そんなことは当局もとっくの昔にわかっている。当時の「アメリカ陸軍防諜部隊：CIC」の報告がある。地下壕で採取された血液がヒトラーおよびブラウンのものでないことは、血液型はもちろん、後の遺伝子分析ではっきりしている。

直接、現場の工作を行ったのはアメリカのスパイ「アルベルト・シュペーア」である。彼はヒトラーお抱えの建築家だった。多額の報酬で雇われたシュペーアは、大胆にもアメリカ軍の全面協力のもと、ヒトラー脱出作戦を仕掛ける。戦後、あくまでもテクノクラートのひとりであり、政治家ではないと主張する彼は戦後、善きナチスとして評価されるが、実際はスパイだったのだ。戦犯として逮捕された後、積極的に機密情報をアメリカ戦略爆撃チームに提供していたのはそのためである。

では、具体的に逃亡劇はどう仕組まれたのか。まず下準備である。表向き、シュペーアはヒトラーと対立する。ソ連軍が侵攻する前に、国内の軍事施設や工場などを破壊せよと命じるヒトラーに対して、大声をあげて異議を唱える。建築家ゆえ、戦後のドイツ復興のためにも破壊

⬆ヒトラーとアルベルト・シュペーア（右）。ニュルンベルクの党大会広場やパリ万博のドイツ館などを手がけた。

することに断固、反対したのだとされるが、これも演出である。

事実、両者の関係は破綻したと思っていた矢先、シュペーアは地下壕にいるヒトラーのもとを訪れている。4月23日のことである。緊急の目的のためにどうしても総統と会談する必要があったと語っているが、具体的な内容は明らかになっていない。周囲では最後の直談判を行ったのではないかと噂された。

しかし、真相は真逆である。すべての準備は整っていた。地下壕を訪問する際、シュペーアはひと組の男女を連れていた。アドルフ・ヒトラーとエヴァ・ブラウンの影武者である。彼らとともに総統の部屋に入ったシュペーアは、すぐさま計画を実行に移す。影武者と本人たちをすり替えたのだ。

影武者となった本人たちは、シュペーアとともに部屋を後にして、地下壕を脱出。そのまま用意してあった軍用車でベルリンの秘密施設に送られた。ソ連軍が侵攻してくるなか、アメリカの息のかかったナチス・ドイツの兵士たちに護衛され、彼らは息を潜めていた。数日後、アドルフ・ヒトラーとエヴァ・ブラウンは「テンペルホーフ空港」へと向かうことになる。

ヒトラーのドイツ脱出

戦時下のドイツを脱出するにあたって、軍用車は現実的ではない。何しろソ連はもちろん、

⬆ヒトラーの逃亡の舞台となったテンペルホーフ空港。写真は演説するナチス幹部のユリウス・シュトライヒャー。

連合軍がベルリンを包囲しているのだ。かといって、ベルリンは内陸である。自慢の潜水艦Uボートを使うわけにもいかない。選択肢は、ひとつ。飛行機だ。軍用機を使って国外へ出るほかはない。使用する空港も、状況からいって限られる。

ベルリン郊外にあったテンペルホーフ空港だ。当時は、まだナチス・ドイツの統制下にあった。すべての通信は傍受されていたが、空港にいるのは身内である。総統がテンペルホーフ空港から国外へと脱出するなど、だれもゆめゆめ思っていなかったことだろう。

ドラマチックな国外逃亡劇を語るにあたってご紹介しておきたいのが、第1章でも紹介した『20世紀最後の真実』である。著者である国際ジャーナリストの落合信彦氏もまた、ヒトラーの自殺を疑い、国外へ逃亡したと考えている。特にベルリン脱出にあたって、彼は4つの新聞報道を根拠に挙げている。これが実に興味深い。

ひとつはチリのサンチャゴで発行されていた1948年1月18日付「エル・メルキュリオ」紙である。このなかで、若い匿名のナチス・ドイツ戦車兵士は1945年4月29日、すなわち自殺する前日、ヒトラーが傷病者運搬用戦車で官邸を脱出した光景を目にしたと語っている。日付は異なるが、シュペーアが用意した軍用車を目撃した可能性がある。

同じくチリのサンチャゴ発行の1948年1月18日付「エル・ディアリオ・イルストラード」紙の記事は舞台がテンペルホーフ空港になっている。ここで、ナチス・ドイツで働く匿名のエンジニアがターボジェットの軍用機のそばに立つヒトラーを目撃している。

日時は1945年4月30日午後4時15分。連合軍の公式見解では、ヒトラーが自殺したのは午後3時30分ごろのことだとされている。時間的にヒトラーは死んでいたはず。もちろん、幽霊が出たわけではあるまい。自殺したのは影武者であるから、この時間に本人がいたとしても不思議ではないだろう。

報道されたのが最も早いのが、1947年10月6日付「ニューヨーク・タイムズ」である。スウェーデン通信社が伝えた話として、ナチス・ドイツ空軍将校ピーター・ボムガード大尉が1945年4月26日、自分が操縦する軍用機でヒトラーとブラウンをベルリンからデンマークへ運んだというのだ。

⬆第1次世界大戦から有効利用されたドイツ潜水艦の代名詞ともいえるUボート。

興味深いことに、この報道と符合するのがチリの新聞「ジグ・ザグ」である。1948年1月16日付の社説には、1945年4月、ナチス・ドイツのパイロットであるピーター・ボムガードがヒトラーとブラウンを軍用機に乗せて飛行し、デンマークのトンダーでふたりを降ろした。さらに、ふたりは別の飛行機に乗り換えて、ノルウェイのクリスチャンサンドへと向かい、そこの港にはドイツの潜水艦Uボートが待っていた。

彼らは海の中に姿を消し、いずこへ旅立ったのか。落合氏が注目したのは、実際に起こったUボート事件である。1945年7月および8月、アルゼンチンのブエノスアイレス港にUボートが姿を現し、乗組員が降伏の意を示した。彼らによると、いずれもUボートはノルウェイのクリスチャンサンドから出航した船団の一部であったという。ノルウェイとア

⬆アメリカの軍艦に乗船したヒトラー。

ルゼンチンを結ぶ潜水艦の航路が秘密裏に存在していたのだ。

同様に、ヒトラーとブラウンを乗せたUボートもまた、クリスチャンサンドを出航した後、南米を目指したのではないかというわけだ。もっとも、落合氏は南米はもちろんのこと、南極大陸に建設されていたナチス・ドイツの秘密基地へ向かった可能性も指摘してはいるが。

では、いったい真相はいかに。まず、ヒトラーとブラウンが軍用機によってテンペルホーフ空港を離陸したのが1945年4月30日の午後4時15分である。匿名のエンジニアが見たのは、まさにアドルフ・ヒトラー本人だった。

軍用機が目指したのはデンマークである。デンマークで別の飛行機に乗り換えて、ノルウェイのクリスチャンサンドに移動した。が、ここから先が違う。

ヒトラーとブラウンが次に乗り込んだのはUボートではなかった。手元の資料では艦名は伏せられているが、潜水艦ではなく軍艦である。しかも、ナチス・ドイツの軍艦ではなく、まぎれもなくアメリカ合衆国の軍艦にふたりは乗船したのである。軍艦は大西洋を渡り、最終寄港地であるアメリカへと向かったのである。

アメリカ亡命後のヒトラー

ナチス・ドイツの科学者はもちろんだが、政府高官である親衛隊にとっても、アメリカは楽園だった。ペーパークリップ作戦によって亡命した科学者や技術者は戦犯としての罪を問われることなく、堂々と本名を名乗ったが、彼らは違った。

新天地で新たな名前とプロフィール、そして極秘ミッションを与えられて、身分と安全を保障された。イスラエルの諜報機関モサドやナチ・ハンターでさえも、シークレットガバメントが庇護下に置く親衛隊には手が出せなかった。

ナチス・ドイツの親衛隊の行方を追っていたのはソ連も同じ。先のロベルト・W・チャップマンと同様、「ミハイル・エロフィム・チェルネンコ」もまた、アメリカに亡命したヒトラーの秘密を追いかけたKGBのひとり。相棒の「ポルフィーリイ・イヴァノフ」はKGBではないが、彼と行動をともにしている。いずれも偽名である。

チェルネンコはロシア大統領ウラジーミル・プーチンの元同僚である。互いに米ソの裏を知りつくしている。ソ連が崩壊した後、彼は元石油大手ユコスのミハイル・ホドルコフスキーのもとで働いていたが、利権の問題でプーチンと対立。社長のホドルコフスキーが嫌疑をかけられてシベリア送りにされると、これに激怒。チェルネンコはプーチンに公然と反旗を翻すことになる。もちろん、常に身の危険にさらされ、いつ暗殺されてもおかしくない状況にある。

こうした状況のなか、国際秘密組織を通じて飛鳥昭雄がチェルネンコから得たヒトラーに関する情報は驚愕すべきものだった。彼はペンタゴンの地下構造であるヘキサゴン、さらには最深部にいる闇の女霊媒師の存在は百も承知である。アメリカのシークレットガバメントが何の目的でヒトラーを亡命させたのか、その真の理由も、しかり。ナチス・ドイツの機密情報はもちろんだが、ほかにもあった。

亡命させたアドルフ・ヒトラーとエヴァ・ブラウンを出迎えたのはシークレットガバメントである。なかでも最高権力をもつロスチャイルドとロックフェラーが歓迎した。

ロスチャイルドはユダヤ人ユダヤ教徒である。ヨーロッパにおいてはナチス・ドイツに迫害された身である。当然ながら多くの同胞を死に追いやった憎き反ユダヤ主義の権化であるヒトラーを憎悪していたはずである。

が、裏では違う顔を見せる。ロスチャイルドの目的のひとつがイスラエル建国である。第2

⬆アメリカ亡命後、トルーマン大統領と会談するヒトラー。

次世界大戦後、シオニズム運動に協力し、イスラエル建国にあたっては莫大な資金を提供している。イスラエル建国のためであれば、逆説的預言成就もいとわない。闇烏と同じ思想をもっている。

ヨーロッパにいたユダヤ人たちを迫害した結果、彼らは約束の地であるパレスチナ地方へと移住し、イスラエルが成立した。文字通り逆説的であるが、ナチス・ドイツのおかげである。ロスチャイルドにとってヒトラーは英雄なのだ。しかも、ヒトラーはYAP遺伝子をもつイスラエル系ユダヤ人であった。

ロックフェラーも、同様だ。ロスチャイルドがヨーロッパに軸足をもち、ユダヤ人ユダヤ教徒として活躍する一方、ロックフェラーの本拠地はアメリカ合衆国である。表向き「アングロサクソン系白人：WASP」だとされ、けっしてユダヤ人ではないといわれる。

しかし、世の「ユダヤ人の成功術」といったビジネス書では、ほとんどユダヤ人として扱われることも多く、こと陰謀論においてはユダヤ人だと名指しされることもしばしば。実際のところ、ロックフェラーはユダヤ人マラーノである。祖先がキリスト教に改宗したユダヤ人ユダヤ教徒であることがわかっている。もっとも風貌からわかるように、アシュケナジー系ユダヤ人である。

亡命したヒトラーとブラウンの住まいを提供したのはロックフェラーである。彼には「ロックフェラーの街：スリーピーホロウ」がある。あまり知られていないが、アメリカ合衆国には小さな独立国がいくつかある。自治区ともいうべき街が数多くあるのだ。大富豪は自治区を手に入れて、そこで生活をしている。当然ながら、合衆国に払う税金はゼロだ。ロックフェラーも、もちろん自分の国をもっている。それがスリーピーホロウだ。

かつては秘密都市だったが、今は一般公開されている。ニューヨーク郊外のハドソン川沿いにある街だ。ここには空港もある。日本でも大手の銀行や企業の経営者のなかには、ロックフェラー邸に招待された方もいるだろう。

ヒトラーとブラウンには、この街に豪邸が用意された。もちろん、名前を変えて生活をした。アメリカに亡命した後は、いわゆる政務活動には携わっていない。素性を知らない人にとっては、豊かに余生を過ごす老夫婦に見えたことだろう。

妻のエヴァ・ブラウンが亡くなったのは1989年2月7日。ヒトラー満100歳の誕生日を祝うことなく、この世を去った。彼女の遺体はアーリントン国立墓地に埋葬された。墓碑銘に書かれた名前はアナグラムになっている。知る人が見れば、エヴァ・ブラウンの墓であることがわかるように。

妻に先立たれたが、その時点でヒトラーは生きている。99歳である。かなりの高齢で、普通なら現役を引退している身だ。隠居状態か、下手すれば寝たきりになっていたとしても不思議ではない。

だが、ひとつだけ確かなことがある。チェルネンコは断言する。今、この時点、すなわち令和の時代にあっても、ヒトラーは生きている。肉体をもって生存している。彼には生きつづけてもらわなければならない事情がある。ナチス・ドイツの機密情報よりももっと重要な役目がある。堕天使《だてんし》ルシファーの闇預言者としての使命があるのだ。

霊能者ヒトラー

アドルフ・ヒトラーは平凡な少年だった。学校の成績は振るわず、弁舌もうまくなかった。家はけっして貧困家庭ではなかったが、父親が亡くなり、ひとり暮らしを始めてからは貧乏生活。将来は画家を目指すも挫折。政治活動に参加しても、当初は、さして目立つ存在ではなかった。

しかし、彼には生まれもった特殊な能力があった。超能力である。霊的な存在も感知することができたというから、霊能者といったほうがいいかもしれない。生を受けたのは１８８９年4月20日。オーストリアのブラウナウ・アム・インが故郷だ。

古くから霊的文化が花開いた土地でもあったようで、数多くの霊媒師を輩出してきた。ウィリー・シュナイダーとルディ・シュナイダー兄弟のほか、マダム・シュトックハメスが知られる。なかでもシュナイダー兄弟とヒトラーは乳母が同じだった。ひょっとしたら、乳母に霊能力の源泉があったのかもしれない。かねてからオカルト的ヒトラー伝では、よく語られてきたエピソードである。

普段はおとなしくて目立たないが、いざというときに豹変する。何かが乗り移ったかのように雄弁となり、聞く者たちを魅了する。かのプロパガンダの雄、宣伝相のゲッペルスをして、ヒトラーの能力は本物であると称賛していたほどだ。それは単にスピーチがうまいとか、テクニックに秀でていたというわけではない。ありていにいえば、生まれもった素質とでもいおうか。

自身も並外れた霊能力をもっている漢波羅《かんばら》秘密組織八咫烏《やたがらす》たちも、早くからヒトラーの存在

⬅少年時代のヒトラー。

⬅幼少期のヒトラー。ヒトラーには生まれもった霊能力があったという。

に感づいていた。掟を破ってドイツへと渡った破戒烏たちの耳にもヒトラーの噂は聞こえてきた。彼が何者であるかは、八咫烏にとっては、すべてお見通し。なかでも闇烏たちは、緑龍会に所属していたカール・ハウスホッファーを通して、ヒトラーに接近。見事、仲間に引き入れることに成功した。

ヒトラーは霊能者であったが、『聖書』でいうところの「預言者」ではない。超能力で未来を予知する「予言者」だった。大脳の奥にある松果体が覚醒し、いわゆる「第三の目」を獲得していた。ヨーガにおける「アジナ・チャクラ」が開いていたとでもいおうか。いずれにせよ、彼は予知能力に長けていた。

もうひとつ、ヒトラーがもっていた超能力は「催眠」である。言葉によって大衆を引きつけ、思い通りに動かす大衆扇動の力をもっていた。闇烏にいわせれば陰陽道の「言霊師」だ。

しかも、ただ単に言葉が巧みなだけではない。ヒトラーは超能力によって「虚空蔵《こくうぞう》：アカシックレコード」とつながることができた。アカシックレコードとは、この世の初めから現在、そして未来まで、あらゆる記憶が収められている高次元記録媒体である。

森羅万象、すべてに陰と陽があるように、アカシックレコードにも光と闇がある。ヒトラーは霊能力によって「闇虚空蔵：ブラックアカシックレコード」に直結し、あたかも会話をするがごとく、情報を引き出すことができた。ブラックアカシックレコードによる闇の言葉を操って人々の心をつかみ、そして未来を引き寄せる。現代でいう「引き寄せの法則」を逆手にとった能力がヒトラーは桁違いだった。

闇鳥がほれ込んだのも、無理はない。ヒトラーならば、霊能者の次元を超えて、霊媒師にもなれる。さまざまな霊を肉体に憑依させ、見えない世界の存在たちから情報を得ることができる。死者や天使、精霊はもちろんだが、闇鳥が期待したのは悪魔である。しかも、ただの悪魔ではない。悪魔の大王、すなわち大魔王サタンである。ヒトラーを堕天使ルシファーの闇預言者に仕立てようと企てたのである。

超常生命体エンティティ

もともとヒトラーには霊媒師の素質があった。脱魂状態となり、得体の知れない霊を降ろすことができた。普段は気弱な青年が突如、人が変わったように雄弁になるのは、多重人格的な心理状態ではなく、別の人格をもった霊が憑依したからなのだ。

古来、イスラエル人は口寄せや占い、交霊術、魔術を厳しく戒めてきた。『旧約聖書』にはそれらに近づいてはならないと明確に禁じられている。理由はほかでもない、悪魔が近づいてくるからだ。

堕天使は、実に巧妙である。肉体をもたない霊体で、かつ超常現象を引き起こすことができる。連中はオカルト現象を巧みに操りながら、人間を騙す。初めはおだてて調子づかせ、最後には堕落させ、破滅に追いやるのだ。

本人は自分の中に眠っている潜在能力が開花して、すごい能力を得たと思っていても、とんだ勘違いであるケースも少なくない。白魔術を行っているつもりでも、現れた天使が本物かどうかはわからない。死んだ人の霊と会話したと思っても、はたして本当に本人の霊なのか。前世の記憶があるとはいうが、他人の記憶データを刷り込まれた可能性はないか。占いが当たったとはいうものの、何者かが意図的に操作していたとしたら、どうだろう。目に見えない世界ゆえに、多くの人間は簡単に騙される。

邪霊・悪霊たちは死なない。この世の初めから存在する。有史以来、人間の営みをずっと見てきた。人間は進化しない。進歩もしない。本質は何も変わっていない。世界最古の文明とされる古代シュメールの粘土板を読めば、人間の思考や感情、苦悩といったものは、すべて現代人と同じである。悪魔たちは人間の本質を見抜いているのだ。どうすれば、人間を堕落させることができるのか、ありとあらゆることを知り抜いているのだ。

騙されないというほうが無理な話である。それゆえ、古代の預言者たちは闇の現象には近づくなと警告してきた。素人は絶対に手を出してはいけない。扱うことができるのは、世の真理を手にした者のみ。カッバーラの奥義を悟った者だけに許された。経験豊かなカッバーリストであっても、闇の世界と対峙することには危険がともなう。はたして、どれだけ絶対神を信じ、道を踏み外さずに生きることができるか。ある意味、試されることとなる。

実は「試す者」こそ悪魔であり、サタンなのだ。連中は人間を誘惑することが絶対神から許されている。絶対神の目からすれば、悪魔には悪魔なりの役割がある。人間が成長するためには試練が必要であるように、悪霊たちは与えられた使命を果たすがごとく、闇のオカルトに手を染める人間に近づいてくる。

もっとも、悪魔や堕天使というと、とかく宗教的なイメージが先行するので、ユダヤ教やキリスト教、さらにはイスラム教などの信者でもない人にとっては、その存在が信じられないというのも無理もない話ではある。悪魔という概念はバラモン教やヒンドゥー教、ゾロアスター教、仏教、道教、さらには神道にもあるが、いずれも宗教の教義や世界観で語られるのは事実だ。

だが、最近ではスピリチュアルと称して、特定の宗教にとらわれない精神世界もまた、ちょっとしたブームになっている。そこで語られる見えない霊的存在を「超常生命体：エンティティ」と呼ぶ。エンティティは神であったり、異星人を名乗ることもある。しばしばチャネリングの対象となる純粋な光にして、肉体をもたない精神エネルギーだと語られる存在は、まずエンティティである。エンティティもまた、その正体は堕天使だ。連中は相手に合わせて、好みの姿と性格で現れるのだ。

ヒトラー自身はキリスト教徒だった。ナチス・ドイツが友好関係を保っていたヴァチカンのカトリックを認めながらも、独自のキリスト教を信じていた。反ユダヤ主義からイエス・キリストはユダヤ人ではなく、アーリア人だったと考えていた。

ユダヤ教の絶対神ヤハウェを悪魔と見なしていたところから、キリスト教の異端「グノーシス主義」の影響を見てとる学者もいる。グノーシス主義にあっては、絶対神ヤハウェは「愚かな創造主：デミウルゴス」と位置づけられ、逆に悪魔とされる蛇を人間に知恵をもたらした救い主であり、肉体に閉じ込められた純粋な光を解放するために、イエス・キリストが地上に遣わされたのだと説く。超人を夢見たヒトラーにとって、イエスはユダヤ人ではなく、アーリア人でなくてはならなかったのである。

持ち前の霊能力によって自我が肥大化したヒトラーにエンティティたちは吸い寄せられるように接近してくる。ひとりやふたりではない。何人もの悪魔たちが、神々や天使、精霊の名を騙《かた》って現れる。魔物が憑依すると、霊能力は強まる。物理的な超常現象を起こせるようになり、透視や予知もかなりの精度で的中する。

周りの人間もヒトラーを崇拝するようになると、やがて大物がやってくる。エンティティの親玉が姿を現す。そう、堕天使ルシファーである。大魔王サタンが自らヒトラーに憑依するようになったのだ。なかなか、あることではない。それだけヒトラーには類いまれなる霊媒師の器があったのだろう。

堕天使ルシファーのお眼鏡にかなった以上、もはや逃げることはできない。一度、憑依されたら最後。死ぬまで憑りつく。かくして、ヒトラーは大魔王サタンの「闇預言者」となったのである。

堕天使ルシファーの憑依

いったいヒトラーは、いつから魔物に憑依されるようになったのか。彼のオカルト伝説で、必ず引き合いに出されるのが「ロンギヌスの聖槍」である。ロンギヌスの聖槍とは十字架に磔になったイエス・キリストの体を刺し貫いた槍のこと。『新約聖書』に名前はないが、槍を手にした男はローマ兵で、キリスト教では「ガイウス・カシウス・ロンギヌス」と呼ばれている。イエスの復活を信じたロンギヌスは回心し、ヨーロッパでは聖人として崇敬されている。

イエスの体に最後のとどめを刺したロンギヌスの聖槍はキリスト教においては聖遺物のひとつ。イエスの血を受けた聖杯や遺体を包んだ聖骸布《せいがいふ》、荊《いばら》の聖冠、磔刑の聖十字架と並んで、信仰の対象とされている。もっとも、聖遺物の多くは信仰心を育むための方便であり、ほとんどが後世の創作である。が、そうしたなかで、ひょっとしたら本物かもしれないと評価が高かったのがオーストリアの「ハプスブルク宝物館」に収められていたロンギヌスの聖槍である。

伝説では、このロンギヌスの聖槍を手にした者は善人であれ悪人であれ、必ず世界の覇権を握ることができるといわれている。かつてローマ皇帝コンスタンティヌスやフランク王国のカール大帝、プロイセンのフリードリヒ大王が手にし、かのフランス皇帝ナポレオン・ボナパルトも神秘的な力にあやかるべく入手を試みたという。

ウィーンで貧しい青年時代を過ごしていたヒトラーは、ある日、たまたま「ハプスブルク宝物館」を訪れた。ハプスブルク家にはいい印象がなかったヒトラーだったが、ひとつだけ心を奪われた宝物があった。ロンギヌスの聖槍である。それまでの生涯で最も重大な瞬間だった。天啓を与える魔法の媒体。いつか自分もこの槍を手にし、全世界の運命を一手に握るときが来る。そう感じたとヒトラーは後年、語っている。

運命の槍との出会いはヒトラーを変えた。彼は何度も足しげく宝物館に通い、ロンギヌスの聖槍の前に立ちつくした。友人のワルター・ヨハネス・シュタインの証言によると、ヒトラーは興奮したままトランス状態となり、左右に揺れながら何かに憑りつかれているかのようで、このとき彼は「反キリスト霊の聖杯」になったのだという。

反キリスト霊の聖杯とはもってまわったいい方だが、早い話、悪魔に魅入られたのだ。はたして、語られるような事実があったかについては批判もあるが、さえない青年ヒトラーが後に総統となる人格に変貌していく分岐点となったことは間違いない。エンティティが近づき、やがて堕天使ルシファーが憑依するきっかけがロンギヌスの聖槍だったとしても、けっして不思議ではない。

もっとも、ハプスブルク家が所蔵していたロンギヌスの聖槍が本物かどうかについては議論がある。後世の創作であったにせよ、聖遺物と称す品にエンティティが影響を与えていた可能性は十分ある。実際、ナチス・ドイツがオーストリアを併合し、ロンギヌスの聖槍を接収したとき、ヒトラーよりも深い関心を寄せていたのはハインリッヒ・ヒムラーだった。彼は聖槍がもつ魔力に憑りつかれ、闇の霊媒師の儀式の場に掲げていたことは第3章で述べた通りである。

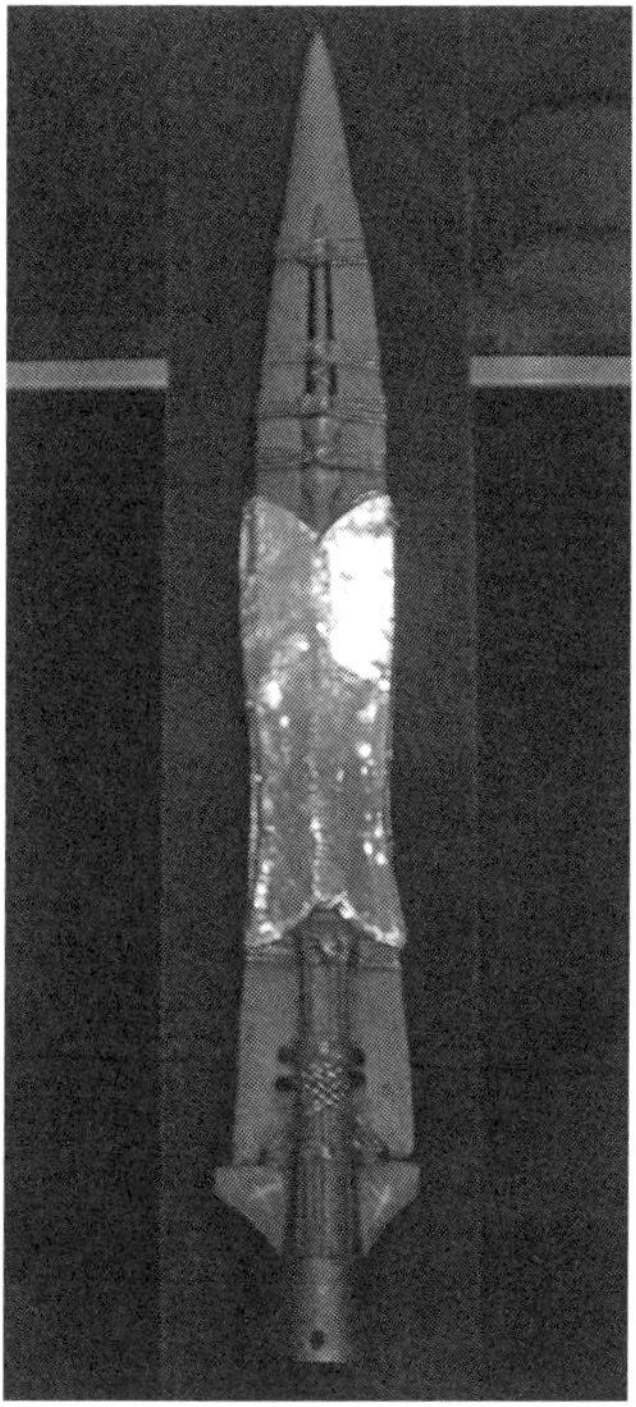
⬆ヒトラーが心を奪われたハプスブルク家のロンギヌスの聖槍。

エンティティは運命の槍からヒトラーの体の中に入った。ヒトラーには自覚があった。

自分の体が乗っ取られ、いるはずのない人間の声を聞いた。本格的に憑依が始まるのは、第1次世界大戦のころからだ。戦場にあって、死と隣り合わせの状況のなか、至近距離で銃弾を受けたとき、エンティティの存在を肌で感じる。目には見えないが、明らかに「ヤツ」が近づいてきた、と。ここでいうヤツとは、普通のエンティティではない。堕天使ルシファーである。

ヒトラーにとって魔物の存在は恐怖であるが、味方でもあった。持ち前の霊能力を増幅させ、奇跡を起こしてくれる。彼はナチス・ドイツの宣伝大臣ヨーゼフ・ゲッペルスに、こう語ったことがある。

「体に異常な変化が起こった。未来が見える。これから起こることがすべてわかるように感じた。いや、実際にわかった。全人類の行く末が見えはじめたのだ。すると、ヤツがいった。耳元で『見た通りの世界になることをお前ならわかるな。お前は、未来を知る力を得たのだ』とささやいたのだ」

よほど気に入られたのだろう。堕天使ルシファーはたびたび、ヒトラーの命を救う。独裁者ゆえ、さまざまな人間から命を狙われる。仕組まれた暗殺事件が実行される直前、エンティティの声が聞こえてくる。

ある日、ヒトラーが戦友とともに夕食をとっていたときのことだ。突然、耳元で「今すぐ席を立って、向こう側へ行くんだ!!」という声がした。気のせいかと思ったが、何度もはっきり

⬆ヒトラーに憑りついた堕天使《だてんし》ルシファー。もとは光の天使だった。

⬆7月20日事件と呼ばれる暗殺未遂事件の現場を訪れたヒトラー。

と明瞭な声が繰り返し聞こえる。しかたなく、上司の命令に黙って従うように、その場を離れた。20ヤードほど移動した直後、さっきまでいたテーブルが爆音とともに炸裂。直撃弾をくらって、自分以外の人間がひとり残らず死んでしまった。

ヒトラーの暗殺計画は実行に移されただけで42回ある。すべてが未遂に終わった裏には、エンティティの存在があったのだ。全人類を滅ぼすまでは、ヒトラーに死なれては困る。堕天使ルシファーは暗殺ぎりぎりのところでささやく。あたかも命の恩人であることを強く印象づけるかのごとく、何度も九死に一生を得る体験をさせたのだ。

結果、とてつもなく恐ろしい存在だが、もう離れることができない。離れたら、最後、命がどうなるかわからない。死の恐怖に支配されたヒトラーは、もはや堕天使ルシファーの操り人形だった。大衆の面前では恍惚とした表情で大演説をするも、ひとりになると、常にエンティティの存在に怯えていたのだ。

ベルリン・ペンタゴン魔法陣

目論見通りヒトラーが怨霊の木偶《でく》になっていく光景を見て、闇烏はほくそ笑んでいた。自分の目に狂いはなかった。ヒトラーのもつ霊的素質に引き寄せられ、エンティティが集まってきたのだ。最終ターゲットである堕天使ルシファーが完全に憑依したことで、闇烏は確かな手応えを実感していた。

本格的な黒魔術を行うにあたって、闇烏はベルリンに巨大な魔法陣を描く。チベットのペンタゴン・ピラミッドや後のアメリカ国防総省ペンタゴンに匹敵するペンタグラム魔法陣を地上に構築する。

まず、中心となるのはベルリンの官邸地下壕である。ここにヒトラーが座す。もともとあった地下壕に対して、呪術的防衛機能を高めるため、闇烏は中庭に地下施設を増築している。ご存じの通り、1945年4月30日、ヒトラーとブラウンの影武者が自殺した際、その遺体は中庭で荼毘に付された。これも一種の生贄の儀式である。本物のヒトラーとブラウンを逃がすための呪術である。

1943年、増築した地下壕に対して、さらに闇烏は秘密の部屋を作る。アメリカ国防総省ペンタゴンのように、さらなる地下施設を建設したのだ。最深部の闇の中で闇烏が呪詛を行うためである。エンティティを召喚し、地獄の力を得る。ダイモーン内天体レメゲトンから湧き上がるブラックプラズマ・フィラメントを増幅させ、総統ヒトラーを暗殺の手から守護するのだ。

その一方で、ヒトラーが鎮座する地下壕を中心として、周囲に正三角形の形に地下施設を作り、そこに闇の地底人を配する。青人フォチュノと赤人ビョギュパら、霊能力が高い闇の女霊媒師をヴェヴェルスブルク城から呼び寄せ、闇の中で儀式をさせる。

正三角形の外側には、正方形の配置に地下施設を作る。カッバーラでいう「3次魔方陣」の呪詛である。ちょうどナチス・ドイツのハーケンクロイツのように、東西南北に対して斜め45度傾いた状態の正方形で、各頂点に「韻」を置く。ここにも闇の女霊媒師が配置された。青人ツゲルテリジャンとナデウラエリグ、それに赤人タパグユズとセイウヤルガの4人である。

正三角形と正方形ときて、その外側が正五角形である。正五角形の各頂点にも施設を作る。ここには緑人結社と紅人結社の地底人、闇のアルザリアンが動員された。各施設では彼らが中心となって瞑想し、その周囲をチベット密教僧が囲んで円陣を組み、呪術を執り行っていた。

こうして秘密裏に構築されたのが「ベルリン・ペンタゴン魔法陣」であり、頂点を結んだ形が「ペンタグラム魔法陣」だ。おわかりのように、それぞれの図形の頂点に配置された闇の地底人は3人、4人、5人で、合計12人である。闇烏が意識したのは、もちろんイエスの12使徒であり、漢波羅秘密組織八咫烏の十二烏である。

日本でも本来、神社には神官のほかに12人の巫女がいた。神道の密儀を行うときには、神官を中心にして内陣に3人が正三角形、中陣に4人が正方形、そして外陣に5人が正五角形の配置に座した。すべて陰陽道の秘密儀式であり、これを歴代の天皇が継承して今に至っている。

呪術者が魔法陣に配置されるということは、命を懸けることを意味する。自らの命をもって結界を張り、自らの血をもってヒトラーを護る。壮大な黒魔術儀式を見て、堕天使ルシファーも満足したのであろうか。最後は、ナチス・ドイツそのものが生贄として捧げられ、地球上の全人類は第2次世界大戦の地獄へと引きずり込まれることになる。

ヒトラーの予知能力と政治

大魔王サタンに魅入られたヒトラーの戦略は見事に成功する。客観的に見て、絶対に不可能だと思われた決断はすべて正しかったことが後々証明される。理屈ではない。直感でヒトラーは動いた。ここでいう直感とは予知能力であり、かつ霊能力によって受け取る魔物からのメッセージである。

たとえば、支持政党だ。なぜナチス党を選んだのか。国家社会主義をうたう政党はほかにもたくさんあった。なかでも弱小のナチス党にヒトラーはなぜ入ったのか。資金もなければ党員も少なく、さらに支持する人間に熱気がない。ヒトラー自身、ナチス党には失望し、怒りすら覚えたと語っている。なのに、いったい、どういう風の吹き回しで、彼はナチス党に入党しようと考えたのか。

合理的な理由はまったく示されていないが、これも直感である。入党すれば、ナチス党を乗っ取ることができる。将来、ナチス党はドイツの政権を取り、ヒトラー自身が総統になることを知った。夢見たのではなく、予知能力で未来を見て、そして確信したがゆえ、何の迷いもなく入党したのである。

歴史はヒトラーの予知した通りに動いた。選挙によって躍進したナチス党が連立政権を組むと、ヒトラーは首相に任命される。権力を手に入れたヒトラーは、すぐさま思いもよらない行動に出る。秘密裏に再軍備を行い、ついにはヴェルサイユ条約の破棄を宣言したのだ。政府はもちろん、政治学者や経済学者たちはこぞって反対したが、ヒトラーは一顧だにせず、独断する。第1次世界大戦の戦勝国は深刻な懸念を表明したが、すべて無視。結果、再軍備によって深刻な不況にあえいでいたドイツ経済が奇跡の復活を遂げ、失業率も劇的に改善する。驚くことに、こうした状況をイギリスやフランスは傍観するだけで、何ひとつ具体的な行動に出ることはなかった。

まさに、ヒトラーの読み通りだった。彼には未来が見えていたのだ。予知が正しかったことを見届けると、たたみかけるように、今度はロカルノ条約を破棄、非武装地帯とされたラインラントにドイツ軍を派遣する。フランスが戦争を仕掛けてこないと見るや、なんとオーストリアを武力で併合。続いてチェコスロバキアにも軍事的な圧力をかける。怒ったイギリスの調停を受け入れるかのような態度を見せるも、顔に泥を塗るかのように、ナチス・ドイツはチェコスロバキアに侵攻し、瞬く間に占領してしまう。

ありえない。多数決を是とする組織では無理だ。独裁政権だからこそできたのだ。学者や評論家は自説にそぐわない事実に対して後から評論したが、すべてはヒトラーの先見である。独断の裏には確信たる裏づけ、つまりは未来予知がある。エンティティが大丈夫だと後押ししていたのだ。

かくして、ヒトラーは大勝負に出る。1939年9月、ナチス・ドイツ軍はポーランドに侵攻。ここに、第2次世界大戦の火ぶたが切って落とされる。イギリスとフランスが宣戦布告したが、ここでもヒトラーは動じない。見えていたのだ。宣戦布告したところで敵は攻めてこない。むしろ逆に攻める。フランスに侵攻し、ついには首都パリを陥落するまでに至るのだ。

すべてが順調に進んだ。イギリスと対峙した西部戦線、さらにはソ連にまで戦いを挑んだバルバロッサ作戦。およそ平和ボケした現代の日本人にとっては、すべてが常軌を逸した戦争が展開される。四面楚歌の状態にありながらも、地底人の知識に裏打ちされた軍事力をもって、ナチス・ドイツは有利に戦いを進めていた。

ところが、だ。日本が1941年12月8日、かの真珠湾攻撃によって、アメリカ合衆国を敵に回す。同盟国であるドイツとイタリアもまた、アメリカに対して宣戦を布告する。このときを境にヒトラーの予言は、すべて裏目に出る。

最終的にナチス・ドイツは敗戦するが、もちろん責任はすべて最高権力者である総統ヒトラーにある。調子に乗った独裁者の判断が間違っていた。そう、歴史の教科書では語られるが、ヒトラーに憑依した魔物の立場からすれば、さにあらず。

そもそも目的が違う。全世界に戦争が広がり、多くの人が死ぬ。全世界をナチス・ドイツが征服し、支配することをヒトラー本人は夢見たかもしれないが、そのために大魔王サタンである堕天使ルシファーが憑依したわけではない。悪魔も目的は、ひとつ。全人類を地獄の底に叩き落とすこと。そのためには手段を選ばないのだ。

ヒトラーは利用されたのだ。彼の思いは純粋だったのかもしれない。純粋な思想は危険である。妥協を許さないからだ。100パーセントを目指すことは善だが、100パーセントを強いるのは悪である。天界における戦いの原因も、そこにあった。だからこそ、堕天使ルシファーはヒトラーを選んだのだ。

理性的に考えれば、アメリカに宣戦布告する必要はない。が、それをさせたのはヒトラーの意思ではない。憑依した悪魔の意思である。魔物は最後に裏切る。ヒトラーを使って世界大戦を引き起こし、多くの人を不幸のどん底に落とし、堕落させる。それが目的なのだ。武力をもって戦争を起こさなければ、変えられないこともある。多数決を是とする民主主義では決定が遅すぎて、迫りくる危機に対処できない。必要なのは、強大な権力を手にした独裁者なのだ、と、耳元でささやき、人類を世界大戦に巻き込む。

すべては闇烏の目論見通りに歴史は動いた。カッバーリストである漢波羅秘密組織八咫烏は魔物使いでもある。その気になれば、堕天使をも使役する。西洋魔術の悪魔召喚魔術のように。最後の仕上げは生贄である。第2次世界大戦による死者は壮大なる黒魔術儀式の生贄にされたのだ。

ヒトラーの未来予言

ナチス・ドイツの総統アドルフ・ヒトラーが語る演説は人々を魅了した。ドイツ人のアイデンティティに訴えかけ、自尊心をくすぐる。第1次世界大戦で不況にあえいでいたドイツ人たちに誇りを与え、経済を立て直した。すべては未来が見えていたからであり、魔物によって見せられていたのだ。

しかも、それは近未来だけではない。ナチス・ドイツが政権を握っていた1940年代のみならず、第2次世界大戦後、さらには21世紀以降も見据えていた。当時は、ヒトラーの言葉を理解する者は少なかったが、現在の社会情勢からすればきわめて現実的であり、リアリティをもった予言が少なからずある。

ヒトラーが誕生したのは1889年である。どうも、彼は自身が生まれた年を基準にして、その10年単位で未来の世界情勢を区切って予言していた。第2次世界大戦の引き金となるポーランド侵攻が起こったのは1939年。ちょうどヒトラーが50歳の誕生日を迎えた年である。破滅的な大戦争になることを見通して開戦したに違いない。

特に節目と見ていたのが10×10＝100年目の1989年である。この年を境にして、地球と人類の歴史が大きく変わる。ヒトラーは「人間が自然界から復讐される」と語っている。

戦後、公害や乱開発による環境破壊が進み、バブル経済が絶頂だったころ、ひとつの臨界点を迎えていたとしても不思議ではない。今日、大規模な気候変動により、異常気象は毎年のように発生し、大規模な災害が起こっている。文字通り、人類は自然界から復讐されているといっていいだろう。かといって、経済活動をやめるわけにはいかない。わかっていても、もはや引き返せない状態にあるのはだれの目にも明らかだ。

環境破壊による災害により、最も深刻な打撃を受けるのが農業である。農作物がとれなくなると、当然ながら食料難になる。これを見越して、ヒトラーは「多くの国が飢える」と語る。現代人は店頭に食べ物がいつでも並んでいると思い込んでいるが、東日本大震災や新型コロナウイルス流行を思い出してほしい。流通が止まり、人々が買い占めに走れば、途端に食料は消える。いずれ食料は国際的な戦略物資になることをヒトラーは見抜いていた。

しかし、問題は人類そのものの変化だ。1989年を境にして、人類は二極化すると、はっきり断言している。支配する者と支配される者に分かれる。支配する者は世界の本質を見抜き、超人化していく。ドイツの哲学者フリードリヒ・ニーチェが語った超人のごとく、冷徹で理性的な人間だ。彼らは強大な権力を手に入れ、経済的にも豊かになっていく。全人口の数パーセントが富める者となり、その他、圧倒的に大勢の貧しい者たちを支配していく。

問題は、支配されている人間たちに自覚がないことにある。家畜のように飼いならされ、奴隷のような状態になっていることに気づかない。むしろ、そうした状況に満足している。そこその暮らしができれば、それでいい。高望みはしない。今が楽しければいい。政府や社会に不満はあるものの、現実を変えようとはしない。

ＩＴ技術が発達した今日、ヒトラーが見抜いた人類二極化は加速している。コンピューターによって管理が容易になってきたからだ。マイナンバーなどによる国民総背番号制は、遠からず「全人類総背番号制」へと移行し、スーパーコンピューターによって管理される。しかも、現行のノイマン型ではない。圧倒的な計算処理能力をもった「量子コンピューター」が、もうじき完成する。

もはや、こうなると人類を管理するのは人間ではない。「人工知能：AI」である。量子コンピューターによる「超AI」が誕生すれば、もはや神である。だれひとり、勝てる者はいない。ヒトラーは「地上には機械的生物の群れが住み、神々がそれを宇宙から支配する」と予言しているが、まさに、それが現実化するだろう。

機械的生物とは、別の意味の超人。すなわち「トランスヒューマン」のことを指していると見ていい。いずれ肉体は徐々に機械に置き換わる。老化や病気を克服するために、体の機能を機械で補う。小型化や軽量化、さらには人間工学的に最適化して、「半機械人間：サイボーグ・アンドロイド」になっていくことも十分予想できる。

頭脳もコンピューターと連結され、記憶はデータとして保存できるようになる。ネットでつなげば、クラウドによって共有される。こうなると、もはや人間なのか。ギリシア哲学以来の究極の命題である「人間とは何か」について、いよいよ人類は解答を出さなければならない事態に否応なく直面するのだ。

かくして、生誕から150年を迎えるヒトラーはいう。「2039年、神人が現れる。彼らが人類の危機を制御し、新しい世界を作り上げる」と。超人ではなく「神人」である。もはや、人類ではない。今日でいう人類は地球上から消える。神人と機械化した人間がいるだけだとヒトラーは予言する。

はたして、この神人の正体とは何なのか。『聖書』でいうところの絶対神ではないことは確かである。ふたつの意味での超人の延長線上に現れる神人が地球上の人間を支配する。恐るべきディストピアの出現は、もちろん、ヒトラーに憑依した堕天使ルシファーが望む世界である。

闇の女霊媒師たちとの再会

ナチス・ドイツにおける総統ヒトラーは絶対権力であり、独裁者である。だれも逆らうことができない。が、先述したように、あるときを境にして、戦況が悪化する。それまで奇跡的に、すべてが順調に進んだのに、まるで坂を転げ落ちるかのようにナチス・ドイツは敗戦に次ぐ敗戦を強いられる。指示したのは、もちろんヒトラーである。ヒトラーの神通力が効かない。霊能力にも陰りが出たのか。歴史家は判断ミスを強調するが、ヒトラーは確信していた。勝利ではない。敗北を、である。

ヒトラーは「ナチスが敗北する」と、はっきり述べている。敗北することがわかっていて、戦争を仕掛ける。いや、むしろ戦いに敗れるために戦争した。黒魔術である。最後は配下の軍勢をも生贄にする。

　生贄によって約束されるのが、不滅のナチス・ドイツである。いったんは敗れるが、再び甦る。イエス・キリストが死んで不死不滅の肉体を得たように、ナチス・ドイツもまた、不死鳥のように甦る。よって、甦るためには一度死ななければならない。逆説的預言成就の思想が、ここにはある。

　一時敗北してもなお、ナチス・ドイツは死なない。いつの日か復活して、再び栄光を手にする。そのとき「人類はもう一度、われわれの前に跪くのだ」とヒトラーは述べている。実際、ナチス・ドイツの制服や組織、統制システムは、今も生きている。世界中の国の軍隊が知らず知らずのうちにナチス軍を規範としているのだ。

　黒魔術の布石を打ったヒトラーは、闇鳥が手引きするまま、新天地へと逃亡する。友人の建築家であり、アメリカのスパイであるアルベルト・シュペーアがヒトラーとブラウンをベルリンの地下壕から脱出させ、彼らは極秘裏にアメリカへとやってきた。すべては堕天使ルシファーの目論見通りに裏の歴史は動いた。

　奇しくもヒトラーの亡命と同じルートで運ばれたのが、闇の女霊媒師である。ほどなくして、ヒトラーは彼女たちと再会する。彼は変質者ではない。むしろ冷徹なまでに理性的な人間である。霊能者であるがゆえ、その危険性も理解していた。憑依した堕天使ルシファーの恐ろしさもわかっていた。なのに放してもらえなかったのだ。

それゆえ、遠い異国の地で闇の女霊媒師たちと会ったときは、さぞかしショックであっただろう。彼女たちをかくまっていたのはヒムラーである。ヒムラーがヴリル協会を通じて、秘密のアジトであるヴェヴェルスブルク城で人肉を与えて生かしていた。すべてを知る立場にあったヒトラーは、これを嫌悪した。闇の女霊媒師を毛嫌いしていた。一度魔物を憑依させられたことがあり、それがトラウマとなった。自らは堕天使ルシファーに体を乗っ取られていることを思えば、もてあそばれていたのかもしれない。

そもそもヒトラーが闇の女霊媒師を毛嫌いしたのは、同じにおいがしたからだ。彼女たちの背後にはエンティティがいる。自分と同じ魔物がいる。直感的に拒絶したのだろう。憑依されたときの恐怖が彼女たちを寄せつけなかった。

しかし、彼女たちもまた魔物の闇預言者だった。背後に大魔王サタンがいた。超常生命体であるエンティティは時空を超える。堕天使ルシファーは「多次元同時存在」できる。全宇宙のあらゆる天体はもちろん、あらゆる時間に影響力を行使できる。パソコンの中で同時に複数の動画を見て、それを修正できるようなものだ。

ヒトラーと闇の女霊媒師たちを再会させたのは、アメリカ軍であると同時に、実は堕天使ルシファーの意思でもあった。大魔王サタンが目的を達成するために、彼らが必要だったのである。お気に入りのヒトラーを最大限に活用するためには、どうしても圧倒的な力をもった闇の女霊媒師が必要だったのである。

消えゆくヒトラーの霊能力

ヒトラーは人間である。神ではない。ましてや地底人ではない。肉体は、ごくごく一般の人間と差はない。むしろ体は弱かった。病気がちな青年は、そのまま大きくなった。第1次世界大戦やミュンヘン一揆では負傷もした。後遺症で右肩を上げることができず、幾多の障害を抱えていた。アメリカに亡命したときは、すでに年齢は50代半ばを過ぎており、体のあちこちにガタがきていた。

主治医だったテオドール・モレルによれば、ヒトラーは1941年ごろから脳炎が原因でパーキンソン病を患っていた。寡動《かどう》や筋固縮、振戦、姿勢反射異常など、周囲の人間が見ても明らかにわかる症状が出ていた。状況から右脳のダメージが大きかったのだろう。左腕の運動機能が低下し、左手が震える様子が記録に残っている。これは影武者のものではない。

脳のダメージは霊能力にも影響する。パーキンソン病ではドーパミンの分泌量が少なくなり、これが脳の機能を低下させる。右脳のみならず、左脳にも影響が広がると、言語中枢に問題が生じる。霊感で察知した情報を言語化することができない。

闇烏はいう。言葉を失えば、言霊の呪術が使えない。ヒトラーは「言霊師」として最も重要な「第三の目」、すなわち視床下部にある「松果体」が委縮したことで、自前の超能力を失っていった。

病気もさることながら、やはり避けることができないのが老化である。ヒトラーもまた、老化現象をどうすることもできなかった。インドのヨーガ行者のなかには不老長寿の仙人がいると噂されるが、ヒトラーは普通の人間である。少なくとも肉体的には、一般の人となんら変わらない。

病気と老化によって、ヒトラーがもつ予知能力にも陰りが出てきた。特に妻のエヴァが亡くなってからは一気に老化が進んだ。

アメリカにとってナチス・ドイツがもっていた科学技術や地底人の情報を知るには、総統であったヒトラーの存在が不可欠であったが、肉体的な衰えに関してはどうすることもできない。情報はまだいいとして、もっと大切なのは闇預言者としての存在だ。堕天使ルシファーがお気に入りのヒトラーの霊能力を低下させるわけにはいかない。

そこで、白羽の矢が立てられたのが地底人である。闇の女霊媒師は巫女にして、悪魔召喚の儀式を執行する。ヒトラーを神官にして、鎮魂帰神の依り代とする。脱魂状態になったころを見計らい、憑依した堕天使ルシファーの言葉を取り次ぎ、これをもって託宣とする。ヒトラーは完全に木偶《でく》である。

陰陽道には「傀儡《くぐつ》」という概念がある。人形遣いを「傀儡師《くぐつし》」というが、その思想のもとになったのが「人形：ひとがた」である。世に「呪いの人形」という言葉があるが、しばしば魔物は人形に憑りつく。人形というだけで、人間は反応するからだ。

陰陽道において、人形は人間の身代わりとなって災いや病苦を祓う。対して、闇の陰陽道、すなわち左道《さどう》では、これを呪いの人形とする。世にいう「呪いの藁人形」だ。西洋でも、魔物が宿った人形は数多く報告されている。いずれも宿っているのは死者の霊でも生霊でもない。魔物エンティティである。

肉体が衰えてもなお、堕天使ルシファーにとって、ヒトラーの体はお気に入りだった。闇のダイモーン内天体レメゲトンとブラックプラズマ・フィラメントで直結した肉体は、それ自体が呪いの藁人形であり、悪魔召喚の魔法陣でもあった。口から音声として託宣できなくても、それをふたりの闇の女霊媒師が取り次いだ。もちろん、すべてを指示したのは大魔王サタンである。

地底人の長寿遺伝子

さすがのヒトラーも年齢には勝てない。病気は治療できても、肉体の衰えはどうしようもない。老化によって、霊能力は衰えていく。闇の女霊媒師たちが補佐したところで、依り代となる木偶＝人形が機能しなければ意味がない。このままでは託宣もままならない。状況を見かねたのが、大魔王サタンである。というより、最初から決めていたのだろう。闇の女霊媒師たちを通じて、ヒトラーの延命策を指示する。

遺伝子治療である。最先端の医療技術をもって、ヒトラーの体の老化を食い止め、さらには若返らせる。そのために、闇の女霊媒師たちがもつ「長寿遺伝子」を注入させようというのである。

闇の女霊媒師たちは地底人である。ノアの大洪水以前、超大陸パンゲアにいたアスカリアンである。当時、原始地球は分厚い水蒸気の層に包まれており、有害な太陽光線や宇宙線が直接、地上に届くことはなかった。地球内天体アルザルのように、大気がプラズマ発光していたのである。

実は、このプラズマ発光が長寿の鍵を握っている。黄金律のプラズマが発する光を浴びると、ほとんど肉体は老化しない。寿命は1000歳を超える。光を直接エネルギーに変えて吸収できるので、食べることさえ必要なくなる。ある意味、植物のように光合成ができるのである。

ところが、ノアの大洪水が起こったことにより、原始地球は急激に膨張。大気の組成が大きく変化した。分厚い水蒸気の層がなくなり、有害な電磁波が地上へ降り注ぐことになった。1

000年ほどはまだ大気のプラズマ発光があったがゆえ、人間はもちろん、生物は比較的長寿であったが、それも徐々に短命になっていく。黄金律のプラズマがなくなった現在のような地球環境において、人間の寿命はせいぜい120歳程度である。

しかし、地球内天体アルザルは違う。亜空間の中において、大気は黄金律のプラズマ発光している。アスカリアンの五色人のうち、青人と赤人、それに黄人の一部が地下に逃れた。プラズマ・トンネルを通って、地球内天体アルザルに移住したのである。彼らは長寿を保ったまま生きている。長寿遺伝子が機能しているのである。

だが、長寿であるアルザリアンでも、地球上に出ると一気に寿命が縮む。強烈な紫外線などの電磁波を浴びることによって、長寿遺伝子が破壊され、機能しなくなってしまうのである。地球内天体アルザルにおいて、堕落して罪を犯した人々は死刑にならない代わりに、地上へ島流しにされる。サンポ峡谷の聖なる都にいた地底人たちである。彼らは太陽光を避けるために、地下洞窟での生活を余儀なくされる。

と同時に、空腹を覚える。人肉を食べることによって闇の力を得て、それが原因で地上に島流しとなった連中である。近くにいた人間を襲っては肉を食らっていた。地上の人間からすれば、まさに「鬼」である。いや、伝説で語られる鬼とは、何を隠そう、地上に島流しになった地底人なのだ。

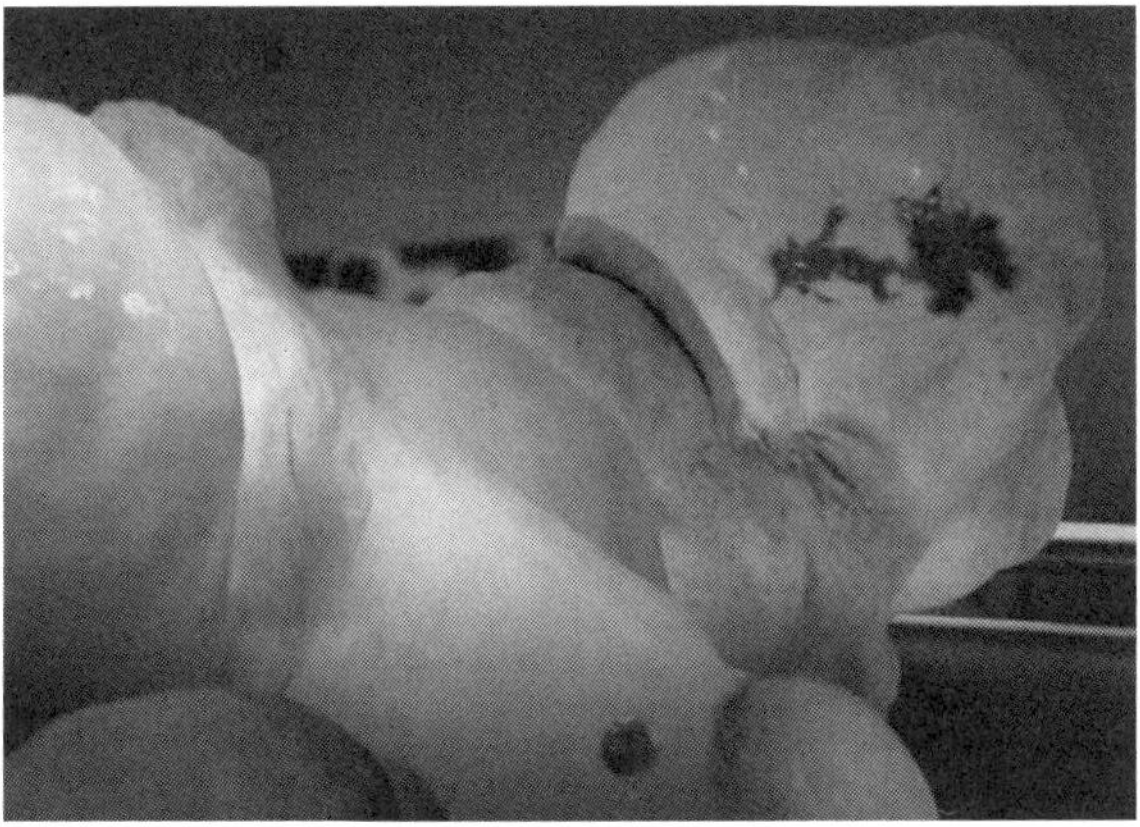

⬆地底人の遺伝子を導入され、腫瘍の塊となったヒトラー。

日本では青鬼や赤鬼と表現されるが、まさに青人と赤人なのである。実際に皮膚が青色、もしくは緑色と赤色なのである。夜な夜な、鬼たちは山から里に下りてきては、子供をさらって食べていた。これが秋田のナマハゲなのだ。人肉を食らう鬼どもは、やがて人間に退治されて、今では姿を消してしまった。

島流しにされた地底人だが、暗闇で生活する分には、まだ長寿を保てる。長寿遺伝子が機能するからだ。黄金律のプラズマ光に照らされていないため空腹にはなるが、遺伝子は傷つけられないですむのだ。

ペンタゴンの地下、ヘキサゴンの最深部で儀式を行うフォチュノとビョギュパもまた、暗闇の世界に生きている。何度か地上に出たため、老化が進んだとはいえ、まだ長寿遺伝子は機能している。

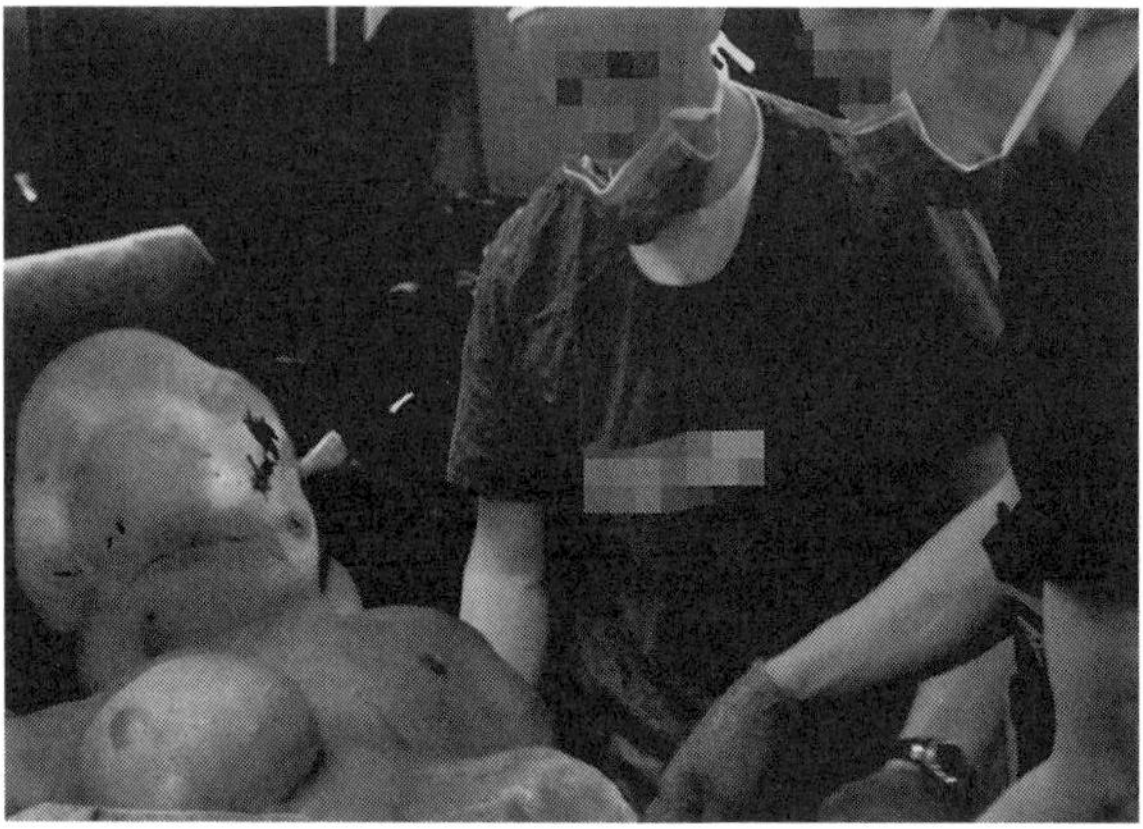

⬆意識のない状態で横たわるだけのヒトラー。

そこで、比較的ダメージの少ないビョギュパの長寿遺伝子を取り出し、これをヒトラーの体に導入することが行われた。最先端医療技術で全身に地底人の遺伝子を導入した結果、予想だにしない事態が起きた。細胞が癌化したのである。肉体は老化しないものの、無秩序に増殖しはじめたのだ。かくして、ヒトラーの肉体は腫瘍の塊となり、ついには大脳の機能に影響が出て、ほとんど意識がない状態となった。

生命維持装置で肉体は生きているものの、ほとんど遷延性《せんえんせい》意識障害のままの状態となったヒトラーは自分で死ぬこともできなくなってしまったのだ。

堕天使ルシファーの託宣

堕天使ルシファーはヒトラーを離さない。地獄の底から湧き上がるブラックプラズマ・フィラメントによって、ヒトラーの体を乗っ取っている。生きているとはいえ、実際は悪霊が憑依した人形である。

宗教的に霊が宿った人形は、まさに偶像だ。『聖書』が偶像崇拝を禁じているのは、そこに悪魔が入り込むからだ。知らぬ間に、人は悪魔を拝むことになる。絶対神の依り代とするならいいが、しばしば堕天使たちは偶像に憑依する。生ける屍となり、大魔王サタンに憑依されたヒトラーは、まさに最大級の偶像と化している。

文字通り、悪魔の偶像崇拝を行っているのがシークレットガバメントである。彼らは堕天使ルシファーを神として崇めている。すでに意識がないヒトラーに代わって、大魔王サタンの言葉を継いでいるのが、ふたりの地底人、闇の女霊媒師たちだ。彼女たちは黒魔術を行い、生贄を捧げる。卓越した霊能力によって、ヒトラーという偶像に宿った堕天使ルシファーの言葉を受け、これを13人委員会に伝える。

かつて意識があったころは、13人委員会の座長席にはヒトラーが座っていた。ヒトラーに宿った堕天使ルシファーをメシアと仰ぐ12人のメンバーは、さしずめ闇の12使徒である。ロスチャイルドやロックフェラーたちは大魔王サタンの僕として、ありがたく託宣をいただき、それをもとに世界を動かす。

彼らの思想は弱肉強食である。これは、はっきりしている。共生などという考えは微塵もない。地上を支配するためには手段を選ばない。徹底的に軍事力を高め、富と権力を握り、人類を支配する。ヒトラーが予言した通り、支配されているという自覚もなく、奴隷と化した人々の上に、超人たるシークレットガバメントが君臨するのだ。

邪魔者は消す。たとえアメリカ大統領であっても、シークレットガバメントに逆らう者は抹殺する。かのジョン・F・ケネディ大統領のように。彼はエイリアンたちとの共存を目指した。全世界にエイリアンの存在を公表し、アメリカ合衆国に迎え入れようと考えていたのだ。

しかし、弱肉強食を鉄則とするシークレットガバメントにとって、それは悪夢でしかない。異なる文明が遭遇した場合、必ず高度な社会システムをもっているほうが相手を呑み込む。崇高な理念をもち、かつ圧倒的な科学技術を手にするエイリアンと本格的に交流すれば、富や権力の寡占化による現代社会は崩壊する。争いや環境破壊もなくなり、まさに理想社会が実現するが、シークレットガバメントにはそれが許せない。自分たちの特権を離したくないのである。

よって、彼らが目指すことはひとつ。エイリアンに勝つことだ。圧倒的な力をもった堕天使ルシファーを崇め託宣を実行すれば、いつかは追いつき、そして追い越すことができる。エイリアンといっても、所詮は人間である。神ではない。堕天使たちのような超常現象を引き起こす力もない。少なくとも同等の科学技術を手にすることができれば、十分、勝機があると本気で思っているのである。

いずれ、近いうちに開発される量子コンピューターによる超AIが実現すれば、あらゆる個人情報を管理し、人類を完全支配することができる。自ら思考しない被支配民は、ヒトラーのいう機械生物となり、ますます奴隷化する。やがて、機械と肉体が統合された超人＝トランスヒューマンが誕生する。シークレットガバメントは神人となり、ついには黙示録の獣666、すなわち反キリストが世界政府の上に君臨するのだ。

ラストバタリオンとアルザリアン

第2次世界大戦の末期、ヒトラーは予言した。ナチス・ドイツは戦争に敗れる。が、ナチス・ドイツは死なない。世の終わり、再びナチス・ドイツが力をもち、全世界が足元にひれ伏す。最後に勝つのはナチス・ドイツであり、それが「最終部隊：ラストバタリオン」だ、と!!

いったい、このラストバタリオンが何を意味するのか。戦後のネオ・ナチを指すとか、南米に逃亡したナチス・ドイツの高官たちが新たな組織を作り上げ、将来的に第四帝国を築き上げることを予言したとも噂されるが、実際のところ、どうも地底人を意識していたらしい。

闇の女霊媒師たちをはじめとするアルザリアンはナチス・ドイツに協力した同胞である。第2次世界大戦でナチス・ドイツは敗れるが、いずれ復活して最終戦争に臨む。そのとき、地底からアルザリアンの軍隊が姿を現す。

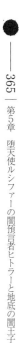

⬆「ヨハネの黙示録」で預言されたイナゴの軍勢は地底から姿を表すアルザリアンの軍隊なのか？

まさに「ヨハネの黙示録」に預言されたイナゴの軍勢である。イナゴの軍勢こそ、ヒトラーが予言したラストバタリオンにほかならない。彼らは地上の人間を攻撃する。神に選ばれなかった人々を殺戮していく。

ヒトラーは神の意思にそってナチス・ドイツを作り上げたと自負している。よって、終末の世にあって、神に選ばれなかった者は、ナチス・ドイツの敵になる。ナチス・ドイツに敵対する人々をイナゴの軍勢であるラストバタリオンが攻撃する。言葉を換えれば、ラストバタリオンはナチス・ドイツ軍なのだ。

ヒトラーは常にアーリア人至上主義を掲げていたが、皮肉なことに、彼はユダヤ人の血を引いていた。Y染色体がハプログループEであり、YAP因子をもっている。同様に、エイリアンにもYAP因子があった。アーリア人ではないが、ヒトラーとラストバタリオンは同じイスラエル人だということになる。この事実が黙示録預言において、重要な意味をもってくることになる。

第3の女霊媒師

地底のアルザリアンがいつ姿を現すのかに関して、現時点では不明だが、ひとつ気になることがある。シークレットガバメントがひた隠しにする地底人に関する重要な秘密である。ソ連およびロシアに知られるのを防ぐために、あらゆる情報操作をして、その存在を消した「第3の女霊媒師」だ。

彼女の名を「マリア」という。もっとも、これは偽名である。赤人の女霊媒師ビョギュパと同じマリアというコードネームには、イエス・キリストの母であるマリアの意味がある。ビョギュパの長寿遺伝子を導入したヒトラーはシークレットガバメントの13人委員会におけるメシアである。闇の12使徒に囲まれたヒトラーは、いわば闇のイエス・キリストというわけだ。

ならば、この第3の女霊媒師は、なぜマリアと呼ばれたのか。順を追って述べよう。彼女の本名は「スゴメ」という。ほかの女霊媒師と同じく、サンポ峡谷の聖なる都に住んでいた闇のアルザリアンである。フォチュノやビョギュパとは異なり、黄人の地底人である。

彼女は聖なる都に君臨する光の王子、マニ・リンポチェの妃だった。ナチス・ドイツが闇のアルザリアンを連行したとき、彼女も同行した。途中、夫であるマニ・リンポチェが反乱を企てて射殺されたとき、妻スゴメも後を追って自殺しようとした。が、すんでのところで助け出され、そのままベルリンへと運ばれた。

彼女はヴリル協会に最高待遇で迎えられた。覆面の闇烏がすべての面倒を見た。フォチュノやビョギュパと同様、スゴメもまたとてつもない霊能力をもっていた。超常現象を引き起こすだけではない。知能が非常に高かった。圧倒的な語学力で、地球上の言語をすべて話すことができた。

どうも地球内天体アルザルでは科学者だったらしい。アルザリアンのもつ超科学によって、UFOをはじめ、超高度なマシンを開発していた。地底人のヴリル・パワー、つまりはプラズマを自在に操っていたという。

ナチス・ドイツの科学技術が突如、飛躍した背景には、闇のアルザリアンたちがもつ地底人の高度な知識があった。なかでも、圧倒的に秀でていたスゴメの科学知識がナチス・ドイツの軍事レベルを一気に押し上げた。ナチスUFOの開発は、すべてスゴメの指揮によるものだったのだ。

また、彼女はベルリン・ペンタゴン魔法陣にも、ひと役かっている。ヒトラーおよび闇烏がいる総統地下壕を囲む内陣の三角形は、フォチュノとビョギュパ、そしてスゴメによって形成されていたのである。

ただし、スゴメは自殺未遂をしたことや紫外線によって老化が進んだこともあり、あまり体調はよくなかった。詳細は闇烏が墓場までもっていったのでわからないが、少なくともベルリンが陥落する2年前、つまりは1943年に亡くなったという。

しかし、ここに恐るべき事実があった。彼女の存在が極秘とされた理由は、ほかにもある。子供だ。サンポ峡谷から連行されるとき、スゴメは身ごもっていたのである。

消えた闇の王子

第3の霊媒師であるスゴメに関しては、連行されたときに死んだ、もしくは逃亡したという偽情報も流れた。ナチス・ドイツの都市伝説で語られるアーリア系の白人美女「マリア・オルシック」に仮託されたこともある。ビョギュパと同じコードネームをつけることによって、あえて混乱させた可能性もある。

聖母マリアがイエス・キリストを産んだように、闇の聖母マリア＝スゴメもまた、ひとり子を産んでいる。男の子で、名前を「マニ・フラブルン」といった。マニ・フラブルンはヴリル協会が秘密裏に育てた。存在を隠すためにさまざまな情報操作が行われ、途中で死んだとか、行方不明になったという噂も流れた。

母であるスゴメが亡くなった後は、しばらく闇鳥がかくまっていた。子供の重要性を認識していた闇鳥は、彼をヒトラーに会わせ、妻のエヴァ・ブラウンに託した。自身の子供がいなかったブラウンは地下壕を脱出してアメリカへ渡るとき、マニ・フラブルンをいっしょに連れてきた。ロックフェラーの街に居を構えてからは、ヒトラーとともに家族として生活している。

ブラウンが亡くなると、ヒトラーの付き添いとして、ペンタゴンの地下施設に潜る。どうしても日光を浴びると老化が進んでしまうからだ。以来、ずっとヘキサゴンの最深部で生活している。彼もまた、長寿遺伝子をもっているため、医学的な実験台にされている。シークレットガバメントとしては、長寿遺伝子の秘密を解明し、自分たちも不老長寿になろうとしているのだ。

さらに、マニ・フラブルンにはもうひとつ使命がある。堕天使ルシファーの闇預言者だ。現在、ヒトラーは生命維持装置で何とか生きている。長寿遺伝子によって肉体は生きているが、癌化が進んだ以上、どこまで臓器がもつかわからない。もし、仮にヒトラーの身に何かあれば、マニ・フラブルンが後を継ぐことになっている。

幸い、彼はアルザリアンであり、肉体は健康である。かつてヒトラーが座っていた13人委員会の座長席は空席のまま。霊体である堕天使ルシファーが座しているが、肉体を有する者はいない。いずれ黒魔術の儀式を経て、正式に堕天使ルシファーの闇預言者として召命された暁には、闇の王子マニ・フラブルンが着座することが決まっている。

闇預言者マニ・フラブルンが誕生するとき、いったい何が起こるのか。彼はアーリア人ではない。地底の黄人である。しかも、失われたイスラエル10支族である。ヒトラーが予言したラストバタリオンの同胞なのだ。この世の終わり、地上に姿を現したエイリアンたちは必ずや堕天使ルシファーの闇預言者を捜し出し、捕獲を試みるに違いない。

反ユダヤ主義を掲げ、多くのユダヤ人を迫害したナチス・ドイツ。その総統アドルフ・ヒトラー自身がアーリア系ではなく、本当はユダヤ人ではないかという噂は、かねてからあった。ヒトラー自身、これを聞き及んでおり、自らの出生について密かに調査させていた。科学技術が進んだ今日、ヒトラーにユダヤ人の血が流れていたことは、ほぼ間違いないという結果が出ている。

悪魔のような独裁者というイメージが先行するためか、ヒトラーを無神論者のように思っている方も少なくないが、実際はクリスチャンだった。もっとも、イエス・キリストはユダヤ人ではなく、アーリア人だと思っていたようだが。

とかくユダヤ人、もっといえばユダヤ人ユダヤ教徒はメシアであるイエスを殺した民族として迫害されたが、実際に処刑を行ったのは古代ローマ帝国である。ユダヤ属州総督ポンテオ・ピラトがイエスを裁判にかけた際、有罪を主張するユダヤ人ユダヤ教徒たちは神の呪いが自分たちおよび子孫にかかってもいいと叫んだと『新約聖書』にはある。ピラトは彼らの言葉を聞き、最終的にイエス・キリストを十字架刑に処した。

ヒトラーの反ユダヤ主義もまた、根底に、これがある。キリスト教圏では、いわれない差別や迫害を受けたユダヤ人が金融業を営むことになり、これがまた高利貸しのユダヤ人というイメージを助長させ、ウィリアム・シェイクスピアの『ベニスの商人』に悪徳商人として描かれることになる。ヒトラーが敵対したのは、まさに国際金融資本家としてのユダヤ人ユダヤ教徒であった。このことは著書『わが闘争』の中で繰り返し強調されている。彼らは世界を支配しようとしているのだ、と。

ユダヤ人ユダヤ教徒による世界支配を阻むために掲げたのが「大ゲルマン帝国」である。アーリア人のナショナリズムを高揚させ、ヨーロッパを統一しようと考えたのだ。ヨーロッパの統一といえば、今日の「ヨーロッパ連合：EU」がある。意外に知られていないが、両者は同じ「汎ヨーロッパ主義」にルーツがある。

第1次世界大戦後の1920年、ドイツでは汎ヨーロッパ主義に関する著書が多数、出版されていた。ヒトラーも、こうした本を読んで影響を受けていた。なかでも、よく知られているのが『汎ヨーロッパ』という書物で、著者は「EUの父」とも呼ばれるリヒャルト・クーデンホーフ＝カレルギーである。彼は伯爵クーデンホーフ＝カレルギー家の人間で、母親は日本人である。名前は青山光子といった。リヒャルトの汎ヨーロッパ主義という思想は、もともと彼女の影響が大きい。というのも、幼少のころ、彼は母親の実家がある日本で暮らしていたこと

があり、日本名を青山栄次郎と称した。

当時、日本には「八紘一宇」という思想があった。全世界がひとつの家になることを目指し、後の大東亜共栄圏や満州国建設の理念となった五族協和にもつながっていくことになる。こうした背景が母親を通してリヒャルトの汎ヨーロッパ主義を育んでいったのだ。

一方のヒトラーもまた、その背後には漢波羅《かんばら》秘密組織八咫烏《やたがらす》がいた。破戒した闇烏がヒトラーを見つけだし、その霊能力に目をつけた。魔物に憑依されたヒトラーは闇預言者であり、魔力によってヨーロッパ中を戦争に巻き込んだ。奇しくも、ナチス・ドイツの第三帝国と大日本帝国はイタリアとともに三国同盟を結び、第2次世界大戦へと突入していくことになる。

日独防共協定が結ばれてから1年半ほどたった1938年、「ドイツ青少年団：ヒトラー・ユーゲント」の若者たちが来日した。両国の親善を目的とした親善大使といったところだろうか。アーリア人至上主義を掲げるヒトラーはアジア人である日本人を特別視していた。紋付き袴姿をしたヒトラーの写真が残されているが、日本に対する親近感以上の意味が込められていることはいうまでもない。

今回も共著者として全面的に協力してくれた三神たける氏と編集作業をしていただいた西智恵美さんに感謝したいと思う。

サイエンス・エンターテイナー　飛鳥昭雄

●編集制作●西智恵美
●写真提供●共同通信／ムー編集部
●イラスト●久保田晃司
●ＤＴＰ制作●明昌堂

MU SUPER MYSTERY BOOKS

失われた悪魔の闇預言者「ヒトラー」の謎

2020年8月11日　第1刷発行

著者―――飛鳥昭雄／三神たける
発行人――松井謙介
編集人――長崎有
発行所――株式会社　ワン・パブリッシング
〒141-0031　東京都品川区西五反田2-11-8
印刷所――中央精版印刷株式会社
製本所――中央精版印刷株式会社

●この本に関する各種お問い合わせ先
本の内容については、下記サイトのお問い合わせフォームよりお願いします。
https://one-publishing.co.jp/contact
在庫については　Te03-6431-1205（販売部直通）
不良品（落丁、乱丁）については　Tel 0570-092555
業務センター　〒354-0045　埼玉県入間郡三芳町上富279-1

ワン・パブリッシングの書籍・雑誌についての新刊情報・詳細情報は、
下記をご覧下さい。
https://one-publishing.co.jp